国家社科基金
GUOJIA SHEKE JIJIN HOUQI ZIZHU XIANGMU
后期资助项目

新时代城市发展质量评价与预测研究

Research on Evaluation and Prediction of City Development Quality in the New Era

毛才盛　著

ZHEJIANG UNIVERSITY PRESS
浙江大学出版社

国家社科基金后期资助项目
出版说明

后期资助项目是国家社科基金设立的一类重要项目，旨在鼓励广大社科研究者潜心治学，支持基础研究多出优秀成果。它是经过严格评审，从接近完成的科研成果中遴选立项的。为扩大后期资助项目的影响，更好地推动学术发展，促进成果转化，全国哲学社会科学工作办公室按照"统一设计、统一标识、统一版式、形成系列"的总体要求，组织出版国家社科基金后期资助项目成果。

全国哲学社会科学工作办公室

前　言

党的十九大报告指出，"我国经济已由高速增长阶段转向高质量发展阶段"。城市是经济社会发展的综合载体，推动高质量发展的内涵之一就是要推进城市的高质量发展。城市发展质量，属于宏观质量范畴，具有鲜明的科学发展内涵，是涵盖经济发展、社会发展、文化发展、生态发展、公共服务和城市管理的"大质量"概念，贯穿于城市经济、社会发展的各领域和全过程，是在传统的产品、工程、服务、环境四大微观质量基础上的进一步跃升。

城市发展质量评价与预测研究是基于经济、社会发展需要和整体质量评价理论而提出的新课题，其最终目的是形成一套城市发展质量评价指标体系，能实时、动态地评价城市发展质量水平，并预测城市发展质量趋势，为城市发展质量的提升提供有益的参考和决策指导。

笔者从2016年起带领宁波质量发展研究院团队开展宏观质量评价的探索研究，持续构建了"以质量和效益为中心"的一系列宏观质量评价指标体系，并进行实证研究，受到了社会各界的广泛关注。为更好地发挥发展质量的指挥棒功能，笔者开展了城市发展质量预测研究，研判城市发展质量趋势，期望有助于不同城市及时做出反应和调整，更好地发挥优势，以积极的态度寻找自身发展过程中的缺点和弱点，推进各要素的系统性改革，促进高质量发展。值得注意的是，城市发展质量不是仅仅指城市某一维度的质量，而是涵盖城市发展的各个维度，包括经济发展、社会发展、生态发展、文化发展、公共服务及城市管理等方面。在已有的关于城市发展质量评价的研究中，经济发展、社会发展、文化发展、生态发展等指标很难明确区分开，它们相互之间存在相关关系，因此，我们在研究中采用扎根理论对要素进行提取，通过大量问卷调研与专家访谈，在现有的可获取信息与数据中尽可能更加科学地对指标体系构成要素进行区分。本书从2016年开始架构撰写，2017年开始搜集数据，进行评价、预测研究。为解决各地统计数据公布时间不一致的问题,本书采用 2013—2016 年的数据进行评价,并进行 2017—2020 年数据的预测。需要指出的是,由于城市发展质量受多种因素影响,本书的预测结果与实际情况存在一些偏差在所难免,但本书融合高质量发展的最新内涵、理论和体系,全面体现了城市"大质量"发展观,充分反映了新时代我国对城市发展质量的要求,仍能对城市发展质量的提升提供有益的指导。

当然,该研究也有一些不足之处,如还需深化影响城市发展质量的关键要素提炼方法,还需尝试利用大数据技术挖掘城市发展质量的关键性数据,使评价和预测结果更加具有说服力和指导意义。下一步,我们也将进一步深化预测方法研究,进一步提高预测的精准度。

本书系国家社科基金后期资助项目"新时代城市发展质量评价与预测研究"(18FGL011)的结项成果。在本书写作过程中,宁波质量发展研究院团队成员给予了极大的帮助,特此表示感谢!

目　录

第一章 绪 论

第一节 选题背景和研究意义

一、选题背景

1. 高质量发展对城市发展提出了新要求

改革开放 40 年来,中国经济主要进行着两个重要转变:一是经济体制模式从计划经济向社会主义市场经济转变;二是经济增长模式由依靠增加要素投入向依靠全要素生产率增长转变。这两个转变决定了当前和今后相当长时期内我国经济运行的基本特点,也决定了经济高质量发展是经济发展的根本性要求。

改革开放 40 年来,我国经济建设取得了长足进步。2017 年 10 月 18 日,习近平总书记在中国共产党第十九次全国代表大会上的报告《决胜全面建成小康社会 夺取新时代中国特色社会主义伟大胜利》中指出:"经过长期努力,中国特色社会主义进入了新时代,这是我国发展新的历史方位。""我国经济已由高速增长阶段转向高质量发展阶段,正处在转变发展方式、优化经济结构、转换增长动力的攻关期,建设现代化经济体系是跨越关口的迫切要求和我国发展的战略目标。"经济从高速增长转向高质量发展是划时代的变化,高质量发展强调的是质量和效益,是解决好不好的问题。因此,实现质量变革、效率变革、动力变革,推动高质量发展,是保持经济持续健康发展的必然要求,是适应我国社会主要矛盾变化和全面建成小康社会、全面建设社会主义现代化国家的必然要求,也是遵循经济规律发展的必然要求。

城市是人类社会成熟和文明的标志,与人类进步、社会变迁、时代演进紧密相关,城市的发展水平能够体现出地方经济的发展状况和文明程度。

新时代下决胜全面建成小康社会、全面建设社会主义现代化国家,必须抓好城市这个"火车头"。但是,建设中国特色城市不光要有动力,还要讲质量元素及人与自然的和谐。绿色水平、低碳能力、生态文明、幸福预期及对于理性需求的整体满足程度构成了衡量中国特色城市的质量表征。近年来,针对我国城市发展问题,2015 年十八届五中全会提出"创新、协调、绿色、开放、共享"的发展理念,为"新型智慧城市"建设带来了前所未有的发展机遇;2018 年,中共中央、国务院明确指出以城市群推动国家重大区域战略融合发展,建立以中心城市引领城市群发展、城市群带动区域发展新模式,推动区域板块之间融合互动发展。以上城市发展理念的提出皆是以实现城市高质量发展为最终目标,即达到质量性、效益性、可持续性三项要求。与此同时,在城市高质量发展指导意见中,也着重提到城市的发展要兼顾社会运作的基础,要充分稳固就业以及提升劳动生产率、投资回报率、资源配置效率等多方面的效益。

党的十九大报告作出中国特色社会主义进入新时代的判断,对新时期我国城市发展具有重要的指导价值:人民对美好生活的新期待应该成为新时代城市发展的新追求。具体说:第一,要将城市化发展重点由数量扩张向质量提升转变;第二,要将发展重点从重视城市自发发展转向规划统一发展;第三,要将重视城市自身发展转向重视各级城市、城乡统筹一体化发展;第四,要将追求经济产出的发展重点转向追求经济、社会、环境和人的全面发展。要达成全面建成小康社会的目标、加快实现现代化的步伐,实现城市群的全面健康协同可持续发展,就必须有新的发展理念、新的发展思路和新的发展举措,因此,就需要有精细化的管理体系和标准化的城市质量发展评价办法,从而有效地解决新时代中各种"城市顽疾",以实现城市发展质量的全方位提升。

2. 党和国家高度重视探索城市高质量发展新路径

高质量是新时代经济发展的内生要求,是新时代转型升级发展的目标,是产业、生态环境、传统文化、人口等要素核心竞争力的集中表现。近年来,党中央和各级政府愈发重视相关质量的各项工作。党的十八大报告就已明确提出,要转变发展的立足点,将推动发展的方向提高到追求质量和效益层面。2014 年 5 月,习近平总书记提出了推进"三个转变"的重要指示。2014 年 9 月,在首届中国质量(北京)大会上,李克强总理指出,要牢固树立质量就是生命、质量决定发展效率和价值的观念,坚持以质量为本、以效益为本的振兴道路,提高质量以放缓经济发展速度,引领中国经济走向质量道路。2015年10月,习近平总书记在中央财经领导小组第十一次会议上的讲话中第一次提出"供给侧结构性改革"的概念。2016年年底,在中央经济工作会议上,习近平总书记明确指出,"供给侧结构性改革"的主要方向是提高供应质量,实施质量改进行动。李克强总理指出,要提高发展质量、提高效率和升级,升级就是要全面提高产品质量、服务质量。2017年9月5日,我国首次以党中央、国务院名义出台质量工作的纲领性文件《中共中央国务院关于开展质量提升行动的指导意见》,这在我国质量发展史上尚属首次。2017年10月,党的十九大报告将"供给侧结构性改革"上升到全党统一认识的高度,"供给侧结构性改革"也明确成为我国着力提高经济发展质量和效益的主线。

2017年10月,党的十九大会议报告明确指出,我国社会发展进入"新时代",社会的主要矛盾已由人民日益增长的物质文化需要与落后的社会生产之间的矛盾转化为人民日益增长的美好生活需要和不平衡不充分的发展之间的矛盾。十九大报告在理论和实践上的重大突破,将进一步引领发展思路、发展方向和发展方式的转变,全面推进我国经济、社会发展迈入"以提高质量发展和效益为中心"的质量发展"新时代"。因此,城市发展中需坚持质量优先、效益优先,以"供给侧结构性改革"为主线,完善标准化体系,提升供给体系质量,以推动经济发展的质量革新、效率革新和动力革新,全面提升要素生产效率,有效解决城乡资源分配不均、城市经济结构失衡等问题,更好地满足广大人民对美好生活的多样化和高层次需求的迫切要求,更好地推动人的全面发展、社会的全面进步。2017年12月,习近平总书记在主持中共中央党外人士座谈会和随后的中央经济工作会议中指出,"高质量发展是我们当前和今后一个时期确定发展思路、制定经济政策、实施宏观调控的根本要求"。

3. "大质量"发展观必须加快形成城市发展质量绩效评价体系

当前质量概念已从传统有形产品的"小质量"转向涵盖宏观经济、社会发展的"大质量"。新时代下需要对"大质量"的内涵进行准确把握,深入贯彻落实国家质量强国战略。城市"大质量"发展集中体现了一个城市的综合实力和可持续发展能力,这一概念在给城市发展质量注入更加饱满的含义的同时,也对城市质量发展工作提出了更高的要求。党的十八届五中全会明确提出了"创新、协调、绿色、开放、共享"的发展新理念,"大质量"发展观开始在我国各城市迅速萌发起来,城市发展的重点正逐步由"速度体量"转向"提质增效"。十九大提出的"高质量"发展概念,则是对"大质量"发展的进一步充实与提升。在城市"大质量"发展背景下,反映城市发展质量的"大数据"蕴含在城市管理和运营过程中,科学高效地运用大数据技术来深入细致地分析城市发展质量的特征和内在规律,找到发展中的不足,预测发展趋势,客观合理地评价城市发展的质量水平,持续提升城市质量发展水平,已经成为每个城市在发展过程中所要面临的重要课题之一。

然而,国内有关城市"大质量"发展的研究,尤其是针对国家层面、省市层面的深层次研究,以及城市发展质量的评价体系都亟待进一步深化和完善。2018年,中央经济工作会议进一步明确,要加快建立和完善城市高质量发展的评价指标体系、政策法规体系、标准体系、统计制度、绩效评估和绩效考核体系,创造和改善制度环境,以促进城市的高质量发展,从而实现中国经济的高质量持续发展。因此,要真实客观地评价城市发展质量的水平,必须建立科学严谨、准确有效、客观真实的城市发展质量指标体系,只有这样,才能准确了解并掌握城市发展质量的客观状况和水平,从而有效地推动我国城市高质量发展工作不断取得新进展、新突破。

二、研究意义

城市发展质量研究有助于深入贯彻落实"以提高发展质量和效益为中心"的指导方针政策;有助于促进城市发展质量比较和城市标杆管理研究,将标杆管理引入城市的发展建设过程中,把有效的建议和经验给到整个城市运作的管理人、监督人和规划人手中,进而帮助提升城市发展的核心竞争力,提高城市发展的综合水平,提升城市发展的质量;城市的发展进步与经济、社会、文化、生态等各方面的发展进步密切相关,并与之形成了一个不可分割的有机统一体,因此,城市发展质量研究有助于建立健全城市发展质量提升机制及实施措施,全面提升城市发展质量,推动"新时代"高质量城市发展建设迈上新台阶。

1. 深入贯彻"以提高发展质量和效益为中心"的要求

"以提高发展质量和效益为中心"的要求主要应体现在以下几个方面:在"大质量"发展内涵的基础上,以"创新、协调、绿色、开放、共享"五大发展理念为导向,重点研究影响城市发展质量的经济、社会、生态、文化、公共服务、城市管理等领域,开展城市发展质量评价指标体系建立、评价和实施的探索与实践,进一步提升全国城市化发展水平和质量;贯彻落实中央提出的"以提高发展质量和效益为中心"的发展方针政策,坚持以提高发展质量和效益为中心,以质量共管共享为出发点,创新城市发展模式,大力提升城市发展质量;以创建全国质量强市示范城市为抓手,坚持以提高经济增长的质量和效益为中心,把质量发展理念全面融入城市经济、社会发展的各个方面,有效落实可持续城市发展高质量战略。习近平总书记关于城市工作的一系列论述,是新时代坚持"以人民为中心"的城市工作导向,是习近平总书记治国方略思想的重要篇章,是马克思主义城市发展思想与时代特征、中国实践相结合的认识飞跃,是我们党"用极大的努力去学会管理城市和建设城市"的理论成果,我们必须深入学习领会,把握精神实质,抓好贯彻落实,不断提升城市发展水平和质量,增强城市管理能力。

2. 促进城市发展质量比较和城市标杆管理研究

城市发展质量评价体系应采用多元评价指标,选取能够较为全面、准确地反映城市整体发展质量的客观的社会、经济发展指标;既能够体现城市发展质量的内涵,也能支撑经济发展水平的内容。城市发展质量评价体系既可用于同类城市之间的横向比较,也可用于城市自身的纵向比较。评价体系的建立和应用以及城市间发展质量的对比有助于促进城市质量的持续发展的和标杆管理。标杆管理的首要任务就是使城市明确管理的目标与追求,其次是有益于提高城市管理绩效,同时也利于促进城市管理创新。因此,要切实提高我国城市管理绩效,就必须更新观念,在主动学习的基础上找到适合自身的路子。这与标杆管理所提倡的"学习与创新"精神是一致的。在我国城市管理中引入标杆管理,有助于提升管理绩效,进而为城市发展提供一个良好的政府治理环境。

3. 建立健全城市发展质量提升机制及实施措施

随着我国城市化进程的日益加快,城市规模的持续扩大,城市普遍面临公共服务滞后、空间布局不合理、交通拥堵、环境污染等"大城市病"。通过城市发展质量评价的研究,深入剖析城市发展质量的内涵和外延,借助全面、准确、科学的城市发展质量评价指标体系,我们可以探索出提升城市发展质量的路径和方法,了解城市发展质量的现状,准确掌握城市发展的优劣势。城市发展质量的评价,能够促进城市进行科学发展,从而实现城市未来的高质量发展。我们要深入贯彻习近平总书记关于城市工作的重要论述精神,牢牢抓住全面提升城市发展质量这一主攻方向,加快推进城市现代化建设。政府要坚持高水平规划,绘好城市发展蓝图;科学规划城市高质量发展路径,切实发挥顶层规划在城市高质量发展中的战略指导作用;坚持高标准建设,提升城市发展功能和品质;坚持高效能管理,实现城市治理现代化。

第二节 研究综述

一、城市发展质量研究

城市化不仅给经济增长与发展过程带来了结构上的重大转变,也使得城市在各个方面能够更加高效地运行。城市在推动增长和消除贫困上面发挥了不可替代的作用,这一观点同样被世界银行所认同。在世界银行会议上,约瑟夫·斯蒂格利茨(Joseph Stiglitz)也提出以下观点:在 21 世纪,对世界影响最大的有两件事,中国的城市化便是其中之一。由此可见,如果能够对我国城市化过程中存在的问题有深入的了解,在理论与现实上对我国而言都有极大的益处。

我国快速推进的城市化进程的特点是:城市规模在不断壮大的同时,城市的数量呈现井喷式增长。中国的城市化率早在 2007 年已经达到了45%,有多达 75 个城市达到了大城市的发展规模,这些数据表明城市化进入了高速发展的阶段。然而值得注意的是,在建造与发展城市,特别是大城市的过程中,城市化进程所带来的环境恶化、交通拥堵、城市犯罪等弊端也随之显现出来,这些弊端使得各级地方政府进行了深刻的反思,同时也引起了众多研究城市问题的学者的高度重视,越来越多的学者开始关注提高城市发展的"质"、城市经济发展的节约性与可持续性、增强环境的友好性与社会和谐性等问题,并展开了相关的研究。

1. 城市发展质量内涵研究

从对城市发展质量的相关界定上看,城市发展质量是一定时点城市功能的优劣程度的体现(翟吉昌,1994)。18 世纪中期,由工业化带来的经济快速增长、技术进步,以及劳动力从农业向工业转移使得二、三产业集聚,都促进了城市的发展(陈春林,2011)。国外经济学家普遍认为,城市发展的动力来自资本动力、产业动力、预期收益动力和贸易动力,经济地理学将城市的发展归因于规模经济、运输成本、要素流动和外部性四大因素的相互作用(刘芳,2008),政府力量和市场力量是推动城市发展的根本动力(张仁桥,2004)。城市发展不仅要强调经济增长和物质扩张,还要强调经济、社会、环境一体化和其发展质量(诸大建,2004)。社会生活及城市进一步发展需要的程度和满足市民生活需要的程度,具有综合性和相对性(翟吉昌,1994)。城市发展质量必须运用系统论的观点进行分析界定,它包括城市人口、经济、生活、环境、基础设施及整个系统的质量和城市质量系统内部发展的协调性(白先春等,2004a)。有学者认为,城市发展质量实质上是城市现代化的水平,是农业人口向非农业人口、农村地域向城市地域转化的一个动态过程,是人们的生活方式、思想观念等与城市合拍并逐渐融入其中的程度(叶裕民,2001)。

为深化对城市发展质量内涵的理解,一些学者从城市发展质量的作用角度提出了不同的观点。城市发展质量不仅反映城市发展的质量,同时可以揭示城市发展的效率,包括经济、社会、基础设施建设、生态环境等城市实体系统的发展状况,也包括综合竞争力、人居生活质量、政府能力、可持续发展潜力等(陈强、鲍悦华,2006)。城市发展质量是在可持续发展理念的影响下,拥有强大的城市竞争力、良好的人居生活质量、高城市化水平,政府要充分调动城市内的各种资源,在实施各种措施和办法的同时也要考虑社会公众的情感认知状况,基于以上基础,既能保障措施的实施效果,又能保证公众的权益(鲍悦华、陈强,2011)。城市发展质量反映了一个城市的发展水平和发展状态,包括社会、经济、自然环境等城市发展中的实体因素和经济综合竞争力、城市系统协调性等潜在因素(沈玲媛、邓宏兵,2008)。城市发展是城市人口规模增加、产业发展、基础设施建设和空间拓展等方面的现状,包括城市体系、土地利用、建筑环境与城市景观、城市人口等,可以分为外源式和内源式两种发展模式,体现了城市各个子系统的综合发展水平及其之间发展的协调水平(顾朝林,2008;雷鸣等,2017)。

2. 城市发展质量要素研究

(1)城市发展质量与经济增长的关系

18世纪中叶,产业革命开始,城市发展的过程与工业化和经济发展迅速交织在一起。西方发达国家的一些学者认为,工业化引发的技术进步与劳动需求促进了规模经济的发展;同时,二、三产业集聚也促进了城市的发展(陈春林,2011)。塞尔奎因和钱理纳(Syrquin and Chenery,1989)运用回归分析认为,发达国家的城市发展进程与经济发展水平之间存在一定联系,人均GDP越高,工业化水平越高,城市化水平也越高。多位学者先后对不同时期世界各国城市化水平与人均经济产出的数据进行分析,结果表明两者之间具有高度相关的指数曲线关系,验证了城市化水平与人均

GDP 之间的关系(曹广忠,2008)。

默奥和夏尔特(Moomaw and Shatter,1996)认为,人口城市化率随着人均 GDP、工业化水平的增长而增长,这说明经济发展对人口集聚和城市发展起着正向作用。城市化率与人均 GDP 为非线性关系,但与人均 GDP 的对数呈线性相关。然而,一些研究结果表明,城市发展与经济增长呈负向关系。在上村凉太等人(Uemura et al.,2006)的研究中,截面和时序分析结果表明,发展中国家城市化与经济增长成负向关系,但进一步横截面分析表明,所有的工业化经济体都高度城市化,因此城市化对于促进经济增长的作用非常明显,对城市发展速度和发展特征的作用也非常重要。

(2)城市发展质量与社会发展的关系

社会发展质量的好坏涉及各种社会问题,包括教育、医疗、就业失业等众多社会因素。社会发展本质上反映的是城市现代化建设的水平,想要探究城市发展质量就必须深入了解社会发展质量(邬华强,2015),城市教育支出、单位在校大学生人数等指标可以衡量社会教育状况,市内医生人数指标可以衡量社会整体医疗状况,城市就业率、失业率和平均工资等指标可以衡量社会就业失业状况。同时,我国社会发展中长期存在的"三农"问题及日益显露出的城乡贫富差距和城乡两极分化问题,也有待有效解决(魏后凯,2016;张强、李明清,2013)。

(3)城市发展质量与生态发展的关系

在城市化发展过程中,如何在保证城市发展速度的同时保持良好的生态环境已经是不可避免的社会话题之一。社会、经济发展离不开良好的生态发展,城市化过程中的生态治理和保护也影响着经济、社会的发展进程。因此,平衡城市化和生态之间的良好关系已成为城市发展关注的重点。为构建出相应研究和应用的评价指标体系,一些专家学者对一系列相关专业词汇进行了研究解释,例如,亚尼茨基(Yanitsky,1987)对生态城市进行了研究解释,张坤民、温宗国(2001)对可持续发展城市进行了研究解释,李丽萍、郭宝华(2006)对宜居城市进行了研究解释。在社会发展进程中,城市和农村的发展都存在着生态问题。基于此,齐成喜等(2005)、胡彧等(2007)、王威(2010)认为,我们要科学地对待生态问题对于城市发展所产生的影响,两者是相辅相成的关系,保护、治理好生态环境能够提高城市发展的质量水平。与此同时,加快城市化发展也可以促进生态环境的保护和治理,只有科学有效地协调处理好这两者之间的关系,才能为社会创造出更多的价值,为城市发展提供持续性动力。

(4)城市发展质量与文化发展的关系

城市是文化的空间。刘易斯·芒福德（Lewis Mumford）认为："城市有包涵各种各样文化的能力，这种能力，通过必要的浓缩凝聚和储存保管，也能促进消化和选择。"（芒福德，2005：56-57）。他还认为，城市是文化的容器，它所承载的生活比这容器自身更重要。对待城市这一"文化的容器"的态度不同，这个"容器"中的收纳数量和积淀价值就大相径庭。芒福德还将大城市比作一座博物馆，"如果说博物馆的产生和推广主要是由于大城市的缘故，那也意味着，大城市的主要作用之一是它本身也是一个博物馆。由于它历史悠久，巨大而丰富，比任何别的地方保留着更多更大的文化标本珍品"（芒福德，2005：112）。文化是城市战略最微妙的一个方面，美国政治学家塞缪尔·菲利普·亨廷顿（Samuel Phillips Huntington）在他的著作《文明的冲突与世界秩序的重建》一书中指出："世界上众多国家随着意识形态时代的终结将被迫或主动地转向自己的历史和传统，寻求自身的文化特质，试图在文化上重新定位，预示了未来的世界城市竞争将是以文化为主导的竞争。"（亨廷顿，2010：92-93）

(5)城市发展质量与公共服务的关系

城市是诸多中心功能和集约优势的集合体，其形成和发展的支撑点在于为数众多的城市公共服务。现代城市发展中的公共服务已延伸至城市各个角落和各个领域，形成了一张社会化协作的巨型网络，以其吃、穿、住、行、用等各个方面的便利条件，构成了一股强大的社会发展力。由此可见，现代经济发展是城市发展的动因，那么现代城市公共服务的发展则是城市发展的支点。

学者构建的社会发展子系统主要包括医疗卫生、教育、生活水平等方面。社会发展是一个广泛的概念，无论是基础设施建设、医疗卫生服务，还是教育服务，都离不开政府提供的公共服务。李琪（2012）、李磊（2015）在城市发展质量评价中也考虑了公共服务质量的重要性。陈强、鲍悦华（2007）沿着公众满意属性、大众需求强度和公众满意级度三个维度展开，强调了公共服务与城市发展质量提升之间的密切关系。

(6)城市发展质量与城市管理的关系

城市管埋涉及城市发展的各个阶段，是城市质量提升的重要环境支撑。2015年12月的中央城市工作会议进一步强调，要贯彻创新、协调、绿色、开放、共享的发展理念，坚持以人为本、科学发展、改革创新、依法治市，转变城市发展方式，完善城市治理体系，提高城市治理能力，着力解决城市病等问题,不断提高城市环境质量、人民生活质量、城市竞争力,建设和谐宜居、富有活力、各具特色的现代化城市,提高新型城镇化水平,走出一条具有中国特色的城市发展道路。由此可见,城市发展质量的提升与城市管理水平的高低存在不可分割的关系。

二、城市发展质量评价研究

1. 城市发展质量评价方法研究

在城市化质量评价上,不同的学者所持的观点各不相同,所选用的研究方法也不尽相同。叶裕民(2001)在评价城市化质量时,采用了综合评价法,即指数法,先运用德尔菲法确定权重(专家打分法),将城市各指标的实际数据与标准值的比值乘上相应的权重,计算出城市化质量相应的得分,然后根据最终得分将其分为高质量城市化、中等质量城市化、初级质量城市化和城市化前期四个档次,并对应进行评价研究。其中,计算得分所用的标准值以中国 20 世纪末最发达城市之一的上海和中国的首都北京的平均值为基准,以东京、纽约、北京、上海等国际发达城市平均值为基准,主要参考国际发达城市并兼顾世界现代化城市水准和中国国情来确定评价指标。2017 年 10 月 14 日,为纪念世界标准日,深圳标准工作领导小组办公室召开了标准国际化创新型城市示范创建推进大会,并正式发布了《城市可持续发展评价指标体系》深圳标准,此标准共包括经济、教育、能源、环境、财政、治理、健康、安全等 17 个大类共 100 个指标。在此基础上,深圳创新性地研制出一套评价办法,通过对各项指标的原始数据进行标准化处理,结合指标权重等相关要素形成评价指数,经过对比和综合分析,为城市可持续发展提供指导,这在国内和国际都属首创。

熊婷燕(2006)基于自己提出的城市发展质量评价指标体系,利用主成分分析(Principal Component Analysis, PCA)方法对城市化质量进行评价。通过多轮主成分分析,将原始的多维变量减少为少量的描述性变量,根据特征向量确定分组的指标数,然后计算出各组贡献率和权重,最后计算各组得分。通过比较同一城市在不同年份的各指标的得分,对指标进行分类,然后通过分析同一城市某类得分在不同年份的变化,总结归纳出该分类的变化趋势。李琪(2012)使用插值法和极值法对缺失数据进行处理,并对所有数据进行标准化处理,然后利用多层次多目标模糊优选综合评价方法计算城市的评价得分;同样,对同一年的不同城市和同一城市的不同年份指标数值进行了比较分析,并对每个城市进行了评价和分析。曹亚平

(2014)采用因子分析法,对评价指标进行降维分组,并对具有代表性的因子进行旋转、突出显示和命名。该研究对 279 个城市进行了横向排名,排名前 20 名和最后 20 名分别代表最高级别和最低级别城市。在纵向层面上,对 2003—2010 年城市发展的变化和趋势进行了评价和预测。通过对高、低水平城市地理位置的分析,并结合模型分析结果,得出了相应的结论。

2. 城市发展质量评价体系研究

综观国内外学者对城市化质量的研究,我们不难发现,学者们所关注的焦点在如何建立城市发展质量评价指标体系这一问题上。

国内外学者对城市发展质量指标体系的构建,最早可追溯到 1960 年。日本学者稻本幸男等构建的评价指标体系包括城市规模、区位、经济活动、就业和人口增长等 5 项指标。城市发展质量是一个具有很强包容力并且不断发展的概念,若想给出一个准确的定义,难度可想而知,因此不少研究人员会从自身所掌握的学科理论出发,选取某个角度进行具体的阐释,力图站在某一视角上,建立起一套较为完善的指标体系。研究人员大多呈现这样的特点:在城市发展过程中,存在着多元化的利益主体,不同主体有着不同的利益诉求,因此,对城市发展质量进行评价时也呈现出不同的侧重点。以上原因使得众多研究呈现出各不相同的特点,根据研究的不同侧重点,现有评价指标体系可以归纳为以下几类。

(1)基于可持续发展的评价指标体系

在有关城市质量发展的研究中,可持续发展已经成为国内外研究者关注的热点,即研究者们越来越重视"可持续性"在"发展"中的价值。联合国环境与发展委员会 1987 年发布的题为《我们共同的未来》的报告也体现出可持续发展的必要性,首次且全面阐述了可持续发展的概念和理念。

在对城市可持续发展的漫长探究过程中,国内外学者站在不同的评价角度,逐渐形成了各具特色的城市评价指标体系。1990 年,联合国开发计划署提出了人类发展指数:预期寿命、教育水平和生活质量。1994 年,联合国可持续发展委员会选定了涵盖社会、经济、资源、环境和体制等因素在内的 247 项指标用于评价城市发展质量。为了克服 1994 年联合国可持续发展委员会提出的可持续发展指标的缺点,环境问题科学委员会与联合国环境规划署合作,提出了一个能够全面反映、探讨人类活动与环境变化相互作用机制的 25 个可持续发展目标的指标体系。2012 年,联合国可持续发展大会把"可持续发展和消除贫困背景下的绿色经济""促进可持续发展的机制框架(ISO/TC 268)"作为两大主题。2014 年,在加拿大多伦多举行的全球城市峰会期间,ISO/TC 268 正式发布了 ISO 37120 城市可持续发展指标体系,即关于城市服务和生活质量指标的国际标准,这是第一个关于城市可持续发展的国际标准,因而备受各国的关注。2016 年,联合国开发计划署在"人居三"大会上发布了可持续城市化全球战略——《新城市议程》,此议程的目标就是要形成一个战略性的文件,帮助决策者,包括国家和地方层面的决策者,来改进城市化的质量。议程包括改变城市规划、融资、开发、质量和管理方式,强调各国各级政府在城市可持续发展中的主导作用,强调实施政策、战略的行动执行力。2019 年,首届联合国人居大会高级别会议在肯尼亚内罗毕举行,会上,来自 38 个国家与地区的政府和 32 个组织机构承诺提供资金用于支持推动实现联合国可持续发展议程与城市相关的目标。

作为发展中国家,我国一直坚持从实际情况出发,坚持走符合中国特色的道路,建立起一套中国可持续发展指标体系。基于全球可持续发展的理念,中国国家统计局 1997 年建立的中国可持续发展总态势评价指标体系,考虑了经济、资源、环境、社会、人口、科技与教育 6 个方面。

国内学者在近几年的研究过程中,针对各地区可持续发展的具体情况,深入细致地进行了大量研究,并取得了一定成果。王如松、徐洪喜(2005)从发展动态、发展状态和发展实力对扬州的城市可持续发展进行了科学有效的评价。章寿荣(2005)建立了一套主要由经济发展、社会发展、人口资源环境三个方面构成,包括 20 个评价指标的城市可持续发展指标体系。刘晓红、李国平(2006)赞成章寿荣的评价体系,认为其体系具有概念清晰、数值易获取等特征,他们运用这一指标体系,重点测度了西安的经济、社会、人口、资源和环境等可持续发展能力。袁晓玲等(2013)在评价陕西省的城镇化可持续发展水平时,着重考虑了经济发展、社会发展、人口、资源与环境发展等方面。

(2)基于城市现代化的评价指标体系

城市现代化进程是一个城市综合发展的动态过程。目前,由于世界上各城市处于城市现代化发展的不同阶段,所以国内外学者建立的城市现代化评价指标体系也带有其所属地区自身的特点。

在城市化评价研究的早期,学者们的关注点多放在标准的重要作用上,但随着城市现代化理论的不断完善、数据的不断扩大,更加科学合理的评价指标体系的构建成为各国学者争相研究的热点。1960 年,日本箱根会议上,来自日本、美国和英联邦等地区的 30 多位专家在会上以现代化特点为焦点,讨论了国际上城市现代化的评价问题,并形成了城市现代化质量标准——"箱根模型"。在城市化进程中,英国地理学家克劳克(Crocker)采用户籍性质、居住条件、距市中心距离等 16 项指标对城市化进行评价(转引自:蔡俊豪和陈兴渝,1999)。而国内学者从城市规划控制、城市设施、城市管理和城市建设资金水平 4 个方面建立了城市现代化水平评价指标体系,并选取国内部分城市进行了有效评价。

在城市现代化的质量研究方面,国内学者取得了众多成果。姚士谋(1999)建立了由居民生活质量、社会保障、城市经济、环境质量、城市对外开放程度、城市文化品位等 8 个指标构成的城市现代化评价指标体系。吴永保(2001)在已有的评价指标体系基础上进行补充完善,增加了科技、信息技术两个新的指标。叶裕民(2001)构建的用于衡量城市化质量的评价指标体系中,包含了城市现代化和城乡一体化两个具体指标。

随着我国城市现代化进程的推进,区域城市现代化质量受到研究者们的广泛重视。国内研究根据已有的评价指标,并根据各城市不同的地域特点,形成了具有区域特色的评价指标体系。李娟娟、徐小明(2011)根据江苏省城市现代化发展水平和复合指标法,建立了一套涉及人口、经济、生活方式、基础设施 4 个维度 15 个指标的城市评价指标体系,然后以此指标体系为基础,构建了江苏省城市现代化水平综合评价模型,并以此全方位评价了江苏省的城市化发展水平。张生丛等(2011)根据湖南省的城市发展状况,在将指标分成两级的基础上,形成了具有湖南特色的城市评价指标体系。汪婷(2014)将指标进行分层,形成了包括人口(数量及生活水平)、自然环境(生态环境与空间环境)、文化(社会生活)以及生产方式(经济发展程度)等多维度共 16 个指标的上海城市评价指标体系。

(3)基于城乡统筹的评价指标体系

在上述研究基础上,国外的研究学者注意到,城市和农村之间的各种差距、城乡发展不平衡会对经济发展、社会生活、生态环境等各个方面造成不良影响。法里亚和莫里克(Faria and Mollick,1996)从经济发展角度出发,研究了税收差别对城市发展的不同影响,认为城市和农村消费对福利的调整过程是瞬间就会发生的。戈什和坎吉拉尔(Ghosh and Kanjilal,2014)分析了印度城乡共同发展与能源消费、经济活动之间的长期均衡关系。在生态环境方面,麦克唐纳等(McDonald et al.,2013:31-52)论述了全球城乡协调发展对生物多样性和生态系统的主要影响,并提出了减少城

乡发展对环境和生态系统服务负面影响的解决办法。萨多斯基
(Sadorsky，2014)采用面板回归技术，对城乡发展进程中新兴经济体二氧
化碳排放量对生态环境带来的影响进行了细致深入的分析，并得出农村城
乡一体化是二氧化碳排放量增加的一个显著因素。

目前，国内学者对我国城市化各发展阶段的特征进行了研究和归纳，
并已构建出一些较完善的城市发展质量评价体系。刘吉双、陈殿美(2014)
构建了包括社会、居民生活、生态环境、社会事业等方面的评价指标体系。
顾益康等(2014)、黄晗等(2014)、杨钧(2014)构建的指标体系包括城乡发
展水平、城乡差异程度、城乡协调程度等指标。陈鸿彬(2003)从经济发展、
生活状况、公共环境和社会发展4个方面入手选取34个指标，构建出农村
城镇化质量评价指标体系，对城市发展质量进行评价。该体系中，非农产
业增加值占 GDP 比重、非公有制企业产值占 GDP 比重、农民人均纯收入、
已通沥青(或水泥)路面的行政村比重、村庄路面硬化率等特色指标，与大
多数评价指标体系不同。同时，陈鸿彬还通过研究农村开展城镇化的经济
效益、社会发展、生态环境、生活水平和基础建设等层面，对城市发展质量
做出了分析。

(4)基于城市竞争力的评价指标体系

随着经济全球化和城市化进程的推进，区域化发展逐渐提速。与此同
时，城市间的竞争也变得越来越激烈。城市竞争力作为研究对象，涉及经
济、文化、科技、地理等多个领域。目前，关于城市竞争力的研究也已卓有
成效。

国外对于城市竞争力的研究起步较早，已形成了较为完善的城市竞争
力评价模型体系。其中最有影响的是洛桑国际管理学院(IMD)国际竞争
力评价体系，并且该体系在不断优化。IMD 与世界经济论坛(WEF)的国
际竞争力评价体系最初由 10 个要素构成，如经济推动力、工业效率、市场
导向、金融推动力、人力资源、政府影响、自然资源利用、国际化等。这 10
个要素均分别包含若干子要素。1992—2000 年期间，调整为 8 个要素。
2001 年进一步优化为 4 个新的要素。这 4 个要素分别是：经济运行竞争
力、政府效率竞争力、企业效率竞争力和基础设施竞争力。其中，经济运行
包括国内经济实力、国际贸易、国际投资、就业和价格；政府效率包括公共
财政、财政政策、组织机构、企业法规和社会结构；企业效率包括生产效率、
劳动市场、金融、企业管理和价值系统；基础设施包括基本基础设施、技术
基础设施、科学基础设施、健康与环境基础设施、教育。这些要素共包含

300 多个指标。该体系对国际竞争力的评价建立在大量统计数据和调查数据的基础之上,形成了比较全面和成熟的国际竞争力综合评价体系和方法,是当今世界上最著名的国际竞争力评价体系之一。

目前,我国城市竞争力评价研究不断发展,但城市竞争力评价模型发展尚不完备。2000 年,上海市社科院根据城市总量、城市流量和城市质量综合评价了上海市的竞争能力。2002 年,王桂新和沈建法(2005)提出,要重视城市的综合发展能力,且构建了由经济、环境和社会三个维度共 55 个测评指标组成的竞争力评价体系,并完成了对城市综合发展能力的评价工作。2003 年,北京国际城市发展研究所以由价值活动和价值流动两者组成的城市竞争力为核心,构建了一套科学且完备的城市价值链体系评价模型。比较有影响力的是倪鹏飞(2005)提出的弓弦模型指标体系,该模型将城市竞争力分为硬竞争力和软竞争力;然后,在之前理论的基础上又进行了改进和完善,将城市竞争力分为本体竞争力和环境竞争力两部分;最终,基于研究所得的飞轮模型评价体系,从企业本体竞争力、社会环境竞争力和商业环境竞争力等多个角度,将我国 200 个左右的城市进行了城市竞争力排名。虽然我国关于城市竞争力评价模型的研究起步晚,但是从弓弦模型升级到飞轮模型表明,我国学者在城市竞争力评价体系的研究中取得了阶段性成果。此后,金水英(2012)提出了智力资本才是城市竞争力核心的新观点,并采用结构方程模型对城市竞争力进行了评价分析。温婷等(2016)从城市舒适性的角度出发,提出了我国城市发展的新思路和新方向,并将我国城市竞争力的多元指标进行了进一步的归类和整理。这些研究促进了我国城市竞争力评价研究的不断完善。

(5)基于人居生活质量的评价指标体系

人居生活质量能够从物质和精神两方面来具体反映居民的生活状况,并评判居民生活水平高低。人居生活质量能够反映出在社会实际发展过程中居民的经济收入和生活质量,同时也能反映出居民对自身生活水平和经济状况的满意程度。

当前,关于生活质的评价主要是从主观生活质量和客观生活质量层面出发进行研究的。国外学者更加侧重对生活满意度的主观生活质量的研究,国内学者则更加侧重对客观生活质量的讨论。国外学者形成了主观生活质量的专业理论指标体系,他们将生活满意度划分为多个维度,并提出了单维度模型和多维度模型。单维度模型是用于了解居民生活满意情况的单项问卷调查,而多维度模型如加权生活满意度模型、等级生活满意度模型则可以更加全面地反映居民的生活满意状况。目前,我国学者开始重视研究居民生活满意度,尤其重视中老年人的生活满意度情况。在国外相关的生活满意度研究基础上,陈世平、乐国安(2001)研究发现,城市居民生活满意度受到宏观社会环境的影响,研究选取认知和情感两个评价指标,并使用科学的测量办法,借助情感量表、人口统计学变量、生活满意度表和主观满意度梯形量表等工具对城市居民生活满意度进行评价。

通过对城市发展质量综合评价体系的观察,我们可以看到,学者们根据自己的理解选择了不同的城市发展质量内容,如经济现代化、基础设施现代化和人类现代化(叶裕民,2001;王忠诚,2008;赵海燕等,2007;李成群,2007),经济发展、社会发展、生态环境(李明秋、郎学彬,2010;卢丽文等,2014),经济发展质量、社会生活发展质量和生态环境质量(卢丽文等,2014),物质文明、精神文明和生态文明(袁晓玲等,2008;何文举等,2009),社会、经济和空间(方创琳,2011;梁振民,2013)等。这些研究主要从经济、社会和生态三个方面来确定城市发展质量的内容,忽视了精神文明和城市服务等维度的重要性,具有一定的局限性。一些学者在此基础上又分别增加了如人口质量(白先春等,2004b;温江等,2006;闫能能,2012;郑慧玲等,2011)、创新能力(罗腾飞,2016)、土地(陈明星等,2009)、城乡一体化(李琪,2012),以及智慧化水平(李磊,2015)等内容,使城市发展质量内容更为全面。基于以上增加的维度,形成了以经济、社会、生态环境、人口发展(王志燕,2009),城乡统筹(李爽、贾士靖,2009;徐素等,2001;卢洪靖,2013;杨皓天,2016)为基础,外加基础设施(国家城调总队福建省城市调队课题组,2005;欧向军等,2012),居民生活、城市管理评价(孔凡文,2006;李林,2008),金融市场、教育与文化、医疗卫生、信息化(刘建国、刘宇,2012),就业(韩增林、刘天宝,2009)等内容的综合评价体系,城市发展质量内容更为全面。

目前,国内学者从客观指标分析角度对城市人居生活质量进行了大量研究。在早期研究中,中国社会科学院团队通过分析与评价居民的吃、穿、用、住、行等情况,提出了一套居民生活质量评价体系,并不断发展完善,到1992年时,该体系已经有23个评价指标,包含社会生活质量指数、社会进步指数、人的发展指数、ASHA指数及加权福利社会指数等。在之后的研究发展中,我国许多学者也取得了丰硕的成果。范柏乃、徐伟红(2005)将经济学、社会学和心理学与城市居民的生活特点相融合,提出了中国城市居民生活质量评价体系,指标涉及居民生活的教育、消费、住房、医疗、薪资、休闲娱乐、身体素质等10个领域,形成了一套包含15个主观指标和49个客观指标的居民生活质量评价体系。之后,衣华亮、王培刚(2009)从公共设施、健康水平、工作收入和家庭关系等视角出发,提出了一套包含49个评价指标的城市居民生活质量评价体系。柯崴(2010)在前人研究基础之上对人居生活质量评价指标体系进行了完善,其指标体系涉及城市公共建设、社会发展状况、生活质量、全民教育程度、城市环保水平、医疗卫生条件等方面。

3. 城市发展质量评价应用研究

针对城市发展质量应当如何提高这方面的研究甚少。翟吉昌(1994)曾经陈述过城市质量应该如何提升。他指出,在提升城市质量时,必须遵循三个基本准则:一是城市人群质量的提升;二是应当注重大处,同时从小处着手,并且注意是否匹配的问题;三是对城市质量进行全面的把握。以上述理论为基础,他就如何提高城市质量指出了四个重点对策:第一点是舆论造势,加强质量意识宣传;第二点是强化研究,探求城市质量控制理论依据;第三点是科学规划,统筹协调城市发展质量目标;第四点是加强管理,建立质量监管机制。韩士元(2005)提出,可以适度调整城市经济发展战略,注重质量的发展;加快培养和发展城市主要经济和主导产业发展;明确公共财产改革方向,促进经济与社会系统均衡发展;强化环境治理与保护,确保环境和社会的均衡发展。

无论是在理论层面还是在现实层面,针对城市发展质量所进行的分析都具有重大意义。因此,这方面的研究势必会得到愈来愈多的研究人员的关注。第一,在针对城市发展质量的内涵进行研究时,相近概念的辨析得到了学者们的更多关注,在研究城市发展质量和城市质量时,两者之间的差异也得到了更多的重视,为了获取系统全面的精确定义,采用了对比的研究方法;第二,在对城市发展质量进行评价研究的时候,有关学者更多地采用了综合指标,因为通过这一方式,能够更加综合准确地将城市发展的真实情况表现出来;第三,随着研究者越来越关注城市化进程中所出现的问题,他们越来越多地采用从问题出发的方式,开发出提升城市发展质量的途径,从而提出行之有效的改善城市发展质量的方案。

三、城市发展质量预测研究

1. 预测方法研究

预测指的是基于已有的信息资料和发展规律,使用有效的技术方法,对未来事情发生的可能性进行测算,从而提前知晓未来事物的发展和结果,进而预测城市发展质量。其内涵是在城市现有发展质量水平的基础上,按照城市发展的内在规律,以人为目的,围绕人的全面发展对城市未来满足人的需求程度的发展过程和水平予以了解。对城市发展质量的预测,可以帮助我们认识和控制城市发展过程中的不确定性,提升对未来的认识,可以在制定城市发展规划之前认识预期发展目标与环境变化的一致性程度,了解城市发展规划实施后可能产生的结果以及事前应采取的措施,进而实现规划的目标。

在经过长时间的演变推进之后,在各个领域中,预测方法均得到了广泛的应用,也呈现出了多类型的特点,各个领域上的预测方法各不相同。从现有的文献看,主要包含 6 种不同的预测方法。

一是回归预测技术。采用回归分析的方法,可以发现预测对象在其特有的发展过程中蕴含的规律,利用设定回归方程的方式,建立预测目标与影响因素之间的数量关系,从而预测事物在未来会呈现怎样的发展轨迹。这是运用较多的预测方法。在实际应用中,刘大同等(2010)运用回归预测技术,通过优化在线建模数据长度实现快速训练,并建立了分段存储在线支持向量回归模型。董守华等(2007)采用回归预测技术,在对各种地质变量进行系统的统计分析后,建立了定位和定量资源预测模型,并通过各种方法及实践对模型进行了检验、优化和简化。王平涛(2010)认为,在缺陷预测方面,运用回归预测技术,可以对高缺陷风险进行识别。

二是经验预测技术。这种技术通常被掌握丰富知识与经验的专家或预测人员所用,他们运用其专业素养,判断预测对象未来会如何发展,主要的研究方法包括专业预测法、类推预测法、主观概率预测法等,其目的仅仅在于给出一个方向性的结论,而不在于原始数据的轨迹和结构。因此,经验预测技术在预测的准确性方面尚存不足,对于一些精确度要求较高的预测不适用。在现有相关预测文献中,对经验预测技术的具体运用并不多。比如缺陷预测模型技术在运用经验预测技术之后,能够基于历史和当前的缺陷数据来预测软件的缺陷(王青等,2008)。同时经验预测技术可以基于历史数据(气象历史数据、太阳辐射历史数据、输出功率历史数据等)对太阳辐射强度进行预测(王磊,2012)。

三是时间序列预测技术。这种技术是把预测目标和预测对象的影响因素当成彼此之间有相互联系的因素,并以此为基础,建立两者之间的关系表达模型。陈自然(2012)认为,运用时间序列预测模型,可以研究按时间序列生成连续空间位置信号的全闭环时栅数控转台新方案。陈媛(2012)认为,运用时间预测模型,能够对软件缺陷出现时间进行分析,总结软件缺陷与出现时间之间的关联关系,并将其应用于软件缺陷预测。

四是趋势外推预测技术。现阶段与以前阶段的数据发展趋势有异曲同工之处,趋势外推预测技术正是研究人员发现了数据之间的这一特性而发明的。他们先描述以前阶段事物发展的趋势,然后就可以对现阶段数据的发展趋势进行较为准确的判断。目前,趋势外推法已广泛运用于科技、经济和社会发展的预测。马涛(2016)运用趋势外推预测技术,使用定量与定性分析相结合的方法,在高等教育现有条件、未来目标的基础上,预测了未来高校办学规模的发展和趋势。王磊(2012)基于卫星云图资料,运用外推预测方法,对太阳辐射进行了预测。陈媛(2012)运用趋势外推预测方法,尝试找到软件缺陷分布的一些普遍规律,并应用于实际的预测工作中。

五是灰色预测技术。李彦斌等(2008)采用灰色预测技术,确定了永磁同步电机转子位置及速度的有效预测因子。李伟等(2012)指出,灰色预测模型在电力负荷预测领域具有极高价值,人们已经推广使用这种技术。党耀国等(2004)认为,可以利用缓冲算子对灰色预测模型原始数据进行处理,从而消除扰动系统的冲击波对原始数据的干扰。总的来说,当原始数据较少时,可选用灰色预测技术,因为灰色预测需要的数据较少,只需四五个数据就可做累加,建立模型进行预测,而且灰色预测的适用范围较广,既可以做短期预测,也可以做中长期预测。

六是智能计算预测技术。智能计算预测技术适用于精准预测,特别是当预测目标的发展环境处于易变和复杂的状态下时,多应用于认知模拟、数据收集、规划发展、解决问题、图像识别、网络信息、语言理解等领域。韩雪冰等(2010)运用计算机技术,采用蒙特卡罗预测水平望远镜,锁定目标,将光学、电子、机械等误差项目精确到位,利用水平望远镜误差精确的特征,获得了较为理想的结果,证明了算法的科学合理。王磊(2012)利用计算机技术,通过对太阳辐射历史数据的合理建模预测出太阳辐射强度值。王平涛(2010)利用计算机算法,在神经网络领域进行了数据预测和数据分类的应用。

2. 预测模型研究

不同学者在对不同的指标领域进行预测时,会根据其所掌握的资料及不同领域的特征,先选取相适应的预测方法,再参照具体的指标影响因素,确定最终的预测模型。比如胡秀芳等(2013)在对南通城市生态安全质量

进行预测时,借助逐步回归分析方法,并结合已计算出的城市生态安全级别单值,构建了相应的城市生态安全预测模型:

$$y=-12.752+0.060d_4+0.029d_{12}+0.096d_{13}$$

其中,y 为级别单值,d_4 为人均道路面积(平方米/人),d_{12} 为空气质量优于二级标准天数,d_{13} 为区域环境噪声平均值(dB),且预测结果与其建立的模糊评价结果相匹配。廉婕等(2013)在对区域噪声环境质量污染水平进行预测时,选用两种不同的方法构建了不同的预测模型。利用指数平滑法构建的预测模型为:

$$Y_{t+L}=a_t+b_tL+c_tL^2$$

其中,Y_{t+L} 是噪声污染预测值,L 是目前的序列数,t 是需要预测时间的序列,a_t、b_t、c_t 则为参数。利用灰色预测法,通过研究原始数据序列的规律,建立了相应的 GM(1,1)模型,并进行了预测。同时,他们也对这两种方法的不同的预测结果进行了对比,发现两者之间存在差距,且认为指数平滑法只适合进行短、中期的区域噪声环境质量水平的预测。霍擎等(2011)借助灰色系统预测模型体系,对包头市从 2007 年至 2016 年的城市生态环境数据进行了科学分析和预测。研究表明,包头市城市生态环境综合指数逐年提高,城市生态环境质量将达到 I 级。此外,还有学者利用差分整合移动平均自回归模型(Autoregressive Integrated Moving Average Model,ARIMA)对济南市的空气质量指数进行了预测(徐兰芹,2017),借助 Pignistic 区间长度模型对城市路网多模式交通拥堵状况进行了预测(柴彦冲,2017)。现有的相关预测模型中,基本没有学者对城市发展质量进行预测。

城市发展质量预测属于宏观的经济预测的范畴,是城市规划、经济发展决策的科学化工具,是政府制定公共政策、编制规划、调整经济结构的依据。一般可用回归预测方法来进行预测,建立一元回归模型或一元非线性模型,如灰色模型,均可得到预测结果。具体来说,一元回归模型为:

$$y=ax+b$$

其中,a、b 为待定系数,x 为时期数。灰色模型基于离散函数的基本性质的研究理论,分析离散数据,建立动态的微分方程模型。然后利用关联分析等方法,选取相应的变量,通过离散动态模型,进行分析与研究,从而得到最终需要的变量时间函数方程,进行科学预测。

四、研究述评

上述研究从城市发展质量的角度出发,立足于城市发展质量的内涵。

这些研究从城市发展质量与经济增长的关系、与社会发展的关系、与生态发展的关系、与文化发展的关系、与公共服务的关系、与城市管理的关系等多个角度出发,对城市发展质量要素进行研究,肯定了城市发展质量的多维属性。这些研究的城市发展质量评价体系、评价方法及相关的预测方法,也为后续指标体系结构的设计、指标要素的选取、评价方法的选择及预测评价的研究提供了方法指导。这些相关文献中值得借鉴的内容主要包括以下两点:

(1)要从整体视角理解城市发展质量的内涵。在梳理城市发展质量内涵研究的过程中,我们发现,学者们在不断深化对于城市化质量的见解,不是仅仅考虑静态,而是把考虑范围拓展到动态,也越来越重视整体的发展是否协调,同时不断完善和丰富着城市化质量的具体内涵;强调的是一种动态、发展、相对的理解,对城市化质量的研究不能只是局限于城市质量绝对水平的层面或城市的某个方面的内容,而是要在抽象概括的基础上力求做到整体的系统完善。

(2)城市发展质量评价要注重动态平衡特征。学者们针对城市发展质量评价进行研究时,多以多元化城市利益主体为基础,强调全面综合的视角,避免单纯针对城市发展进行静态评价,而是要对城市系统是否协调进行评价。综合现有的研究来看,研究者们从不同角度出发,构建多维指标体系评价城市化的质量,并运用层次分析法(Analytic Hierarchy Process,AHP)、综合指数法、指数评价法、承载力评价法、系统动力学方法和多目标模型最优化方法等,来测量城市化的发展质量。

当然,城市发展质量研究仍有许多地方值得完善和提升,具体如下:

(1)关于城市高质量发展的理论研究有待进一步完善。从现有研究来看,关于城市发展方面的评价较多,但从高质量层面进行评价仍需完善。城市高质量发展评价是一个综合的更高层面的发展评价,是五大发展理念的具体展现,综合了城市现代化、竞争力、可持续发展的各个方面;城市发展质量不仅仅是经济高速高质量发展、社会综合发展,同时也要考虑城市生态环境的保护、城市文化产业的发展和文化资源的丰富、公共服务质量及整个城市管理水平的提升。对城市发展质量内涵的理解不能仅仅考虑静态要素,而是要逐步把范围拓展到动态要素,越来越重视城市发展质量在各维度整体上的协调性。

(2)关于城市发展的质量评价体系研究具有一定的局限性。虽然这些宏观质量评价体系具有较好的系统性和完整性,但是由于评价内容复杂,部分指标数据很难准确获取,另外,单纯对理论知识的解读,难以对现实的宏观变量进行准确的概括和量化,因此,最终只能得到相对科学全面的综合分析评价体系。有的指数评价结果较为笼统,不具有普适性,而且在时间上又不具有可比性,不能满足区域性总体发展质量评价要求。

(3)关于城市发展质量的预测研究仍然十分缺乏。目前,在国内外关于城市发展质量的实证研究文献中,发展质量评价研究较多,鲜有发展质量预测的研究。通过现有各质量维度情况对城市发展质量进行科学合理的预测,有助于各个城市及时做出反应,以积极的态度寻找自身发展质量过程中的弱点和缺点,解决追求发展质量过程中可能出现的问题,做到未雨绸缪。

第三节　研究内容、方法和创新

一、研究内容

新时代下,本书以五大发展理念为基本的研究思路。在"大质量"的发展理念下,对城市发展质量的定义与内涵进行界定,并对城市发展质量指标体系进行构建,主要包括经济发展、社会发展、生态发展、文化发展、公共服务和城市管理等方面。这对城市发展质量的评价指标体系具有重大价值和意义:一是能够诊断出城市发展的质量和效率所存在的问题;二是能够针对各个城市的不同发展阶段的城市发展质量进行多主体的横向比较分析和纵向比较分析;三是提出了发展质量提升策略,力图推动全国各地城市开展质量工作的创新性机制改革和发展模式升级。针对城市发展质量的提升工作,要进一步具体化并落实切实可行的办法和政策,从而真正根治"城市病"。基于此,才能打造出符合我国城市实际情况的、具有中国特色的城市发展之路,为未来的城市高质量发展研究打下坚实的理论基础和实践基础。

本书共分为八章。

第一章　绪论。本章主要介绍了本研究的选题背景。进入发展"新时代"之后,我国的经济、社会不断发展,与此同时,城市发展也进入了新的发展阶段,城市的数量及规模在不断扩大,城市发展质量也在不断提升。党中央高度重视质量发展,制定了一系列推进提升城市发展质量的重大发展战略。同时,促进"大质量"发展观形成和"大数据"技术应用推动城市发质量的量化评估深入开展,因此,对于本课题的研究有助于深入贯彻"以提高发展质量和效益为中心"的要求,有助于促进生产发展质量比较和城市标杆管理研究,有助于建立健全城市发展质量提升机制及其实施措施。本章还对城市发展质量的研究进行了综述,并介绍了本研究的内容、方法和创新。

第二章 城市发展质量的理论基础与经验借鉴。本章首先对城市发展质量的六种理论进行了介绍,然后对英国、美国、日本、新加坡、德国这些国家中具有代表性的城市(地区)发展进程进行了梳理,并且以国内部分一线城市为例,对我国的城市发展质量展开了探讨。研究发现,各个城市的发展具有各自侧重的维度,并且指向不同的核心要素。这一章旨在从 5 个发达国家城市(地区)以及我国部分一线城市发展质量的经验中找出我国在新常态背景下可借鉴的经验。

第三章 新时代我国城市发展质量的关键要素及理论模型。为获取新时代我国城市发展质量的关键要素,本章借助了三种研究方式,即文献研究法、专家访谈法及问卷调查法。通过文献研究法和专家访谈法确定了城市发展质量的主体关键要素,即城市收益的组成。在获得主体要素的基础上,确定了城市发展质量的 6 个维度,并借助问卷调查法,确定了具体的指标要素,即促进城市发展质量提升的实践性要素,然后总结出驱动性要素。最后,综合获得的实践性要素、驱动性要素、城市收益维度,通过流程工具将不同要素串联整合起来,得到了我国城市发展质量提升的理论模型。

第四章 新时代城市发展质量评价指标体系构建。在质量管理理论、系统理论、城市发展质量理论等支撑下,以提高质量和效益为中心,在经济和社会两大关键领域,坚持科学发展、协调发展、可持续发展三大原则,通过生态、文化、公共服务、城市管理四大支撑要素,全面贯彻创新、协调、绿色、开放、共享五大发展理念和统筹推进"五位一体"总体布局,构建了城市发展质量评价指标体系理论框架。该框架包括城市发展的经济发展维度、社会发展维度、生态发展维度、文化发展维度、公共服务维度、城市管理维度,并结合以上单项维度,最终得出了城市发展质量综合评价体系。

第五章 城市发展质量评价与预测的模型与方法。该部分的研究包括两个方面:首先利用层次分析法,构建了城市发展质量的评价模型及方法、评价指标体系,设计了 6 个一级指标(经济发展质量、社会发展质量、生态发展质量、文化发展质量、公共服务质量和城市管理质量)、14 个二级指标[经济发展质量(发展效益、科技创新和结构优化)、社会发展质量(社会结构、人口素质和社会秩序)、生态发展质量(资源节约和环境治理)、文化发展质量(文化资源和文化产业)、公共服务质量(社会事业和市政设施)、城市管理质量(城乡建设和持续发展)]。其次,还构建了城市发展质量的预测模型及方法。

第六章 城市发展质量评价实证——以副省级城市为例。本章以副省级城市为代表,首先,对全国15个副省级城市的发展基本情况进行了说明,并对15个城市的发展质量进行了总体评价和水平层次差异分析;其次,对15个城市从经济、社会、文化、生态、公共服务和城市管理等六大维度于2013—2016年的发展质量情况进行了分析。

第七章 城市发展质量预测研究——以副省级城市为例。本章以副省级城市为例,按照第五章设定的城市发展质量预测模型和方法,对全国15个副省级城市于2017—2020年的发展质量在各维度的得分进行了预测,并对现状与预测结果进行了差异分析。

第八章 提升城市发展质量的对策与建议。本章基于研究的评价结果,进一步贯彻了创新、协调、绿色、开放、共享的发展理念,为全面协调地提升副省级城市的发展质量,着力解决城市质量发展中的短板问题,谋求城市发展质量的全面提升,具体从经济发展、社会发展、生态发展、文化发展、公共服务、城市管理六大维度出发进一步提出了提升城市发展质量的对策与建议。

二、研究方法

1. 理论分析与比较分析相结合

理论分析是指通过整理归类、调查分析和统计资料,借助大脑的抽象思维,对信息进行加工,揭示事物的本质和内在联系,并由此上升到理性认识的过程。本研究通过文献剖析,全面梳理了城市发展质量的研究成果,通过深入的理论分析,逐步形成对城市发展质量的科学认识;同时收集与国内外城市发展质量相关的案例资料,整理城市发展质量的技术和方法,对比城市发展质量的评价指标体系,通过比较分析,科学地辨识了城市质量发展的本质和规律,并在此基础上做出了准确有效的城市发展质量评价。

2. 归纳研究与演绎研究相结合

归纳研究亦称"归纳法",是指一种由一系列个别、特殊的事例概括出一般性的结论的研究方法。其作用是对人们在实践中认识了的一个个具体事例或个别判断加以总结、概括,以得出一般性的结论,从而获取知识,发现真理。本研究运用归纳研究,广泛收集国内外先进地区城市发展质量的实践经验,结合副省级城市的发展特点,对副省级城市发展质量的各个方面加以观察、测量和记录;然后分析收集到的副省级城市发展质量资料,考量具体事例的特点和相互之间可能存在的联系;最后结合新时代我国城市高质量发展的特征演绎出副省级城市发展质量的具有普遍意义的内涵。

3. 定性分析与定量分析相结合

定性分析法是一种针对研究对象本质内涵进行研究分析的方法。本研究运用归纳与演绎、分析与综合以及抽象与概括等方法,对城市在质量发展过程中的特征以及问题进行了分析,力求做到去粗取精、去伪存真,为后续的发展质量预测和质量提升提供规律性的经验。而定量分析法,能够更加清楚地发掘研究对象的本质,从而科学地揭示事物发展的内在规律,进而把握事物发展的本质内涵,科学地预测未来发展的趋势。本研究利用数理分析法对城市发展质量的各维度以及综合情况进行了量化,因而能更加清楚明晰地剖析具体的发展质量情况,便于分析、对比和归纳。

三、研究创新

1. 研究视角的创新

本研究从新时代高质量发展这一视角出发,以创新、协调、绿色、开放、共享五大发展理念为导向,构建了城市发展质量的"1+2+3+4+5"评价分析框架;基于系统论,从经济发展、生态发展、社会发展、文化发展、公共服务和城市管理六大核心维度反映了城市发展质量;融合高质量发展最新的内涵、理论和体系,全面体现了城市"大质量"发展观,充分反映了新时代我国对城市发展质量的要求。本研究把城市发展质量评价和预测作为提升城市发展质量的一个工具来认识,并通过评估和预测城市发展质量水平,找出当前和未来城市发展质量提升的矛盾与问题,给出发挥优势、补齐短板的策略与方法,以此推进城市发展质量的提高。

2. 研究方法创新

本研究在研究方法上,一是将城市发展质量的评价与预测紧密结合,在系统科学评价体系基础上利用 TOPSIS(Technique for Order Preference by Similarity to Ideal Solution)法与加权和法开展预测研究,因而其基础更加完善,预测结果更加合理,整个研究结论的适用范围更广泛;二是归纳方法与演绎方法相结合,首先对国内外城市发展质量的相关理论和实践经验进行归纳总结,然后结合新时代我国城市高质量发展的特征进行演绎,明确城市是一个由多种要素组成的复合体,其发展质量必须运用系统论的观点进行分析界定,它包括经济发展、社会发展、生态发展、文化发展、公共服务、城市管理各个系统的质量和各系统发展的内在协调性;三是定性分析与定量分析相结合,即通过归纳、演绎、专家问卷等方法进行综合、分析、抽象与概括,深化对城市发展质量的认识,利用扎根理论挖掘城市发展质量核心要素,并利用层次分析法、TOPSIS法与加权和法对城市发展质量各维度情况以及综合情况进行了量化,因而更加清楚明晰地剖析了具体的发展质量情况,便于分析、对比、评估和预测。

3. 指标体系的创新

在评价指标体系构建过程中,首先,对国内外城市发展质量的相关理论和先进城市的实践经验进行归纳总结,同时结合新时代我国城市高质量发展的主要特征进行分析,在此基础上,通过专家问卷调查对我国城市高质量发展的关键要素和指标进行挖掘,最终构建了基于五大发展理念的具体评价指标体系。其次,以现状及潜力指标、成熟及特色指标、针对性及可操作性指标相结合的设计原则,构建出城市质量评价体系,了解城市发展中各个领域的融合与协调状况,科学全面地反映出城市"大质量"发展的本质,从而创造出具有导向性、科学性、可持续性、可比性、可操作性的评价体系,实现系统评价与局部评价的统一。

第二章　城市发展质量的理论基础与经验借鉴

第一节　城市发展质量的相关理论

本节简要介绍系统论、可持续发展理论、城市化发展理论、城市生态规划、质量管理理论、卓越绩效与 ISO 质量管理体系理论，旨在为后文的研究提供翔实的理论基础。在城市质量发展领域引入系统论，可以帮助我们把城市看作一个复合体，综合考虑城市的经济发展、社会发展、生态发展、文化发展、公共服务、城市管理等系统的质量和它们之间的内在协调性。可持续发展理论则是寻求一种新的城市发展观，立足于城市的发展历史，在认识到其中的问题的基础上解决问题，改善现状，寻求新的发展模式。城市化被视为深刻影响 21 世纪人类社会发展的两大主题之一，受到了人们的瞩目，因而从城市化发展理论出发研究城市发展质量是很有必要的。城市生态规划可以帮助城市发展实现可持续发展的目标，把生态学的原理和城市总体规划、环境规划结合起来，为城市生态系统的开发和建设提出良好的解决方法，然后正确处理人与自然、人与环境之间的关系，从而提高城市发展质量。在政府管理过程中贯彻全面质量管理的理念，可以帮助政府增强管理能力，在政府管理的效益和质量方面取得提升，从而更好地满足公众需求和解决社会难题。基于卓越绩效与 ISO 质量管理体系理论，中国质检总局颁布了《城市可持续发展——关于城市服务和生活品质的指标》，这一标准对城市可持续发展具有重要的指导意义。

一、系统论

系统是指借助某种结构形式将所需要的各要素进行组合、连接，从而构建出的某种具有特定功能的有机整体。系统论则是研究系统的一般模式、结构和规律的学科，借助数学方法量化系统的作用，分析普遍系统能够适用的数学框架、基本原则以及基础原理。因此，系统论是一门集逻辑与数学性质于一体的科学。系统论的主要思想是系统的整体理念。系统论强调由单独研究对象分析转向统一联系研究分析,以动态思考分析代替静态思考分析,并注重整体角度解决问题,而非传统的分析和还原。美国著名质量管理专家朱兰(Juran,2003)认为,质量综合反映了实体满足明确或隐含所需要的能力,是一类客观实体持有某种能力的属性,它是动态的、变化的、发展的和相对的,它会随着时间、空间、作用对象和环境的改变而发生改变。这些论断与系统理论的基本概念和观点在某些方面保持一致,也是对系统理论质量观的一种初步阐述。系统理论质量观就是应用系统论的原理和思维方法,从整体、系统的角度探索质量形成进程、质量评价指标、质量控制方法和质量认知概念的表述。

第二次世界大战中,美国军工企业建立了质量管理(保证)体系,并积累了很多的相关经验,为系统工程理论的形成提供了有效参考,还将实践的例证用于形成系统论。同时,系统工程理论和系统论思想又有效地推进了质量管理体系方法的进步。李正权(2006)系统性地概括了质量管理体系与系统论的关系:首先,质量管理体系方法的最根本要求就是把质量管理看作一个系统,利用系统性的管理方法,将彼此联系的过程视为系统进行识别、理解和管理。针对质量管理问题的分析与思考、质量管理体系的有效运用等问题,能否合理运用统一整体的思考方式、是否具有系统思维也是至关重要的。其次,尽量对事物进行定量分析是系统论的一个要求。质量管理体系方法看重立足于事实的决策方法,它认为应该把决策建立在数据及信息分析的基础之上。再次,系统论要求我们识别系统所处的环境。质量管理体系是一个开放系统,会不断地与社会交换物质、能量、信息。最后,系统论要求对系统不断输入负熵以抵消熵的增长,避免出现混乱状态。质量管理体系强调持续改进。系统论思想还被广泛应用于相关领域的发展质量水平的评价,包括城镇化质量评价(李国敏等,2015)、教育质量评价(杜志宏,2008;王国光,2016)、环境质量评价(苟建林、张吉军,2012;冀振松等,2013)、企业经营质量评价(安中涛、崔援民,2005;张振安等,2014)等。

将系统论引入城市发展质量领域,可以将城市看作一个由多种要素构成的复合体,其发展质量必须运用系统论的观点进行分析界定,包括经济发展、社会发展、生态发展、文化发展、公共服务、城市管理各个系统的质量和内在协调性。系统论的优点使得城市发展质量的评价更加突出关联性、动态性、整体性。运用这一方法,可以对城市发展质量这一系统的一般模式、结构和规律进行研究,并运用数学方式对其进行详细的阐述,确定适用于城市发展质量这一领域的原理、原则和数学模型。

二、可持续发展理论

城市可持续发展理论是可持续发展理论在城市领域的应用。该理论通过梳理城市发展史,对城市发展过程中存在的问题进行归纳总结,并给出解决和改进的对策与建议,摸索出城市发展的新方法、新模式,从而建立新型的城市发展格局。

在城市化进程中,不同发展阶段的发展要求各不相同。在城市发展的早期,城市发展主要指的是经济的发展。国民生产总值和人均收入是这一时期衡量经济发展水平和质量的关键性指标,这两个指标也是衡量发展的首要评价指标。随后,人们意识到,一味地追求经济发展引起了人口激增、交通拥堵、污染严重和公共服务不足等社会弊病,因此,城市发展的侧重点逐渐由经济发展转向社会发展。盲目进行经济发展,导致了严重的环境污染问题,此问题已引起全世界的关注。世界各国均意识到,经济发展、社会发展应与环境保护并驾齐驱;国民生产总值的提高仅仅表示经济发展,无法体现社会财富分配、社会福利发放现状。紧接着,美国、日本以及经合组织(OECD)等国家与国际组织纷纷推进了相关研究。其中,1990 年联合国开发计划署在《1990 年人文发展报告》中首次提出了用以衡量联合国各成员国经济、社会发展水平的"人文发展指数"。20 世纪 80 年代早期,由于经济飞速增长,地球环境面临极大危机,人类发展遭到强力威胁,这令人们反思发展观。

城市可持续发展思想源于 1898 年埃比尼泽·霍华德(Ebenezer Howard)对城市与乡村融合思想的研究。1981 年举办的国际建筑师联合会强调指出:要重视建筑的可持续性,在人类的发展进程中,离不开环境保护,要充分注重建筑、人与环境三者所形成的有机整体。20 世纪 80 年代,世界环境与发展委员会发布的《我们共同的未来》报告,第一次综合全面地阐述了可持续发展的定义、理念等内容。报告指出:"可持续发展是既能够满足当代人的需要,而又能够不对后代人满足其需要的能力构成妨碍的发展。"1992 年,在联合国环境与发展大会上提出的可持续发展的新模式,备受关注。可持续发展理论作为城市发展评价指标体系的内核受到各国的一致认同和接受,城市的管理决策者开始推崇打造"可持续发展城市"。20 世纪 90 年代,我国逐渐意识到可持续发展的重要作用,将可持续发展战略上升为国家发展战略。到了 21 世纪,党中央对可持续发展战略做出了进一步发展,提出了中国特色社会主义科学发展观。随着可持续发展理论的发展,其应用已涉及环境治理、城市发展规划等诸多领域,城市可持续发展理论初步成型。

从全球范围来看,城市可持续性的主要内容包括城市数量增多和空间变大所导致的一系列问题,包括环境的可持续性、增大能源与资源的利用效率、增强灾后复原力、解决贫民窟的物资短缺问题、保证居民有权使用廉价能源和享受基本服务、给居民提供就业机会、营造良好的城市生活氛围等。

大量国际组织针对各种主题进行了许多推动城市可持续发展的相关研究和工作。比如,2006 年,伦敦的肯·利文斯通(Ken Livingstone)与美国前总统比尔·克林顿(Bill Clinton)共同做出努力,在全球建立了由 40 个城市组成的巨型城市联盟(C40),以应对温室气体排放和环境危机;2008 年,瑞士建设可持续城市发展委员会帮助了 50 多个城市的可持续发展研究与建设项目;2011 年,OECD 提出"绿色增长"概念,欧盟在大型研究计划中加入了许多有关城市废物处理和提高能源、资源使用效率的项目;2012 年,联合国人居署发布了《活力人类、活力地球:未来值得选择》("Resilient People,Resilient Planet:A Future Worth Choosing")报告;2013 年,中国发表了以建设生态文明为主要内容的《中国人类发展报告》。

随着城市可持续研究的兴起,国际知名研究大学和机构,如亚利桑那州立大学、科罗拉多大学、斯德哥尔摩大学等,相继成立可持续研究学院或研究中心,开展了涵盖社会、经济和资源环境等方面的城市可持续发展学科建设。亚利桑那州立大学是美国第一所设置可持续发展研究课程和专业的大学,其可持续发展研究中心包含全球化研究、能源与材料、技术、水资源、国际关系、生态系统服务、社会转型、地理与城市规划和政策管治等众多学科,拥有 150 多名正式研究人员。

城市的可持续发展可以从两个方面进行评价。一方面是环境和资源层面。城市的发展建立在资源消耗的基础上,城市维持高效的运作与发展是通过持续消耗各类资源实现的。在城市发展早期,社会科技发展缓慢,各类资源的回收利用率较低,因此,为了加快城市化发展进程,往往过度消耗各类资源,但从长远角度来看,此时的城市发展是建立在严重的资源浪费和环境污染上的不可持续的发展。关于城市可持续发展的相关研究,专家学者提出了以发挥可再生资源最大价值化、保护好不可再生资源、资源循环利用为核心的城市可持续发展基本原则。另一方面是生态层面。要建立生态城市,就要遵循自然规律,将城市发展和生态建设相协调,实现长期有效的城市发展,也就是要坚持走城市的可持续发展之路,要贯彻落实适度扩张城市规模、升级能源结构、恢复退化的土地、保护生物圈、爱护历史文化遗产、平衡城市开发与生态环境保护、协调城市开发与用地情况的生态城市发展原则。

可持续发展是衡量城市发展质量的重要指标,城市的发展要遵循可持续发展原则,以质量发展为核心,追求长远发展。

三、城市化发展理论

如果把 20 世纪视为"城市化世纪",则 21 世纪就是"城市世纪"。城市化与高科技发展被世界各国和联合国教科文组织视为深刻影响 21 世纪人类社会的两大主题,都受到了极大的关注。经济全球化推动了世界变成"地球村"的进程,发展中国家在发达国家城市化后,成了世界城市化发展的主流,城市化进程不断加速。20 世纪 70 年代以前,我国在各种复杂因素的影响之下,没有正面提过"城市化",相关研究较为匮乏。党的十一届三中全会后,我国"城市化"被提上社会发展议程。据统计,2018 年,我国城市化水平达 59.58%,距发达国家及格线还差 15 个百分点。相关人士预测,到 2030 年,我国的城市化水平将超过 70%。这预示着我国在未来 10年左右的时间里,将有约 4 亿农村人口转化为城市人口。这无疑会对未来我国经济、社会、环境产生巨大的影响。

中国"城市化"自 1949 年新中国成立起发展至今,已有了 70 余年的历程,国内学者在我国城市化研究领域成果颇丰。但城市化研究具有多学科性特征,且城市化过程复杂,对城市化意义的理解没有统一意见。为解决城市化发展过程中出现的环境污染、交通拥堵、城市犯罪、失地农民权益没有保障等一系列问题,城市化质量理论倾向于更为丰富的内涵和外延。所谓城市化质量,指的是城市化进程中城市的力量逐渐增加而又不过度消耗城市资源,进一步提高城市居民的生活质量,进一步改善城市环境和城市基础设施,最终实现城乡一体化的最终目标(刘素冬,2006)。城市化质量具有核心和域面两个载体,核心载体是指城市的发展质量即城市现代化程度,域面载体是指区域的发展质量即城乡一体化程度(叶裕民,2001)。城市化质量可以从经济发展质量、社会和谐发展质量、城市功能发展质量三个角度考量(余晖,2010)。其中就经济发展质量先后有联合国可持续发展委员会、联合国统计局、联合国环境问题科学委员会、世界银行、中科院可持续发展战略研究组、中国科学技术促进发展研究中心、国家统计局等国内外权威机构构建了相应的指标体系。

四、城市生态学理论

城市生态学主要研究城市中人类活动与周围环境的关系。城市是以人为核心要素的人工生态系统,城市生态学侧重分析城市生态发展过程的发展动力、发展规律、基本结构、调节机制、监督原理和功能作用等环节。城市生态学现多应用于城市发展规划、施工建设、城市监督管理等领域,帮助城市管理者和研究者完善理论系统框架,提高资源使用效率水平,进一步提升城市的发展状况。目前,国内外学者通过更加细致的研究与分析,不断更新和完善了城市生态学的概念和理论体系。

目前,我国城市生态学理论研究成果颇丰,但缺乏能够统领的理论体系和框架。自20世纪80年代城市生态学理论传入我国后,我国学者便对此展开了一系列研究。马世骏、王如松(1984)提出了"社会—经济—自然"复合生态系统理论,在对城市与区域生态规划进行研究的基础上提出了能够实现社会、经济环境可持续发展目标的切实可行的发展方式。王祥荣、张静(1995)依据生态学原理提出,应在国家土地规划的总体框架下,正确对待人与自然、人与环境的关系,使生态规划成为一种有效的规划。另外,也有学者从其他侧重点对城市生态规划进行了研究。沈清基(2000)从生态学角度出发,将生态学基本原理与城市发展规划相结合,提出了城市规划生态学理论。李翔宇、张晓春(1999)的研究表明,现有的城市生态规划在一定程度上完善了城市规划服务。黄光宇、杨培峰(2002)的研究则表明,生态规划的内容对城市空间规划具有有效的正向作用。王祥荣(2004)根据环境承载数量、自然资源数量和生态环境舒适情况对城市生态规划的作用进行了研究分析,并指出,要真正实现国家的城市可持续发展,需要准确定位城市生态建设,改善城市生态环境,推动经济与生态联动发展。以上研究成果奠定了我国现在的城市生态学理论基础,更是在我国生态城市建设过程中发挥了重要的指引作用。2016年,中国城市规划学会城市生态规划学术委员会年会就城市生态发展规划的理论与方法进行了深入的探究,在总结现有城市生态规划建设发展经验的基础上,就如何加深研究城市生态规划的理论体系、探索城市生态规划技术的实际运用等方面展开了探讨,讨论主题涉及城市生态规划、生态实践智慧、生态城市建设、低碳生态、绿色基础设施评价、城市生态安全体系等众多内容,拓展了城市生态规划研究的广度与深度。

目前,城市生态学理论已经在我国部分城市,如北京、长春、哈尔滨等,进行了初步尝试,并取得了一定成果。在实践过程中,针对城郊结合处进行科学的规划和合理的勘探,规划出约 500 米的城市绿圈来扩大城市绿化范围,从而建立有效的城市生态保护屏障,提高对城市生态环境的保护力度。江苏扬州正在努力实现"工厂进园区,生活在城区",基于生态经济、生态环境和生态社会的理论基础,合理规划城市生态功能区,积极治理改善扬州市生态环境,实现城市的发展。我国创建"生态省""生态市""生态县""生态镇"的过程中都要求把城市生态理论融入各区域发展规划,借助城市生态学合理规划,有效地进行生态经济、生态农业、生态旅游建设;努力打造物质转化到能量循环再到生态代谢这样的生态循环系统,在整个生产过程中保证生产原材料、生产工序、生产产品的清洁,生产过程低污染,保护环境,实现"清洁生产"目标,从而保障经济、环境与社会三者效益的协调一致。

当前,城市宜居性成为各地政府和居民的关注重点,也逐渐引起国内外学者的研究热情。国外的专家学者认为,宜居城市应该具有广泛的生活机遇、良好的工作和谋生机会、安全而清洁的环境、良好的城市管治(Douglass,2000;Evans,2002),强调人与自然的可持续发展、以人为本的城市规划理念(Mumford,1961),经济部门行为须与建设、市民相协调。国内城市多从居民需求角度(陈牧川,2005;甘晖、叶文虎,2008)、城市管理者角度(叶立梅,2012)、综合角度(张文忠,2007;谈绪祥,2006)对宜居城市进行研究。城市的整体精神状态与情绪应该受到更深层次的关注(柴清玉,2007),特别是城市的特色文化(查晓鸣、杨剑,2012)、社会治安环境和抵御自然灾害的能力(谈绪祥,2006)。因此,宜居城市应该是经济繁荣、社会和谐稳定、文化丰富、生活舒适便利、风景优美、公共秩序并然有序的一座城市(李丽萍,郭宝华,2006)。

除此之外,城市的可持续发展(Maclaren,1996;毛汉英,1996;马道明等,2007)、生态城市(董宪军,2000;梁昊光、方方,2014)、智慧城市(Batty,2007;Batty et al.,2012;Zhong et al.,2014;李春友、古家军,2014;李建明,2014)、弹性城市(Alberti et al.,2003;Berkes et al.,2002;蔡建明等,2012)、健康城市(姚士谋、陈振光,2006;吕斌、陈睿,2006)、城市综合实力(国家统计局城市社会经济调查总队,2005)的研究也是国内外专家学者关注的焦点。

由此可见,现代化的城市是一个人工复合型的生态系统,具有多元化、多层面、多媒介等基本特征,又受到其内部复杂的系统和各种因素的影响,各环节交错形成了错综复杂的关系网络。此外,在城市生态规划中,应将可持续发展作为城市发展规划的内核。为了准确定位城市的生态位置,提高城市生态发展质量,可以通过对环境容量、资源承载能力以及生态舒适程度的测度来优化城市生态空间的布局,适度扩大城市生态发展的规模,实现人与自然环境的长期可持续发展,打造良好的城市生态循环体系。为了城市生态体系的可持续发展,为使整个城市体系能够有效运转,应加强城市发展各要素的内在联系。一是疏通"流量",即物流、能量流和信息流。通过有效的管理方式,保障好"三流"的稳定与传递,协调好发展输入与输出的关系。二是城市"网络",即超维人文空间。将城市的产业结构、规划布局和居民聚集群等融合到城市的管理网、交通网、物理网等城市网络中,以网络形式将这些城市关系进行衔接,从而构建出一个复杂的多元化城市空间。为了实现城市生态系统的可持续性发展,城市体系既要在微观层面上进行局部布局,又要在宏观层面对城市结构进行整体规划,摒弃零零碎碎的连锁规划方案。三是功能"秩序",要构建人与自然和谐发展的城市体系,通过内在组建、发展以及不断的内在协调和内在监督体系,形成良好的竞争秩序。在城市建设过程中,对城市发展最为重要的就是城市管理者的管理与监督。换言之,要实现城市生态系统的可持续发展,就要遵循经济发展规律和自然生态规律来制定政策,建立健全完备的城市管理监督体系,严格执行城市管理和管控的规章制度。

另外,城市生态发展规划可以帮助城市实现可持续发展的目标。应把生态学的原理与城市整体发展规划、生态环境规划等相融合,在面对城市生态开发与建设过程中所出现的各种问题时,认真思考人与自然环境之间的关系,找到有效的解决措施,以实现城市发展质量的提升。

五、质量管理理论

1. 全面质量管理理论

关于全面质量管理的含义,1994 版 ISO 8402 标准将其定义为:"一个以质量为中心的组织,以全面参与为基础,旨在提升客户满意度和组织所有成员及社会受益,实现长期成功的管理办法。"1961 年,美国著名的质量管理专家阿曼德·费根堡姆(Armand Vallin Feigenbaum)在其编著的《全面质量控制》(Feigenbaum，1961)一书中对全面质量管理进行了科学的定义和阐述:全面质量管理是指在同时满足最佳经济和顾客需求的前提条件下,对市场展开调查、分析与服务,从而保障企业对研发、维护和提升质量水平的活动总和的体系。以上定义得到了学术界的广泛认可。在理论发展过程中,美国针对部分城市进行了全面质量管理的实践,涉及财务预算、公共安全、文化娱乐等多个部门及领域。

在政府部门引入全面质量管理理论研究层面,杜兰英、余道先(2004)针对有关政府部门引入质量管理体系的必要性进行了研究,认为政府部门构建质量管理体系是适应我国加入世贸组织与接轨国际惯例的要求,是建设社会主义市场经济体制的需要。李贵鲜(2002)从方法论的角度介绍了在公共部门或政府机构中实施全面质量管理的方法。中国政府的全面质量管理研究仅仅是在政府部门的理论应用中进行的。吴海波、员锡涛(2011)侧重我国海事部门具体工作中质量管理体系应用的研究,吴剑(2011)关注公安部门中质量管理体系的应用等,都仅仅是结合某个具体的部门去研究全面质量管理理论在该领域的应用,都具有一定的局限性。

在政府部门应用全面质量管理理论开始于 20 世纪 80 年代的美国里根政府。自 20 世纪 90 年代起,全面质量管理成为主要发达国家公共部门提高服务质量的优选途径之一,它的典型代表包括英国宪章运动、竞争求质量运动和美国国家绩效评论运动等。从国内学者对全面质量管理在政府机构应用的研究来看,全面质量管理在政府机构中的应用仍然非常有限,只在某些公司企业、医疗机构、高等院校、研究部门等公共服务领域进行了初步的全面质量管理。发达国家各级政府部门通过全面质量管理的广泛应用大大提高了公共产品和服务的效率,有效地提高了质量,为政府节省了成本,在一定程度上缓解了政府的财政压力。因此,如果能够把全面质量管理的理念运用于政府对城市发展质量的管理之中,就可以加强政府在城市质量方面的管理能力,提升城市发展的效益和质量,从而更好地满足公众对于城市化发展的需求,解决城市化发展过程中所遇到的难题。

2. 卓越绩效理论

国内对卓越绩效理论的研究始于 1998 年在上海成立的朱兰质量研究院。朱兰质量研究院是我国早期研究卓越绩效的机构。王家合(2006)基于"优秀的绩效评价标准",首次构建了由经营绩效、客户满意度、财务绩效和人力资源绩效等四个维度构成的衡量城市政府质量管理绩效的指标体系,并运用模糊综合测量模型对长沙市政府质量管理绩效予以实证分析。

国内关于卓越绩效的研究主要注重卓越绩效模型和标准的研究,多数为分析卓越绩效的运用和问题等,也有少量研究涉及卓越绩效的评测方法。与之相比,国外的研究比较集中在评价模型的研究上,多采用调查研究与统计分析等方法(华希,2011)。

深圳是我国较早推广"卓越绩效模式"的城市。它坚持以政府制度创新带动企业自主创新,以世界级标准缔造国际化企业,有效地发挥了"卓越绩效模式"对深圳市管理创新的"导航仪"作用。"卓越绩效模式"已经成为深圳自主创新制度体系的重要一环和企业管理升级的公共载体,从而使深圳涌现了一批质量文化领先、经营绩效突出的典范企业(张士明,2005;张国勤、王满平,2006)。"追求卓越"的品质是上海城市精神的重要内涵。上海坚持"质量第一"和"质量是生命"的理念,依照国务院《发展质量纲要(2011—2020年)》和《国家中长期教育改革和发展规划纲要(2010—2020年)》的精神,让"追求卓越"品质的意识转化为"追求卓越"的品质。在教育层面,构建了中小学素质文化教育基地,推动教育革新;在企业层面,通过拓展素质教育来提高员工素质发展水平,实现人与质量共同发展的目标,更加充分展现出企业的基本道德和社会责任(沈伟民,2012)。

从上述城市的发展经验中,我们可以看出,卓越绩效理论在城市管理过程中发挥了重要的导向作用,因此在对城市发展质量进行评价时要着重考虑卓越绩效理论,将其纳入评价指标之中,以保证评价指标体系的科学性和完整性。

3. ISO 质量管理

国际标准化组织下属的 ISO/TC 268 是为提升可持续发展水平,而给予管理体系、范围标准等各种技术帮助的城市可持续发展标准化技术委员会,它涉及经济、生态、科技等诸多部门和领域。ISO/TC 268 的工作涉及政治、经济、环境、社会生活和城市基础设施。2011 年 6 月,一套有关城市指数、方法和定义的国际标准由全球城市指数机构(Global City Indicators Facility,GCIF)向 ISO 技术管理委员会(ISO/TMB)提出,以衡量城市的发展,并获得通过。根据工作小组的计划,基于城市实际状况和生活质量水平包含 100 多个评价指标的全球城市指数国际标准提案,于 2014 年 9 月成为国际标准。

ISO 9000 系列质量管理体系是国际通用的、用于测量组织机构管理质量状况的标准体系。目前该体系已经得到广泛的认同和运用,并已在中国、美国、荷兰等多个国家展开实践,以帮助城市管理的科学高效运行,提高城市管理质量。

参照 ISO 37120 国际标准，中国质检总局颁布了《城市可持续发展——关于城市服务和生活品质的指标》，作为城市可持续发展评价系列的国家标准之一。城市建设中应该效仿美国、德国、英国，参照 ISO 27001信息安全管理体系认证建立信息安全认证体系，保障城市网络信息安全。因此，在对城市质量进行评价时，同样需要将其作为评价的重要指标之一。

第二节　城市发展质量的实践经验

在城市发展过程中，发达国家与地区往往处在发展的最前沿，其发展经验能够给后来者一定的启示和参考作用。本节旨在借鉴过去城市发展质量的实践经验，为当前的城市质量发展提供导向。

一、国外先进地区城市发展质量的经验

国际城市是全球城市体系形成的产物，是城市文明高度发展的产物，也是全球城市发展的标志性成果。国际城市发展至今，在政治、经济、社会、文化和科技等诸多领域都取得了优异的成绩。以伦敦、纽约、巴黎等为代表的国际城市一直以来都在进行多元化发展，加快发展各种城市功能，努力保持并打造综合型国际化大都市。因此，应将政治、经济、人口和环境等因素纳入衡量国际城市的标准体系中来。世界城市形成的六锥包括政治经济环境、人口与人才、经济活力/控制力、能动性基础设施、生活环境质量、城市综合形象，其模型如图 2-1 所示。可以预见的是，综合型世界城市是未来城市建设和发展的方向。

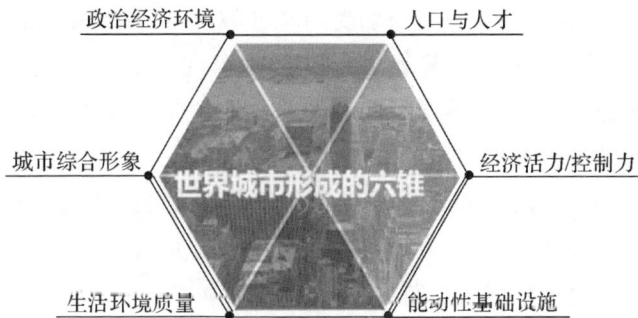

图 2-1　世界城市形成的六锥模型

1. 英国伦敦城市发展经验

英国作为世界首个开展城市化运动的国家,其在发展过程中面临的城市拥堵、环境污染以及公共设施不完善等问题与我国现阶段所面临的情况极为相似,英国的城市发展经验对于我国的城市建设有着极大的借鉴作用。以下分四个部分简要地介绍英国的城市发展。

(1)经济发展质量和社会发展质量提升——以社区为主体的经济复兴和社会发展

二战后,住房问题、公民的社会生活、失业问题严重阻碍了英国的发展,甚至威胁到了英国政府的存续。尽管政府为改变这严重衰败的局面做出了积极的政策回应,但是兴建住房、建设新城、对土地和城市交通及地区工业的系统规划、建立社会保障这些措施仅仅只是修复了英国城市建设的社会问题的表面,基本上满足了人们的基本生活需求,缓解了住房问题,减缓了强大的移民浪潮所带来的冲击,但并未达到治标治本的效果,也没有解决要害问题,如社会的两极分化、种族冲突和环境问题等,而且一系列福利政策使得政府不堪重负。

20 世纪 60 年代初,社区运动的兴起为解决社会贫困等社会问题提供了新思路,推动了地方性"社区发展项目"的出台,为后续英国城市复兴运动奠定了重要基础。此后 30 年,英国城市复兴运动在曲折中前进。直到 21 世纪初,英国开始注重经济、环境和社会的社区发展,这代表着英国城市发展开始进入社区主体化阶段。由于在强大且具有代表性的地方领导支持下积极塑造社区,伦敦的城市利用空间和建筑设施得到了更好的保障,从而缓解了城市交通拥堵、污染物排放、环境污染等问题,进而实现了城市的长期可持续发展。高度文明的城市发展能够为创造出高质高效的生活提供保障,使人们在发展中享受到义务教育、医疗保障、住房补助、物质消费等服务,减少社会差异,消除发展不平衡,创造舒适的生活与生存环境。在这个思想框架下,英国的城市发展更加倾向于可持续发展,而城市复兴和可持续发展的基础在于增加城市的密度。这已经成为解决许多环境问题和社会疾病的万灵药,因为简单的城市形式可以减少交通拥堵和环境污染,缓解公共空间的压力,并且增加小型城市的活力。不仅如此,强调邻里关系和自身的价值为人们相互见面、相互学习和参与城市生活的多样性提供了优先权。总而言之,为城市复兴所采取的行动必须多样化,只有这样才能满足人们多元化的需求。

综上,英国是城市发展的先行者,最早进行工业化发展,最早实现了城市化发展。面临发展中所存在的各种社会问题,英国提出"以社区为主"城市规划的解决对策。自此,社区计划在英国城市发展中发挥了重要作用,引领着城市的繁荣发展。以社区为基础的多层次联合行动,使社区从城建的边缘位置逐步走到了主导的地位,城市的复兴也经由物质优化向综合复兴发展之路转变。社区计划推动了英国多元化的社区城市发展,带动了经济、社会和环境的良性发展,并且实现了全方位多领域的发展。

(2)生态发展质量的提升——以绿化带为特色的城市环境治理

当前,海平面上升、温室效应等严重的全球性环境问题使世界各国开始意识到可持续发展的重要性和必要性。20世纪90年代初,英国有学者在针对英国绿化问题的研究中指出,发展绿色基础设施,将会促进英国为了阻止城市建设覆盖周边郊区的绿化带政策的出台,实现城市可持续的绿色空间发展。绿化带政策的出台综合考虑了城市发展速度、居民生活方式、自然生态状况等多方面因素,能够有效地解决城市侵占城郊的问题,保障城市建设的稳步发展与良好提升。绿化带政策对管控城市侵占城郊的有效作用,受到了全球许多国家和地区的认同并效仿。在实践的基础上,该政策也获得了研究者和政府机构的赞许。面对城市发展中遇到的新问题,英国环境部对绿化带计划进行了深入的总结与探讨。20世纪90年代初,英国政府发表声明称已经完成部分绿化带工作任务,并且城市也在井然有序的发展中,周围的乡村在绿化带保护下也不再受到侵占。特别是在21世纪,英国的专家学者提出了绿化带的可持续功能的新要求:英国绿化带政策的核心要务是阻止城市肆意蔓延的发展。绿化带政策提升了政府管理的有效性,指引城市向着正确的方向规划发展,是英国政府的一项重要政策工具。绿化带主要用于郊区,通过打造多元的建设体系、完整的理论框架,以及自主的政策法规,形成一套完善的城市建设管理体系。

如今在英国城市,绿化带的普及程度相当高。英国得到政府批准的绿化带区域约155.6万公顷,占英国总土地面积的12%。而且在实施绿化带政策的过程中,南伦敦地区的大部分地区、东部和东南部的英格兰绿化带和英国北部更加紧密地联系在一起。政府发展规划绿化带政策,在英格兰东南部、东中部、西中部、苏格兰以及威尔士的大部分地区都扮演着重要的角色。

(3)公共服务质量提升——以政府与第三部门紧密合作为特征的公共服务

英国的慈善机构遍布整个国家的各个地区,独立机构在英国的历史长河中发挥着举足轻重的作用,慈善观念与公益透明意识也深深地扎根在公民的脑海中。这使得第三部门可以在英国蓬勃发展,并在城市建设的公共服务方面产生极为重要的影响。

长期以来,英国政府对第三部门组织的大力支持,使得第三部门在英国社会繁荣发展。在英国城市建设过程中,公共服务的显著特点在于英国第三部门组织的地位不同于其他国家。英国政府与第三部门之间建立起了互帮互助、共同发展的合作关系。从 15 世纪初颁布的《慈善使用条例》和 16 世纪末颁布的《伊丽莎白扶贫法案》可以明显看出英国政府通过慈善组织来达成长期服务社会的目的。1998 年,英国政府签署相关文件,确保了志愿组织和社区组织的独立性。此外,在城市发展的后续过程中,为了提高第三部门的建设能力,英国政府不仅设立了专门的第三部门办事处,而且大力支持第三部门的发展进步。根据国家志愿组织委员会的数据,政府对第三部门的资助资金在不断提高,已经高达 115 亿英镑;相关数据也表明,第三部门的规模在不断发展扩大,第三部门更加依靠政府的帮助。目前,第三部门在教育、健康、卫生等公共服务领域发挥着重要作用。

社会组织在城市建设中扮演着如此重要的角色是因为它一直是提供公共服务的好伙伴,不仅提升了公共服务的社会组织发展状况,而且极大地提升了公共服务的发展速度和质量水平。政府通过大力支持第三部门,加强指导和监督的力度,组织社会的真正力量承担公共服务的功能,实现了借助第三部门给社会公众提供"世界级"公共服务的目的。

(4)城市管理质量提升——以公众参与为核心的城市规划

在发达国家,行政法的核心是公众参与城市管理。20 世纪 60 年代,英国公众参与城市规划被纳入法律并在不断完善。在城市规划中,公众参与起到尤为重要的作用,形成了一个完整的体系。英国政府的行政管理实行三级体系,分别是中央政府、郡政府和区政府。从上述三个层次的规划关系来看,区政府和郡政府公众参与规划制定的过程也是监督参与实施上级中央政府规划的过程,从而实现上下级规划要求的一致性。在地方规划中,地方公众决定着关键的公众利益,因此公众的作用必不可少。在此过程中,要正视政府的地位和工作任务。政府代表着公民的意见,要及时反映公民的声音,是为公众服务的践行者。政府要认清自身的地位和职责,时刻秉承为公众服务的理念,加快政府职能转变。英国各层级规划中的公众参与规定,构建了一个完备的公众参与机制。然而,公众在某个阶段有什么参与机会和权利,或是以哪种方式参与并表达意见,直接影响到公众参与的效果。行政法领域的公众参与方法表现了参与行政程序的原则,也就是行政相对人和相关人为了维护其自身的合法权益而参与到行政程序过程之中,针对涉及事实与法律问题表达自己的见解,然后影响行政主体做出有利于自己的行政决定。在参与的过程中,行政相对人理应拥有获得信息、陈述申辩意见、提出申请的权利等,来保证行政机关和相对人之间的交流互动。公众参与方法必须满足行政程序中的公民的各项参与权,而且拥有灵活多样的形式。

在新建立的规划体系中,尽快引入公众参与成为英国新制度的亮点。这一原则是建立在更早的基础上的,其目的是为了保障公众作用的价值,允许公众参与到最后的发展规划和决策中来。换言之,在前期规划工作中,政府及有关部门应进行大量研究讨论,采用公众集会、设计咨询等多种参与方式吸收公众的想法,收集公众和社会团体等对社区规划的意见,形成初步的规划草案。公众参与不仅体现了民主政治的权利,而且也是在多重利益背景下确保制定和执行公共政策的一种有效手段。

通过发挥公众在城市规划中的积极作用,英国推动了民主开放型城市规划建设,积极建立了政府与公众的亲密互动关系,重新定义了政府职能。

2. 美国纽约城市发展经验

美国作为集中了多个民族的"移民之邦",其丰富的文化很容易成为新生事业的基础,因此它的城市发展具有先导性、典型性,能够在一定程度上代表世界城市发展的进程。纽约都市圈的演变与其三次规划有着不可分割的关系。纽约大都市区规划的提出源自"大纽约市"的设想。1870年前,城市间关系疏远,并且各城市的发展相互没有关联。一些小城市凝聚力不强,人口分布松散,地域空间结构不明显。在20世纪初,纽约市发展委员会提出了系统规划纽约的报告,其目的在于美化城市、解决城市发展的问题。这属于纽约都市圈真正意义上的第一次规划。在发展过程中,纽约都市圈有以下特色。

(1)经济发展质量提升——以圈中圈为特色的经济网络发展

纽约都市圈是多核型都市圈的代表,也叫"圈中圈"。这种都市圈与单核型都市圈的主要区别在于:在都市圈内,其核心城市的经济功能由三个或三个以上的城市共同分担,并且各城市的经济能力都很强。高速公路、轨道交通等将中心城市与圈内其他城市密切相联,全部都市圈的交通系统是网络化布局的形式。圈内这些核心城市特征不一,分开发展,利用多方辐射和吸引,引领其他城市共同发展,形成了合理的分工体系。纽约城在都市圈中起到金融与贸易双重核心作用,对纽约都市圈有着最大的影响力,其中,华尔街为都市圈的发展供给大量的资金;费城对都市圈的贡献主要体现在制造业与运输业方面;巴尔的摩以冶炼工业为特色;波士顿则凭借上千家高技术企业和研究机构,在科技与教育方面发挥极大的作用;华盛顿身为美国的首都,拥有全美最重要的政治、经济、军事等的最高指挥机构,是全美的政治文化中心。

产业的集中和分散是纽约都市圈空间组织结构形成的经济要素之一。在都市圈发展进程中,纽约都市圈的空间组织结构最早因产业集聚而形成。在都市圈发展早期,纽约等核心城市具有较强的经济实力,提供了良好的就业机会,劳动力、资本和技术等生产要素开始向核心城市集中,令这些核心城市拥有比圈内其他城市更高的经济势能,形成了区域规模经济,从而产生了都市圈的集聚效应。区域规模经济既降低了生产成本,还提高了经济效益,对纽约都市圈产业的集聚起到了推动作用。纽约都市圈渐渐成熟,核心城市在都市圈的作用逐渐明晰,生产要素开始扩散,城市产业逐渐向圈内其他区域转移。在纽约都市圈进入发展成熟期时,都市圈的产业扩散加快了纽约等核心城市的经济向更高层次发展;并且,圈内经济要素的转移既推动了纽约都市圈整体经济的发展,还推进了圈内基础设施的建设,完善了承接产业转移的环境。对于纽约都市圈而言,产业的集聚与扩散效应为圈中小城市经济的进一步发展提供了契机,不仅加强了都市圈核心城市与其他城市之间的经济关联度,而且推动了纽约都市圈的演化与发展。

(2)生态发展质量提升——以低碳发展为战略的生态发展之路

纽约市作为国际知名的特大城市与国际金融中心,拥有丰富的低碳发展经验和高水平的城市组织管理能力。纽约市较早建立了较为完善的工作程序和报告制度,并对编制城市清单、更新数据和计算方法进行了立法。此项立法意味着纽约每年在按时发布城市排放清单报告的同时,还要根据历史排放数据对计算方法进行修正,从而保证数据的准确性、连续性、统一性和可比性。

纽约作为标志性国际开放性城市,高楼林立,车水马龙,因此,纽约最主要的碳排放源头是城内的建筑,其次是交通。2009 年,由纽约市市长迈克尔·布隆伯格启动实行"绿色建筑"计划,通过升级照明方式、建立单独仪表、进行建筑排放基准测试、支持绿色建筑等方法来达到减少建筑物污染排放量的目的。给予面积达 929 平方米及以上非住宅楼建立独立电表,业主按时提交用电报告,且需要使用政府工具来分析能源消耗及排放情况,从而为相关部门提供建筑节能报告;政府为绿色建筑提供建设补贴,并为翻新及改善方面有经济问题的业主提供帮助,大力推动资金商品化,实现长远式可持续发展。另外,纽约大力提倡低碳生活理念,鼓励大众参与各种政府性低碳发展公益活动。政府还开发能源审计师等新兴职业,提供多种多样的培训和学习渠道。

(3)公共服务质量提升——以人为本的公共服务发展

纽约是全球性移民城市,虽然资金雄厚,然而贫富差距很大,贫民窟与富人区并存。据记载,19世纪80年代纽约的贫民窟住宅共有21000个,1900年增至43000个,容纳了400万纽约市民中的150万人。旧城区改造和贫民窟治理的呼声逐渐高涨,纽约城市管理者进行了大规模的城市公共服务设施建设和贫民窟改造活动。哈莱姆区作为纽约最大的贫民窟,容纳了50万黑人。纽约市住房局于20世纪30年代成立,随即便开展了廉租房项目,共建设600个住宅单元,并以低廉的价格向低收入群体出租。住宅社区内设有体育场馆、学校、医院和超市等公共服务场所。随着政府资金和宣传的大量投入、民间资本参与到旧城改造项目,广场、诊所、篮球场等一系列公共服务设施也逐渐完善起来。

近几年,哈莱姆旧城改造提供了一套以人为本的以居民为主的具有自治性地方社群功能的新贫民窟治理模式。政府除了继续营建廉价公房和致力旧区改造外,对贫民窟的治理则渐渐发展为一个政府、开发商、地方社群等多方利益群体博弈、互动、协调发展的模式。目前,政府、民间资本和地方社区组织三者相互协调,关系紧密,在尊重居民区位意识的基础上,城市众多文化遗产得到保护,贫困地区得到进一步治理和发展。在纽约市,现有专门为儿童、妇女、老年人、残疾人等群体提供服务的社会福利设施。

(4)城市管理质量提升——以城市规划为先导的城市管理

从18世纪到19世纪,欧洲开始燃起了产业革命的星星之火,随后蔓延到美洲大陆。产业革命以新兴资产阶级与新技术为主导,引发了城市发展形态和城市社会经济的具有深远意义的改革。一是人口数量骤增,住宅需求问题愈发严重,贫民窟随之产生。贫民窟采光和通风条件极差,居住区域卫生条件恶劣。二是城市的政策长期放任自流,无规划,导致工厂区和住宅区混合,不易辨别。这一现象以纽约、费城两个城市最为突出。1867年,美国住宅建筑管理法颁布实施,该法律要求住宅单元要有卫生设施。随后,以打造现代化卫生规划发展城市为核心的新工业运动迅速发展。1909年,美国对城市人口拥挤问题展开探讨与研究,并开始进行城市规划。在城市发展过程中,新问题的不断涌现与被解决,加深了人们对城市规划的认识,现代化城市规划也应运而生。城市规划能够提升城市的更新与发展速度。1921—1929年,纽约区域规划协会对纽约大都市进行了第一次规划,规划内容包括制定十项政策以及加快城区的"再中心化"。该规划的思路在于将城市功能布局的设想实践于纽约都市圈的规划中,建立圈内公路网、铁路网等交通网络系统,为CBD的建成提供环境支持。但由于历史环境以及制度缺陷等因素的制约,第一次规划效果并不理想,与预期目标存在差异。

二战结束后,汽车的普及使得都市圈"以公路建设为导向"发展,低密度的郊区在纽约都市圈扩散,形成了"铺开的城市"局面。所以,在1968年,纽约区域规划协会针对纽约都市圈的现状进行了第二次规划,同时对"铺开的城市"的概念进行了明晰。它不是传统城市的郊区化,而是强调纽约都市圈的"再集聚"、旧城的复兴以及都市圈交通网络的重建。同样,为了避免铺开建设导致城市人口密度过低,纽约规划协会提出了有关区域规划的五项基本原则。然而,这次规划与纽约都市圈的发展并不相同。20世纪70年代后,纽约都市圈在发展过程中出现了"逆城市化"现象,城市人口向城郊转移,圈内人口结构发生了较大改变,中心城市出现了"产业空心化"等现象。

20世纪末,全球经济一体化及发展中国家的崛起令纽约国际金融中心的地位受到威胁。第二次规划带来的问题也阻碍了都市圈的发展,产生了社会分化等问题。即使圈内有完善的法律法规进行监管,但是郊区扩散、生态环境破坏等问题还是没能得到合理解决。所以,在1996年,纽约区域规划协会提出了都市圈第三次规划的建议,这次规划较前两次有较大不同。纽约区域规划协会制定了"经济(economy)""环境(environment)"和"平等(equity)"的"3E"标准,用于评判都市圈的生活质量。同时,为了"3E"标准的更好实施,纽约区域规划协会还提出了"植被、劳动力、机动性、中心和管理"等五个"战役",并通过对这五个"战役"的实施来提高都市圈的生活质量。可见,本次规划的理念意义重大,不仅拓宽了视野,还将经济、社会与环境三者并重考虑,实现了都市圈的可持续发展。

3. 日本东京的城市发展经验

日本经济的快速复苏与发展,促使了日本城市建设的革新。下面以日本东京为主来介绍其发展与管理。

(1)经济发展质量提升——以稳定的资金源为保障的城市经济发展

日本政府在城市建设方面给予了充足的资金支持,其中国家提供的城市建设预算金在整体城市建设资金中占有重要的比重。从日本官方城市建设数据中可以看出,日本政府提供的资金支持充分保障了城市建设的平稳发展。比如,1981 年,日本对现有公路、房屋、学校等公共建设进行的修缮中,58.3%的资金源于国家补助,而资金主要来源于税收。日本政府雄厚的财力支持,进一步提升了城市建设水平和质量,推动了东京经济圈产业的发展。除此以外,日本政府还通过发行债券、基金、贷款等筹资活动来为城市建设提供资金支撑。具体来说,首先是利用国家项目对地方基础设施进行直接投资,对一些边远、落后地区的城市发展提供贷款支持;其次是政府通过银行进行政策性专项贷款和导向贷款;然后是政府通过财政转移支付,补贴都市地域发展项目;最后是政府采取财政补贴等优惠措施,促进新兴产业城市的开发。

一直以来,日本政府都强调,城市建设对国家经济发展有着至关重要的作用。政府高度遵循经济发展规律来发展城市,积极践行城市建设与经济发展、区域发展的协调统一。日本规划出台了由政府经济规划部和土地部制定的用于国家公用事业投资的经济计划,明确区域发展内容、目标和模式的国家综合发展计划,以及规划城市、公园、自然保护用地的土地利用计划。这三项计划都与日本城市发展和建设息息相关,能够促进城市与经济的协调统一发展。

(2)社会发展质量提升——以国家计划为手段来实现的社会进步

20 世纪 50 年代,日本政府发布了《首都圈整备法》,成立了首都圈整备委员会,负责首都圈规划工作。1962 年,日本制定了第一个全国综合开发计划。由于经济的高速发展,大城市的人口和产业出现了高度集中的现象,交通拥堵、住房短缺、公共危险等问题层出不穷,严重阻碍了城市发展的进程。日本各地都出现了人口稠密区,因而已无法均衡地开发和利用土地。为了解决该难题,第一个侧重于合理调整工业和城市布局、积极协调工业和人口均衡发展的国家综合发展计划出台。基于此计划,日本政府通过一系列有效措施,对区域优质的交通、土地等条件进行合理利用,建成了15 个工业城市,作为新的工业基地。

第一个国家综合发展计划的实施有效地促进了日本经济和城市的发展,一定程度上解决了城市发展问题,但人口和产业合理分布问题仍未得到很好解决。1966 年,日本政府提出了以改善城市基础设施建设、优先发展城市及其周边地区为核心的第二个国家综合发展计划。至此,全国各地都积极投入到修建公路铁路、构建国家信息网络、发展高科技农渔业、进一步开发土地的深层价值城市建设中来。1974年,首都圈整备委员会并入国土综合开发厅。由于全球石油危机的爆发,日本经济受到了影响。但此时的日本正在经历收入提高、消费水平升级、国民追求更加舒适的生活条件的阶段。在这样的发展环境下,日本政府再次提出了以优先发展福利设施、努力提高国民居住环境、建立200—300个聚落圈、控制工业和人口流入流出、优化城市布局为核心的第三次全国综合发展计划。该计划的颁布实施成效显著。此后,日本政府通过预测经济发展趋势,协调经济与社会发展,制定了面向未来发展的第四个国家综合发展规划。2000年,国土交通省大都市整备局将国土综合开发厅纳入其中,直接管辖东京都市圈的土地规划及交通圈建设等。2004年,日本政府推出了全国性国土开发规划的编制,中央政府对东京都市圈的开发更多地转变为间接的政策引导与协调规划;东京都市圈内各地方政府则根据自身区域的特点,通过地方政府间的沟通和交流进行具体规划与协调。

(3)生态发展质量提升——以智能环保为主题的生态环保发展

日本政府、学界一致认为,发展的国际化、信息化、老龄化和科技化水平必然会对城市发展规划和布局产生深远影响;太阳能、光纤通信技术、海水淡化技术、单轨电车等新科学技术的快速发展与运用,都将对城市发展模式和居民生活条件的革新产生推动作用;开发可循环使用的新能源,减轻城市发展过程中面临的能源紧张、资源短缺、污染严重等问题的压力,将提高城市的发展质量。

随着经济的发展,能源短缺和环境保护等问题也严重妨碍着日本经济的发展。为应对时代发展带来的挑战,这几年来,日本把东京当作"试验田",大力开展"智慧城市"示范工程建设,打造节能环保未来城市。智慧城市借助科学技术,将网络融入住宅、学校、商场等城市场所和领域,从而达到能源循环使用的目的。基于先进的科技、创新战略以及信息管理,公众的生活方式得以改变,低碳生活、幸福美好的生活目标得以实现。智慧城市涵盖各种与生产和生活有关的资源和设施,以及对它们的协调管控。日本打造的智慧城市涉及新能源、能源管理系统和交通系统等诸多领域。

(4)文化发展质量提升——以系统建设色彩城市为特色的城市规划

在城市发展过程中,日本将色彩管理作为城市规划的首要任务。色彩管理以国家法律为基础,结合地方特色编制合理的城市色彩,令城市色彩具有统一性和地方特色性,从国家到个人,全部依照相应的管理规章,进行相应的建设与管理。日本城市的进一步管理和发展得益于日本民众在色彩管理基础上对色彩的价值形成的一致认知和观念。

日本的城市设计师们在探索城市色彩时,由于具有统一的色彩价值观,因而能够深层次地发现与该地区特征息息相关的花草树木、砂石土壤、建筑风格等隐藏的"特征色"。发展至今,日本现在仍然遍布着古朴统一的色调。受城市特征色的影响,日本大多数建筑都采用了与该地区环境、气候等相符的色彩。日本政府在城市色彩管理上具有主导权,政府专业部门通过对某一地区进行调查研究、城市概述、确立色调、区域规划、监督管理各项工作后,进行专业的色彩规划,从而确定其城市色调。综合各个方面,日本对城市进行色彩管理并构建出相应的城市色彩管理模式。例如,在日本东京附近的某个乡村建筑物,考虑到该地区的气候条件,为确保房屋不会被大雪损坏,设计师调整了屋顶的坡度及色调。在建筑完工后,就可以看到一幅色彩和谐的画面——皑皑白雪落在淡灰色的屋顶上,质朴的木色房门和窗棂与雪景相融合,熠熠生辉。吉田慎悟等设计师通过对近 20 年日本建筑墙面颜色的整理与分析,设计出一套通过摄像头就可以知道墙面具体颜色的系统。在综合分析完某地区建筑的色彩后,可以得到一份关于该地区色彩库集的图表文件。从城市色彩库集中可以发现:82.5% 的东京建筑呈现橘红色。这意味着在东京的色彩规划管理中,要尽量避免使用与橘红色相互冲突的绿色、紫色和蓝色等颜色。通过色彩管理,城市管理部门将色彩数据系统化,使之成为有关色彩应用的标准指南。如此,设计师可以利用城市建筑色彩使用指南,合理设计和使用色彩。

(5)公共服务质量提升——以基础设施建设为先的公共服务发展

日本政府研究发现,城市的公共服务建设程度严重影响着经济、环境、人口等要素的发展,因此非常重视城市基础设施的建设,尤其重视公园、防灾设施的建设与发展。研究同时发现,交通条件的便利性、信息流通的及时性,都是社会经济发展的关键要素,发挥着巨大的作用和影响,其地位不容忽视。1968 年,日本政府发表了《第二次首都圈建设规划》,计划把范围扩展至"一都七县",提出将东京作为全国经济高速增长的中枢,对东京城市的空间结构进行了调整,使得东京中心城区实现了大规模的改造,同时城市外围区域得到了开发建设。区域内修建了铁路、公路等交通体系,缩短了城市间的通达时间,实现了构造广域都市圈的设想。东京都市圈"一极集中"结构的发展模式,使东京城市空间的扩张失去了控制,快速的人口集聚以及区域连绵外溢成了东京都市圈极其典型的特点。

(6)城市管理质量提升——以多中心型为结构和以区域化管理为手段的城市管理

目前,日本正在积极规划新型城市结构,期望能够协调发挥城市的配置作用,实现产业与人口流动的有效监督与管控。新型城市结构规划,是指为避免单一城市过于集中的产业和密集的人口,在全国范围内设立多个大城市建设点,将产业与人口分流至建设点,促使各建设点均衡发展。二战后,日本经济快速发展,东京人口倍增,新建办公楼等超高层建筑物百余栋,环境污染问题也在不断加剧,城市面临极大的发展压力。为解决这一系列问题,1999年,日本出台了《第五次首都圈基本规划》,其发展目标是将东京都市圈建设成为一个独立的、自主化的、可持续发展的功能区域,强调建立区域多中心城市"分散型网络结构"的空间模式,增加东京都市外围区域近郊地带业务核心城市的数量。"分散型网络结构"的设想,打破了先前以中心城市和周边城市为核心的放射状格局,通过增加业务核心城市、发展广域交通等基础设施,对都市圈空间职能进行重组,然后改变东京都市单极依存的结构,形成了区域间网络化结构,使圈内经济与社会成为相互协调发展的区域整体。并且,该战略还将整个东京都市圈区域分成了都市开发区域、近郊整备地带(含近郊绿地保全区域)和既成市街地等三部分。

日本政府解决城市空间发展问题主要是从以下两个方面进行的:一是制定出台相关法律法规。依法规划城市的中心区域,严控工厂和大学等大面积用地机构的位置选择,拓展开发城郊地区,以较低的土地价格吸引更多的产业和人口。二是大力拓展开发二级中心城市。在城市统筹发展规划基础上,选取如新宿、浅草、上野、大崎等部分具有发展潜质的城市进行发展建设,以此来缓解东京的城市发展压力。另外,日本政府还极力打造了一批卫星城市,不仅缓解了东京的人口发展压力,还实现了科学技术的高质量发展,提升了国家的科研水平,促进了科技、经济、教育、产业等领域的融合发展。

在日本城市高速发展的进程中,改造旧城问题成了阻碍其发展的绊脚石。为了解决此问题,日本政府进行了区域划分管理,分阶段对城内部分老旧小区进行改造开发,逐步实现城市的改造开发。旧城改造,能够优化城市结构和居住条件,高效使用土地资源,加快公共服务设施建设和经济发展速度,给城市带来鲜活动力。1956年,日本政府规定:以东京为中心、半径 100 千米内的区域构建一个"首都圈",实行"首都圈整备方案",并颁布了首都圈整治法。1958 年,日本政府制定了《第一次首都圈建设规划》,主要模仿 1944 年大伦敦规划:首先是提出建立卫星城市的方案,将东京都市建成区外围 8—10 千米的地域规划为近郊地带,并保留部分绿地,防止东京向周边地区无序扩张;其次是调整东京城区的建设,将 8—10 千米近郊地带的外围区域规划为"城镇开发区"。1981 年,日本的绿化面积超过2800 平方千米。全国绿地规划工作取得了巨大收获,日本城市发展质量得到了进一步提升。

4. 新加坡城市发展经验

新加坡面积仅 718.3 平方千米,2016 年常住人口为 560 万人,是一个人口密集的城市国家。新加坡既是其政治、经济和文化中心,也是世界上最大的港口之一,同时也是重要的国际金融中心。新加坡面临着国土面积小、资源匮乏、文化多元等诸多问题,因此在成立之初便有着很强烈的忧患意识,着眼于建立长远的城市发展规划。经过 50 年的发展,新加坡以均衡发展、善政廉政的形象,一举成为全球关注的"园林城市"。新加坡的发展历程和治理过程值得更多关注和深入探索。

(1)经济发展质量提升——以创新和知识经济为动力的经济增长模式

具有竞争力的城市经济能够吸引外来投资,从而为城市提供更多的就业机会。新加坡用自身经济体创造的收入来支持和发展城市,并已形成良性发展循环。自 1965 年独立以来,新加坡经济发展迅速,得益于以创新为驱动力、知识经济为发展方向的区域创新目标的制定。这一目标吸引了大批海外人才去新加坡发展高新技术产业。

基于其毗邻马六甲海峡的优越的地理位置、精通英语的人力资源,以及多元文化包容性的优势,新加坡政府大力发展外向型经济。有目的地分配土地和设施、提供公共设施和连接国内外一流的交通基础设施,对新加坡的经济发展起着不可替代的作用,也使得新加坡比邻近城市的竞争优势更加明显。从劳动密集型向资本与技术密集型产业发展转变,在形成知识密集型创新产业后,新加坡成功转型成为东南亚的知识经济中心和全球创新中心。

新加坡的创新发展主要得益于正确的政策引导。为了更好地满足城市发展的需求,新加坡政府制定了文化、资本等领域的法律法规,严格监督、把控城市的发展方向。如在产业结构方面,将高端制造业与知识密集型服务业作为经济发展的"双引擎"。在文化方面,重视培养企业家精神,营造创新的氛围。新加坡建屋发展局允许将居住空间作为办公和商贸交易用房,鼓励创新创业,为创业者提供政策支持。开展学校创业教育,并为学生和成人提供相关项目来鼓励创业。在人才培养上,新加坡政府通过设置丰厚的奖学金,培育本土创新人才,资助并鼓励优秀学生去海外留学,同时政府出台宽松居留政策及人才回归计划,以高薪资、住房及税收优惠政策等吸引海内外优秀人才。政府层面提高各公司吸引优秀人才的能力和条件,从而为知识密集型行业的发展储备高端人才。在科技成果转化、完善相关成果机制方面,协助科研人员创业,以政府补助、税收优惠等政策招商引资,帮助初创企业解决融资障碍,鼓励高校和科研院所的研究成果转化为市场化的产品或技术,实现知识的产业化。

(2)社会发展质量提升——以社区自治、公民参与为特征的城市社会基层治理

新加坡城市基层治理在城市管理中起到了重要的作用,这与新加坡的社区建设历程的独特性有关,而新加坡的社区发展史主要体现为"组屋"计划的发展。20世纪60年代初,新加坡只有不到10%的人口拥有自己的住房。1960年,新加坡政府开始实施"自置居所"政策,成立了建屋局,旨在为广大居民提供良好的生活居住条件。之后,政府对居民住宅的规划更加重视,开始对城市内老旧住房和设施进行改造和建设,并且公共设施与房屋需要相匹配,建造绿色的人行通道、绿地和停车场。截至2016年年末,82%的新加坡居民居住在建屋局修建的公共住房中。而在建成的111.65万套公共住房中,93.73万套为出售,5.51万套为出租,也就是说,有近九成的居民获得了房屋所有权。

由于大部分住房由政府统一建设,新加坡的社区在规划与设置上的层次非常清晰,规模设置上均一性比较明显,社区规划将重点放在公共组屋区域。在社区建设方面,新加坡政府提出"政府主导,强化组织;统一指挥,民主自治;以人为本,社会参与"的发展理念,形成了特色鲜明的社区管理模式。新加坡的社区管理机构,实行以社区成员积极参与和灵活分散为主要特点的网络管理方式,民众参与度高,分工管理与服务,事权与责任明晰。社区内有三种基层组织:一是政府指导下的公民咨询委员会,其主要职责是负责社区内的公共福利服务,作为社区内居民与政府间沟通的桥梁,反映居民的诉求,传达政府的政策信息,筹集社区资金,促进穷人和残疾人的福利,提供奖学金和协助其他社区项目。二是人民俱乐部,其活动经费来源于民间,兴建各种体育或休闲活动设施,组织文化、教育、娱乐、体

育和社会活动等活动,促进社区和谐,这是社会力量兴起和发展的有力表现。三是居民委员会,通过组织形式多样的活动来促进邻里和睦、种族和谐和社会团结,使居民邻里相应,和睦相待,培养民众的国家意识和公民意识。在新加坡,组屋社区的三种基层组织的工作者完全是兼职的、义务的,这样也节省了大量的费用。

(3)生态发展质量提升——以可持续发展为导向的生态环境治理

新加坡国土面积有限,淡水资源稀缺,人口密度大且老龄化严重,但通过实施城市规划、建设、管理和发展的动态治理,实现了生态低碳化进程,已成为著名的花园城市。在生态建设上,新加坡从 20 世纪 60 年代开始进行生态城市建设,努力建造花园城市。发展初期,通过大量种植生长迅速的高大乔木,短时间提高绿化覆盖率。在 20 世纪 70 年代,公路绿化计划的制定是为了加强彩色植物的应用,强调特殊空间,如灯柱、人行天桥、挡土墙等。到了 80 年代,在城市的规划区域内栽种五颜六色的果蔬和鲜花等植株。之后,政府着力打造多个城市生态公园,建设连接公园的走廊,以及加强人行道上树荫的覆盖。通过分步骤推进策略,新加坡被成功地打造成了一个著名的国际花园城市。到目前为止,新加坡的城市绿化覆盖率达 50% 以上,城市的气候状况也较以前得到明显的改善。

新加坡政府始终坚持走可持续发展的城市规划发展理念,坚持打造生态健康城市,积极践行绿色、可持续发展的要求,努力建立健全城市建设的法律法规,鼓励市民参与到保护生态环境和循环利用有限资源的行动中来。政府大力开展环境保护公益活动,颁布环境保护方面的法律文件,针对各种废物和排放出台了清晰的标准,同时成立了专门机构,负责监督社会建设和社会活动。针对废弃物污染问题,新加坡政府制定了"走向零废物"的废物处置政策,主要措施是减少垃圾产生、焚化、回收、填埋。2017年,新加坡的废物回收率达到 61%,且计划在 2030 年前将废物管理回收率提高至 70%。不仅如此,工厂要按照相关法律要求对排放的废水废气和固体废弃物进行严格的处理和循环利用。在主要道路上设置车辆监控系统,禁止不符合"欧洲Ⅱ"标准的车辆行驶。在水资源方面,政府实施了通过雨水收集保持水(储水)、向马来西亚购买淡水、积极研究新生水和海水淡化等可持续性策略,建立了　个多渠道的城市水安全体系。2009 年,新加坡发布了"可持续发展蓝图",提出 5 年投资 10 亿美元大力开发太阳能、风能等新能源,关注城市的未来发展,不断提高科学技术发展水平,计划到 2030 年达到世界级的环保建筑高质量水平。

（4）城市管理质量提升——以惩罚与教育相结合为导向的城市管理

新加坡强调以人为本，以服务为先，以法律法规保护城市管理。在很大程度上，新加坡的城市管理得益于健全的法律制度和严格的执法环境。以"立法全、执法严"著称的新加坡已经建立了一整套严谨、具体、实用、有效的法律制度，对公共场所的城市绿化、广告投放等做出了具体的规定，并加大了政府的监督力度和管理效果。新加坡惩罚制度主要体现于渗透到城市管理方方面面的罚款制度，其罚款名目繁多且数额较大，而且是严格执行的。如对公共场所吸烟者处以 5000 新元的罚款，对闯红灯或未经斑马线过马路者处以 200 新元的罚款。除罚款外，新加坡政府也实行了一些其他的惩罚措施，使违反规定者受到道德上的谴责。这种严格的刑罚制度在一定程度上促使民众自觉养成了保护环境人人有责的意识，提高了城市管理的财务收入，为城市提供了新的发展动力。

尽管法制化在一定程度上可以减少公众破坏环境、影响公共秩序的行为的发生，但它依赖于高度监管和严格执法，会增加很多的管理成本。因此，新加坡政府认为惩罚系统只是"治标不治本"，公众的积极参与和居民自身素质的提高，才可以从根本上降低城市环境的破坏性行为，达到"治本"的效果。自 20 世纪 60 年代以来，新加坡政府开展了一系列大规模的公共活动，如"反对随地吐痰""礼貌运动"和清除垃圾的运动等，每月都有专门的活动周或活动日，使公众从思想上认识到遵守各项法律规章、维护城市环境的重要性。居民通过参与以上社会活动，环境保护意识和综合素质水平得到提高，进而推动了文明、健康、环保生态环境的发展。在居民教育领域，各阶段课程体系中均有正确道德素质规范体系宣传和教育的内容，让市民从小养成良好的文明意识和行为习惯。此外，设立由国民大会和普通居民组成的镇议会，让居民能够参与讨论城市管理中具体如何管理的问题，使城市管理更加符合公众的需要。由于教育的普及化和社会的广泛参与，新加坡人对环境和文明高度重视。

5. 德国鲁尔区城市发展经验

德国是工业高度发展的国家，鲁尔区曾经是德国西部的工业命脉之地，是德国煤炭和钢铁生产的大本营，工业区面积为 4593 平方千米。长期的矿产开发和工业化建设，煤炭、钢铁、机械制造等重型工业的发展给鲁尔区带来了严重的环境污染和生态恶化，鲁尔区一度被视为欧洲最肮脏的地区之一。20 世纪 50 年代后，受世界能源危机和技术革命的影响，全球钢铁产量过剩，煤炭能源地位下降，鲁尔区的钢铁和煤炭行业陷入衰退。

(1)经济发展质量提升——以文化改造为手段的城市经济发展转型

在20世纪90年代初期,鲁尔区对传统工业城镇中大量的废弃工矿、厂房、工业遗迹等进行文化改造与综合利用,融入文化内涵,比如将鲁尔区工业遗迹改造为新的文化场所,通过改造工业遗产之路,打造工业文化之旅;通过政府投资,将工厂和矿山改造成独具特色的工业博物馆,将其转变为旅游资源。

鲁尔区文化改造经验表明,对于传统的工业地区和资源型城市可以通过文化创新、文化产业发展实现城市再生。地方政府应该具有创新精神,由具有战略眼光的公共部门主导,投入相当数量的公共资金,推动对旧工厂、矿区、工业遗产的保护、修复和改造工作;树立低碳发展理念,制定城市转型规划,加强文化改造和文化产业发展,为受教育者、熟练工人提供工作机会。鲁尔区设立了统筹规划机构,指导矿区整治和转型。德国政府根据当时的煤矿资源状况,确定了一些煤矿的关闭时限、减少产量和减少目标,并制订计划逐步实施,避免了由资源枯竭导致的工人集中安置所造成的社会压力。

(2)文化发展质量提升——以多元化资金筹措为保障的城市文化发展

为减缓能源型产业和传统产业带来的污染和破坏,德国政府对其实施了低碳化改造和产业升级,大力发展低碳型的高技术产业、新能源产业和现代文化产业,促进资源型城市的低碳发展与绿色转型,加强矿区的生态修复和环境治理,在倒闭企业原址进行植树造林等众多措施。政府同时还注重加强环境保护知识的推广,提高公众对低碳环保的认识,多管齐下共同促进城市低碳发展。

由于城市的产业转型和文化产业的发展需要大量资金,鲁尔区多层次、多渠道地筹集资金,如加强政府投资,制定和出台相应的投资政策,简化审批手续,充分利用欧盟资助、金融组织贷款或资助和组建发展管理公司,发行土地发展基金债券等。此外,鲁尔区还大力加强基础设施建设,改善条件,为资源枯竭地区的产业转型创造有利的投资环境。

通过以上措施,鲁尔区加强了文化基础设施建设,促进了资源、能源的集约化利用和环境改善,成功实现了城市转型。这对于我国老工业基地的东北三省以及对煤矿资源开采依赖较大的山西等地而言,在面临资源结构的转型和供给侧的改革以及去产能的背景下,寻求城市产业转型和升级有较好的借鉴意义。

二、国内城市发展质量的探索

国内城市的发展更加贴近我国的实际情况,因此做针对国内城市发展质量的研究同样必不可少。在针对国内城市进行研究时,我们立足于城市发展过程中呈现出来的特点,选取了深圳、上海、南京等国内大城市进行细致的分析。

1. 深圳发展质量经验

深圳作为迅速发展的国家经济特区,自成区以来,一直面临着如城中村、区域经济发展不平衡、特区内外发展水平差距大等诸多问题。2011年3月颁布的《中共深圳市委、深圳市人民政府关于提升城市发展质量的决定》指出,要转变城市发展方式,提升城市发展水准,彰显城市发展特色,以城市发展推动经济、社会发展,以区域合作拓展城市发展空间,创新城市发展机制,加强组织保障。城市发展质量的提升不仅体现在城市形态、城市功能、城市环境的优化上,也体现在城市品位、城市文明、城市管治与服务水平、城市竞争力的提升上。以香港、新加坡等国际城市为标杆,通过5—8年的努力,形成组团式、现代化、国际化的城市发展特色,走出科学发展的新路子。

(1)经济发展质量提升——以地域及政策优势促进城市经济发展

深圳作为全国的经济特区,一直享受着良好的政策支持,此外,深圳地处珠三角经济圈,毗邻香港,全面加强深港创新圈建设,推动与香港高校在办学和医疗服务领域的合作,深化创新和技术合作,共同打造世界级创新中心。扩大深港合作交流,在深圳和香港创造优质的生活圈;发挥深圳中心城市的带动作用,加强与周边省市的合作,积极参与泛珠三角区域合作,形成更广泛的经济合作主体;抓住中国—东盟自由贸易区框架协议实施的机遇,把东盟作为拓展新兴市场的重点区域,鼓励优势产业和优势企业到东盟开展合作,扩大贸易,继续加强与新加坡等东盟发达国家在经济、技术、园区管理和人才培养等方面的合作。

(2)社会发展质量提升——以多元化、现代化、国际化为导向的城市社会发展

在社会发展方面,倡导多元化发展,立足移民城市实际,坚持文化多元性,促进城市不同文化、不同收入人群的和谐共处,让各类发展要素的活力竞相迸发、创造财富的源泉充分涌流。提升现代化形象,充分展现深圳年轻、现代的形象,让现代化成为深圳城市发展的名片。建设智慧城市,以三

网融合为重点,加强信息资源的开发利用和信息网络的互联互通,推进物联网、云计算的研发和示范应用,实现信息化技术在城市生活中的全方位渗透。着力提升深圳的国际影响力,增强深圳的全球认同品质,通过举办一系列国际化的活动,优化对外开放环境,建设国际化社区,积极开展市民讲外语活动,营造文明公平、对外友好的社会环境,提高深圳的国际知名度和美誉度。

(3)生态发展质量提升——以城市更新为特色的城市生态发展

在生态发展方面,加大城市更新力度和综合环境整治力度,努力营造绿色、碧水、蓝天的居住环境。2015 年,基本完成城中村的转型改造或综合整治;大力推进节能减排,推广新能源汽车,主要污染物排放总量控制在国家和省的规定指标之内,全年阴霾天数低于 120 天;构建绿地、绿道、林地三位一体的绿化生态系统,推广建筑物屋顶和立面的立体绿化,建成绿道网 2000 千米,城市绿化覆盖率达到 50％以上,形成覆盖全市、彼此连通的自然生态系统、城市公园系统和慢行交通系统;推进集约节约,以节水为核心,构建安全、高效的水资源利用系统,试点推行雨水、再生水等非常规水资源的利用和海水综合利用;加快建设国家循环经济试点城市,大力推进生活垃圾、工业废弃物、建筑废弃物等的资源化综合利用,2015 年,建筑废弃物循环利用率达到 60％。

(4)文化发展质量提升——以打造城市文化品牌为目标的城市文化发展

在文化发展方面,通过举办一批重大文化节庆与体育赛事,打造城市文化品牌,高水平规划建设现代艺术馆、文学艺术中心等文化基础设施;加强对体现文化特色的文物及改革开放历史文化的保护,加大非物质文化遗产保护力度,夯实城市特色文化基础,增强城市文化底蕴;加强城市空间识别性建设,建设标志性建筑和城市区域,突出市树、市花,通过城市的符号化增强城市的品牌特征;建设一批创意设计产业园区,发展文化创意产业总部经济,实现城市的创意发展;进一步培植青春时尚、先锋创意、开放多元的文化气质,大力塑造和推广"创意深圳,时尚之都"城市形象。

(5)公共服务发展质量提升——以优化城市功能布局为抓手的城市公共服务发展

在公共服务方面,优化城市功能布局,加强公共服务,提高社会建设水平。加强城市社区建设,充分发挥社区提供城市公共服务、加强基层管理的基本单位功能。优化公共设施布局,提高网络化水平。实施原经济特区外公共设施数量增加一倍的计划,扩大教育、卫生、文化等公共设施供给能力,促进城市公共服务均等化。2015年,每个功能组有1—2个三级医院,居民在方圆500米范围内拥有基础教育设施,并能在15分钟内到达社区服务机构。实施公共交通优先战略。2015年,实现轨道站点15分钟出行覆盖范围常住人口占全市总人口的50%以上,公共交通占机动车出行分担率达到56%。

(6)城市管理质量提升——以市场化手段发展城市管理

在城市管理方面,大力推进城市建设市场化,加大基础设施建设的市场化运作力度,结合投融资体制改革,探索包括建设—经营—转让(BOT)、转让—经营—转让(TOT)、建设—移交(BT)在内的多种运作方式;提高城市管理市场化水平,在城市管理和服务中逐步引入和利用市场竞争机制;深化城市公用事业改革,建立多元化的投资机制和规范高效的运营机制,创新公用事业监管模式;积极推动公众参与城市发展重大公共政策的制定和执行,充分保障市民的知情权、参与权、表达权和监督权;推进主体式的公众参与,通过公民主体意识的增强、社区自治机制的完善及社会自治水平的提升,拓展公众参与的广度和深度,提高公众参与质量;完善城市管理综合执法体制,扩大网格化管理覆盖面,实施规范化、标准化、专业化管理,构筑高效、统一、集约、节省的城市管理格局;丰富和创新城市管理控制手段,完善数字化城市管理系统,提高城市管理的信息化水平;加强市容环境和市政设施管理,建立定期维护、修复和翻新机制。

2. 上海发展质量经验

上海作为中国最大的经济中心城市,在全国改革开放一盘棋中始终具有特殊的地位和作用。从经济总量看,上海的GDP从1949年的36.7亿元上升到2018年的3.27万亿元。按常住人口计算,上海人均GDP突破2万美元大关,首次达到发达经济体标准。这也开启了上海城市发展的新起点。上海正以低增长甚至负增长的能源、土地等消耗,支撑推动经济有质量、有效益、可持续增长。在这背后是经济结构不断优化,城市服务功能和核心竞争力全面提升。

(1)经济发展质量提升——以开发区为切入点进行经济建设

上海闵行经济技术开发区、虹桥经济技术开发区等众多国家级、市级开发区自立区以来,一直都与上海市的发展有着紧密的联系,在城市发展的基础上不断实现区域发展的目标。上海的开发区现已达成以产业集聚为核心的融合,开发区内集聚着各类产业,从开发区内部乃至上海市的产业布局都得到了优化,提升了上海市的产业和经济发展水平。此外,上海的开发区在推动区域协调发展、优化城市发展格局、缩小区域发展差距、实现基本公共服务均等化、引导生产要素跨区域合理流动等方面都有着不可忽视的作用。

20 世纪 80 年代,作为对外开放的一种尝试,上海建立了开发区。此时的开发区只有相对较小的规模,且基本上是位于上海中心城市的边缘地区或邻近的卫星城市,如在长宁的虹桥经济技术开发区、在闵行的闵行经济技术开发区等。虹桥经济技术开发区是全国唯一的商务功能的国家发展区域。在开发区的发展中,上海市政府根据开发区的特征,确定好位置,在共享母城基础设施原则上,在附近卫星城开发相应开发区,从而减少新建开发区的建设投资。

1990 年,中共中央、国务院宣布开发开放浦东。浦东新区是上海市具有独特发展规划和政策的特别经济开发区。在经过开发陆家嘴金融贸易区、张江高科技园区、金桥进出口加工区等多个国家级开发区后,浦东成了关乎上海经济、社会发展至关重要的区域。随着浦东新区的发展和开放,其他地区开始大力开展开发区发展规划。1993 年,国务院发布《关于严格审批和认真清理各类开发区的通知》,旨在保护开发区的发展与建设。通知规定:"设立各类开发区,实行国务院和省、自治区、直辖市人民政府两级审批制度。"该通知对地方关于开发区的审批与建设工作进行了严格的规范,并取消了一些发展条件不足的开发区。上海还撤销和合并了区级和二级开发区,在此基础上,建立了市级产业园区。在政策指导下,为推动对外经济的进一步开放发展,收获对外经济发展所带来的红利,上海市的各区、县政府整合内部资源,通过兼并、收购,建立了区域工业开发区。目前,在发展早期规划建设的浦东、虹桥等特别开发区,取得了巨大成功,已经成为上海向世界递出的重要的城市发展名片。在区位选择方面,开发区进一步向外发展,4 个国家级开发区和 9 个浦东市级工业园区相继建成,各区县也建立了工业园区,开发区的触角延伸到了远郊。随着建设的不断推进,上海市的总体经济发展格局已初步形成,但开发区的发展规划却依旧存在一些问题。如宝山、松江、嘉定等部分工业园区,在发展过程中因为自身区域的弊端或外在的不利影响,发展并不理想。不难发现,张江高科技园区、陆家嘴、金桥和外高桥开发区已成为浦东新的增长极,但川沙却正在走向"衰落",其原因是与其他郊区的老县城相比,川沙的距离较远,无法辐射带动老县城的建设、改造与升级。

2002 年以后,上海建立了松江工业区、青浦工业园区、嘉定工业区。2003 年,国家又一次清理整顿开发区,以应对开发区的过度开发和大量入侵耕地。

上海的开发区是上海对外贸易和对外开放的重要窗口,借助于开发区内产业的集聚和雄厚的海外投资力量,上海的开发区发展稳定迅速,带动了整个上海市社会、经济的发展,提升了上海市的城市发展质量,加快了城市的转型升级步伐。

(2)公共服务质量提升——以均等化为目标的公共服务建设

在国家"十二五"规划期间,上海市基本完成了城市公共服务的基础建设工作。在国家大环境下,城市化进程的重要目标和任务就是快速建立和完善城乡公共服务基础建设。政府只有继续提高基本公共服务的资金投入,统筹规划城乡基本公共服务的发展布局,建立健全完善的服务体系,才能降低城乡发展的不平衡。上海市在基本公共服务体系"十三五"规划和2013—2015 年建设计划中明确指出,截止到 2020 年要实现城乡、区域基本公共服务的均衡化发展。从政策导向的角度看,公共服务建设的重点是制度化、规范化、均等化。

上海市政府为了提高基础设施发展速度,进一步推动公共服务设施的建设,全面完成了社区事务受理服务中心、社区卫生服务中心和社区文化活动中心等"三个中心"的建设,极大地提高了社区居民的生活便利性。在居民人口基础上,对基础教育资源进行了分配,开展了 800 多个公共服务项目。另外,为优化公共设施建设布局,上海市着力打造了 15 分钟公共文化服务圈,完善公共文化分配制度,提高农村公共文化设施的分布。而公共服务基础设施的建设也不可一味地追求速度,还应注意建设标准及制度的及时完善。为了促进社区事务服务中心的标准化,服务项目、服务程序、建设规范、标志、管理软件和评价体系的"六个统一"得到了充分的落实。颁布了《上海市社区文化服务条例》,明确了社区文化的具体服务标准。社区还提供养老服务,发出了如《社区居家养老服务标准》和《为老年机构提供设施和服务的要求》等多项本地标准。颁布了《促进城乡义务教育一体化的实施意见》,统一了学校建设、教育设备、信息环境、教师队伍、学生拨款等五项标准。同时,政府还将新农村保险和城镇居民养老保险的实施合并,建立了城乡居民保险制度,将新型农村合作医疗体系和城镇居民医疗保险结合起来。探索点管理模式,优化居住证政策,进一步完善上海市服务人员享受公共服务的管理机制。实施《社会援助暂行办法》,推动建立现代社会救助制度。全面推进基础和重大公共卫生服务项目,建立和完善公共卫生制度和分类服务的管理机制。2014年,上海市制定《关于加快养老服务业发展的实施意见》,推进社会养老服务体系建设,形成社会养老服务体系建设的顶层设计,建立了残疾人护理补贴制度。建立健全住房保障制度,逐步完善住房保障体系建设、供给、分配和供给管理机制。不仅如此,政府更是注意到公共服务建设的创新问题,从供给侧的角度来进行探索,健全完善养老保险体系,明确政府职能,协调社会资源,提供符合自身实际情况的养老服务。城乡之间、学校之间的差距不断缩小,以地区为基础实施团体教育试点项目,建立"新优质学校""名牌学校""郊区农村学校""郊区农村义务教育学校"等。发布了《关于进一步推进本市社区卫生服务综合改革与发展的指导意见》,加强了社区卫生服务中心的平台功能,形成了政府补偿、人力资源管理和薪酬分配的新机制,促进了家庭医生制度的实施。

(3)城市管理质量提升——以郊区为重点的城市管理建设

从城乡空间格局变化的角度来看,20世纪80年代,根据上海市的城市总体规划,上海城市系统的基本模式是中心城市、卫星城、郊区县城和农村集镇,其实质仍是以中心城市为核心的二元结构,郊区小城镇的发展相对较慢。随着新的城市区域范围的确定,再加上浦东新区的开放发展和繁荣发展的乡镇,郊区的工业化发展非常迅速,这拉开了郊区城市化的序幕。

2001年,为了建立高层次和现代化的新城镇,上海市政府发布了《关于上海市促进城镇发展的试点意见》(以下简称《意见》)。《意见》明确指出,"十五"期间,上海市要重点发展"一城九镇",即松江新城,以及安亭、罗甸、朱家角、枫泾、浦江、高桥、周浦、丰城、堡镇等九个中心镇。2003年,上海市人民政府进一步加强城市规划和管理,发布的《上海市城市规划条例》指出,上海市区的城市系统包括中心城市、新城、中心镇和一般小镇。其中,中心城市规划必须充分体现国际大都市的繁荣,并继续加强辐射和服务功能。城市郊区城镇应以高起点和高标准来规划,促进群体发展,注重城镇特色和风格,形成合理布局。城市和城镇体系具有功能鲜明和有序的发展。之后,为了充分部署新时期上海规划工作,《上海市城市近期建设规划(2003—2007)》首次制订把建设重点从市中心转向郊区的计划,并进一步明确了"土地向规模集中、工业向园区集中、农民居住向城镇集中"的郊区发展战略。

2017年,上海第十一次党代会提出,要以"协同治理"推进改革措施的系统集成,要树立系统思想,注重改革举措配套组合,同时强化自贸区改革与全市改革的联动、与上海国际金融中心和科技创新中心的联动,不断放大政策集成效应。发挥自贸区改革、科创中心建设、社会治理创新、全面从严治党的协同治理和系统创新效应,是当前优化上海城市管理和治理短板的关键。要全面深化自贸试验区改革开放,建设开放和创新融为一体的综合改革试验区,深化投资管理体制改革,优化贸易监管服务体系,完善创新促进机制,创新跨境服务贸易管理模式,强化改革创新联动和辐射带动,完善自贸试验区改革与全市重大改革、上海国际金融中心、科技创新中心建设联动机制,促进制度创新成果复制推广,进一步彰显全面深化改革和扩大开放试验田作用。

3.南京发展质量经验

在高质量发展新时代,南京作为一个综合实力较强、产业和人才集聚度较高、创新竞争力优势明显的省会城市,在全国乃至全球范围内吸纳优质资源要素、辐射带动江苏省经济发展的重要地位和作用已经突显出来。南京市在经济、创新、人才、开放、交通等各个维度都具有突出的集聚优势和龙头拉动作用、完善的功能优势以及区域联动整合能力。

(1)经济发展质量提升——以第三产业为侧重点的经济发展

南京市在城市发展早期主要以钢铁、机械等大型重工业产业为支柱,并逐渐发展成为一个底蕴深厚的制造业城市。在追求高质量发展的新时代,南京市开始转向城市经济高质量发展,大力进行产业结构的调整,其服务功能不断加强,服务行业的比重已超过50%,成为长江三角洲北侧以上海为中心的日益重要的服务型城市。

南京的城市化进程是由第二产业推动的。2000年,南京市的三产比重为5.3∶48.4∶46.3。从数据可以看出,已有产业布局还不具发展优势。在此产业布局情况下,南京市开始对已有产业结构进行优化升级,优先发展第三产业,城市发展进程得以加快,城镇化发展水平也呈现高质量发展。

第三产业总量快速增长,比重大,幅度高。南京第三产业增加值年均达到26.9%,明显高于第一和第二产业增速。目前,南京市已基本实现了第二产业转向第三产业的发展,呈现出新的产业发展格局。虽然第三产业在产业结构中的比重不断增加,但是还未完全实现第三产业内核发展的重要作用。南京市第三产业从业人员数连年递增,并且远高于一二产业的从业人员数,这表明第三产业从业人员在人数上占有很大的发展优势。2001

年,第三产业增加值占国内生产总值的比重为46.6％,而第三产业从业人员的比例仅为40.9％,其偏离程度达到5.7个百分点。

南京市的城市化进程与第三产业的升级优化相辅相成、共同协调发展。具体来说,南京市的城市化进程推动了第三产业的优化升级,其内部结构更加合理。南京第三产业的比重从1978年的20.0％上升到2018年的61.0％。城市化进程的加快,推动了南京市第三产业的优化升级,实现了第三产业的创新发展。与此同时,南京市第三产业的优化升级也促使南京对城市职能进行了优化,从而吸引了更多优秀人才和外资入驻南京。2018年,南京市的常住人口数量已经超过840万。

南京的城市化水平早在2004年就已达到71.69％。2012年,城镇化率达到80.23％,城市化水平也处于世界前列。在此期间,南京城市化的年均增长率为1.07％。增长速度比前一段时期慢,但基数较高,总体上仍处于相对较快的上升阶段。在这个阶段,南京的城市发展得益于超级大都市战略的实施、产业结构调整和其他因素。南京的发展非常迅速,城市面积在1978年为840.28平方千米,2000年为1025.73平方千米,2011年为4733.12平方千米,超大城市空间框架已经形成。与此同时,产业结构调整也取得了显著成效。2011年,第一产业产值仅占GDP的2.7％,第三产业产值占GDP的52.4％,人均国民生产总值按常住人口计算,达到76263元。这标志着南京进入了城市现代化和国际化的新阶段,居民的生活水平正从小康向富裕阶层转变。在未来,南京将优化城市结构,改善城市功能,提高城市发展质量。

(2)社会发展质量提升——以郊区为重点的城乡统筹规划

2003年至2006年,南京市政府针对江宁、江北地区城市发展的实际情况做出了专门的调整。南京市利用政府新出台的城市管理办法,在保持江宁区、六合区既有区位的外在形象,也有县域的政策权威的条件下,为加快郊区的发展创造了新的途径和平台。南京市通过制定相应的城市发展规划,重点发展城市周边的郊区空间。借助郊区,对产业结构进行协调,优化经济、社会的发展模式。在发展郊区过程中,将城镇化发展与产业布局和乡村产业发展相融合;多要素协调发展,重构小城镇建设;统筹规划重点县乡,推进城镇的发展模式、户籍制度、土地体制、资本体系等发展要素的改革。在城市和城镇协调发展过程中,建立健全城乡发展体系,构建资源高效利用体制,并推动经济、环境和社会的和谐发展。南京郊区基础设施建设已得到了较大改善,城乡互通的交通道路已达到规划的规模和标准,区域内的交通枢纽体系也得到了进一步完善。此外,政府对郊区的水利设施也投入了大量的财力和物力进行修缮重建,长江、洪泽湖和太湖的相应基本建设已初步完成,区域内居民的生活水平得到了相应的提高。南京市政府对南京市周边郊区的电网进行了升级改造,为居民生活提供了便利的条件。2003年,南京市政府为加快实现城乡统筹发展目标,建立了低收入保障制度来保障农民的基本生活;出台了重大疾病治疗体系和农村合作医疗体系用于解决农民看病难问题,以此来达到在三年内解决三农问题的目标。政府在农村大力修缮和拆除危险建筑和违规建筑,另外,对农村水源、交通、房屋、税收等一系列问题都进行了改革和完善。为保障以上工作的顺利进行,相关政府部门开展、监督八项基本工程建设项目,也取得了一定成果。城郊地区得到了持续的发展进步,为实现城乡一体化奠定了坚实的基础。

(3)城市管理质量提升——以创新为源泉的城市管理

一是创新社区治理结构。第一,城乡社区全面落实"一个委员会、一个家、一个站、一个办公室"的社区治理体系。社区以党组织、居民自治组织为主体,管理服务站、综合管理处开展工作,"居者有其事"。第二,优化社区"扁平化"管理。在社区管理"一人多职,一专多能,划分责任,责任到人,整合资源,信息共享"的基本原则基础上,实现各管理部门功能的整合,街道和社区统筹发展,资源共享,任务合并,促使社会公共资源与社区进一步融合。

二是创新社区管理模式。目前南京市在已有的社区管理模式下,突出了南京特色和社区管理品牌。第一,栖霞区的网格管理模式。对社区进行三级网格规划,划分责任区,明确责任边界和担当。通过建立"网格服务、高效服务、物业服务、服务产业发展"的中心点,统筹整理各种网格信息和资源。第二,玄武区的"五中心"模式。通过把整条街改造成社区,改造社区管理功能,建立五个中心,即人民生活服务和文化中心、城市环境管理服务中心、综合治理和冲突解决中心、区域经济发展中心、区域党建中心。第三,建邺区的"资源下沉、民主向前、民心向上"模式。以"快乐城市、共建共享"为理念进行区域改革,以提升居民的幸福感和归属感。分区制改革与社区管理体制改革的双重联动成为街道服务中心和社区管理的重点。建设完善基层党支部"8+X"制度,构建"三会一站"和"五微"党建工作机制,让党员生活在社区、工作在社区、服务在社区、奉献在社区,同时,大力提高居民的参与度,提升公众的幸福感。

三是创新社区社会组织。社会组织在城市发展建设过程中有着至关重要的作用。南京市政府在社会组织发展建设中进行了诸多尝试,并取得了一定成果。第一,创新注册制度。政府提供人、财、物等诸多优惠政策以鼓励居民进行自主登记。第二,率先建立社会组织孵化中心。每年有4至6个社会组织被精心挑选和培养,并在一年内提供免费财力和物力的支持。第三,吸引风险投资。南京市于2012年成立了风险投资协会,并多次召开会议,签署了300多个合作项目。2012年投资1400多万元,2013年投资2000万元,购买了100多个社会福利项目。目前,南京市社区公共服务体系已得到初步完善,社会组织在城市建设发展中发挥了巨大的推动作用。

南京市政府创新性地提出了社区民主自治制度。第一,实行民主选举制度。在社会发展进程中,社会公众意愿越来越受到重视,城市发展重视社区居民的意见。南京市鼓楼区的部分社区就进行了史无前例的没有候选人的民主选举,此选举制度保障了居民的基本权利。第二,完善社区民主决策制度,坚持通过科学决策来有效地解决问题。政府部门大力支持社区党组织的工作,坚持"四个讨论和两个开放"程序实现的决策,对重大问题及实施建议,通过居民民主表决,公平公正公开,让讨论结果透明化。第三,完善民主监督制度。通过公开社区党组织的信息,让社区居民清楚地理解信息的具体内容、过程、结果,一般事务每季度公开一次,公共栏目、会议和其他方法也都是公开的。第四,完善"三层自治"制度。社区居委会利用自身优势,积极培育社区骨干,包括构建街区、组织居民参与社区事务,探索民主、自我管理的新型自我治理模式,努力实现社区居民自我管理社区事务。

第三节　研究述评与总结

在研究中,我们引入的理论为研究提供了坚实的基础。可持续发展理论立足于城市发展历史的基础上,帮助我们认识评价城市发展质量中存在哪些问题,以及如何解决问题与改善现状。城市化会深刻影响21世纪的人类社会,因而从城市化发展理论出发研究城市发展质量有助于我们从宏观角度对城市发展质量进行评价。城市生态规划则可以帮助城市实现可持续发展的目标,正确处理人与自然之间的关系,将生态学原理与城市发展的总体规划和环境规划相融合。对城市生态系统的开发和建设过程中遇到的问题要行之有效地解决,爱护环境,保护环境。全面质量管理的理念则提醒我们,把这一理念贯穿于政府管理中,可以帮助政府增强管理能力,提升政府管理的效益和质量,从而更好地满足公众对于城市质量的需求。在卓越绩效与 ISO 质量管理体系理论基础上,2015 年,中国质检总局颁布了《城市可持续发展——关于城市服务和生活品质的指标》,这一标准的发布对于评价城市发展质量具有重要的指导意义,也为我们进行城市发展质量研究提供了理论依据和技术指导。这些理论在我们研究国内外城市的发展经验时,得到了充分的印证。

基于具有代表性的国内外城市发展经验的分析汇总,我们分别从经济发展、社会发展、文化发展、生态发展、公共服务和城市管理六个维度出发,提出了在不同城市发展过程中突出的成功经验对于新时代我国城市发展质量的参考意义:中国城市转型要多渠道筹集文化改造和产业升级资金,政府既要增加财政投入,设立文化创意产业发展的种子基金,更要激活社会活力,鼓励社会资本参与文化创意产业的投融资。政府要加大对文化基础设施的建设,实现文化强国梦,就需要加快基本公共文化服务体系建设;文化基础设施建设是前提和基础,也是文化产业发展的基础保障。

在经济发展方面,不能单一追求规模扩张的经济增长方式,而应像新加坡、深圳那样结合区位优势,区域间协同高效发展,依靠创新驱动,大力培养、引进人才,发展如人工智能、"互联网+"等高新技术产业;提供政策支持,营造良好的"大众创业、万众创新"的氛围,注重培育"独角兽"企业,以实现经济的高质量发展。上海和纽约的经济增长模式告诉我们,产业集聚与扩散效应在城市发展中具有非常重要的意义。此外,随着经济的高速发展,国民经济结构及发展重点也会随之改变,城市经济应该随之进行调整,正如南京重视发展第三产业一般。同时,在加快产业结构转型的过程中,要注重城市的专业化分工,形成像东京的"多中心型"城市结构,从而避免大量人口涌入北上广深等大城市,加重"大城市病"和中小城市发展动力不足等问题。

在社会发展方面,要多角度营造社会发展的良好氛围。一是要注重以社区为主导,社区作为与广大民众生活密切相关的组织,是政府与群众间的桥梁,我国城市发展应借鉴新加坡、伦敦的以社区为主导的城市基层治理模式,重视对社区的职能的发挥,通过政府的宏观指导和引导作用,使居民积极地参与到社区的建设中来,加强政府与民众的沟通,并形成良好互动,借助社区组织来培育民众的国家意识和公民意识。二是要充分认识民主的重要性,借鉴新加坡公民自治体制,充分发挥人的主观能动性。三是不可忽视政府在社会发展中的调节导向作用,如东京在发展过程中,政府所起到的重要作用。四是要充分认识自身的独特性,不盲目跟从,如深圳和南京都深刻认识到自身发展过程中的特殊性,选择了不同的社会发展路径。

在生态发展方面,应注重与经济的协调发展,不能以牺牲生态环境为代价一味追求经济的高速增长,应加快对老的重工业基地及工矿区的改造并推进转型,如德国的传统工业区鲁尔区重视文化改造,制定区域整治规划,建设文化基础设施,加强城市生态修复与环境治理,优化产业升级,促进城市低碳发展。此外,应注重环境的美化和植被覆盖率的提高。优质的生活环境是衡量城市发展质量以及人民生活幸福感及满意度的重要指标之一,因此,可以借鉴新加坡"花园城市"的分阶段推进城市绿化经验,建设宜居城市。总之,综观纽约、伦敦、南京等8个城市或区域的生态建设之路,低碳、绿色、可持续是发展的主旋律。

在文化发展方面,应结合城市自身特点,根据当地条件发展城市文化产业,打造城市文化发展品牌,加快文化体育设施建设。一方面要加大政府资金的投入,如德国鲁尔区充分发挥资本的作用,多角度保障资金的来源和稳定性,大力促进文化基础设施建设;另一方面,积极探寻适合自身的文化特色主题,如东京和深圳两个城市为自己的文化产业发展特色精准定位,一个是色彩城市,一个是创意城市,当城市给自己贴好标签,文化发展就有了更加鲜明的主题,就能推动文化产业的升级。

在公共服务领域,可以借鉴伦敦模式,积极与"第三部门"社会组织合作,采用指导、资助、监督、激励等方式扶持第三部门,使其在社会福利、健康、教育、文体等公共服务领域利用自身更专业的知识及管理能力,参与政府的相关公共服务决策,从而提高公共服务供给的质量和效率。此外,随着城市化进程的加快,城市人口密度将会增加,这将不可避免地给城市交通带来巨大的压力,因此,政府应注重城市的规划和公共交通的发展,借鉴新加坡对小汽车的使用施加较高的赋税等方式,缓解道路拥堵状况以及减少土地占用。

在城市管理方面,一是可以借鉴伦敦的民主化发展方式,引入公众参与城市规划及城市治理;二是可以学习新加坡健全的法律制度和严格的执法环境,采取惩罚与教育相结合的方式进行城市管理;三是学习深圳市场化的运作方式,提高城市管理效率。引入公众参与治理,能够听取更多社会公众对城市规划工作的意见,通过"市场化"帮助科学决策,促使传统封闭式的城市管理模式转向开放式管理模式。另外,政府也应与市民开展积极有效的互动,带动政府行为从孤立化走向民主化。与此同时,政府应将"管"的观念转变为服务的观念,促进政府职能转变。此外,面对我国国民素质还有待提高的现状,我国政府应借鉴新加坡的做法,加大对违反城市管理的经济惩罚的立法,同时加强相关文明习惯的宣传教育活动,实现"标本兼治"。

综合国内外 8 个城市或区域的发展成功经验,从经济发展、社会发展、文化发展、生态发展、公共服务和城市管理六个维度对不同城市发展过程中突出的成功经验的归纳总结如表 2-1 和表 2-2 所示。

表 2-1　国外先进城市发展经验汇总

类别	英国伦敦	美国纽约	日本东京	新加坡	德国鲁尔区
经济发展	以社区为主体的经济复兴和社会发展。以社区为基础的多层次社区合作行动，社区合作联合共同都市从城市建设的边缘位置逐渐走到了主导地位，城市的复兴也由物质优化向综合复兴发展之路转变。	以圈中圈为特色的经济网络发展。在都市圈内，其核心城市经济功能由三个或三个以上的城市共同分担，并且各城市的经济能力都很强。产业的集中和分散是纽约都市圈空间组织结构形成的经济要素之一。	以稳定的资金来源为保障的城市经济发展。出台由政府经济规划部和土地部制定的用于国家公用事业投资的经济计划，明确地区发展内容、目标和模式的国家综合发展计划，以及规划城市、公园、自然保护用地的布土地利用计划。	以创新和知识经济为动力的经济增长模式。政府制定了文化、资本等领域的法律法规，严格监督把控城市的发展方向，以此来实现新加坡的创新发展。	以文化改造为手段的城市经济发展转型。对传统工矿、厂房、工业遗迹等进行文化改造与综合利用，融入人文内涵，打造工业遗产之路，打造工业文化之旅。
社会发展			以国家计划为主导来实现新的社会进步。出台以侧重调整工业和城市布局，改善城市基础设施建设，优先发展城市及其周边地区，优化城市的布局为核心的全国综合发展计划。	以社区自治、公民参与为特征的城市社会基层治理。社区发展主要为"组屋"计划。在社区方面提出"政府主导、强化组织；统一指挥、民主自治；以人为本，社会参与"的发展理念。	
生态发展	以绿化带为特色的城市环境治理。绿化带主要用于郊区，通过完整的建设理论框架，以及自主的政策法规，形成了一套完善的城市建设管理体系。	以低碳发展为战略的生态发展之路。启动实行"绿色建筑"计划，进行建筑绿色排放基准测试，支持建筑减少建筑污染物排放来达到减少绿色建筑量的目的。政府为绿色建筑建设提供补贴，并为翻新及改善市政有绿色建设方面问题的业主提供帮助。	以智能环保为主题的生态环境发展。大力开展"智慧城市"示范工程建设，打造节能环保城市。智慧城市借助科学技术，将网络融入住宅、学校、商场等城市市场中，从而达到智能源使用的目的。东京打造的智慧城市涉及新能源、能源管理系统和交通系统等诸多领域。	以可持续发展为导向的生态环境治理。建立健全城市建设法律法规，鼓励市民参与到保护生态环境利用有限资源的行动中。政府大力开展环境保护公益活动，颁布环境污染保护的法律文件，实行通过雨水收集保持水的可持续发展战略，大力开发太阳能、风能等新能源。	

续表

类别	英国伦敦	美国纽约	日本东京	新加坡	德国鲁尔区
文化发展			以系统建设色彩为特色的城市规划。将色彩管理作为城市规划的首要任务，以国家法律为基础，结合地方特色编制合理的城市色彩。令城市色彩具有统一性和地方特色，从国家落到个人，全部依照相应相应的管理规章，进行相应建设与管理。	以惩罚与教育相结合为导向的城市管理。建立了一套严谨而具体的法律制度。惩罚制度渗透到城市管理方面的各个方面，其罚款多且数额较大，而且是严格执行的。	以多元化资金筹措措施为保障的城市文化发展。对于传统的工业地区和资源型城市可以通过文化创新、文化产业发展实现城市再生。地方政府推动对旧工厂、矿区、工业遗产的保护、修复和改造。树立低碳发展理念，制定城市转型规划。
公共服务	以政府与第三组织紧密合作为特征的公共服务。政府与第三部门之间建立了大帮互助共同发展的合作关系。英国政府不仅设立了专门的第三部门办事处，而且大力支持第三部门的发展进步。	以人为本的公共服务发展。城市管理者进行了大规模的城市公共服务设施建设和贫民窟改造活动。政府、民间资本和地方社区组织三者相互协调，关系紧密，在尊重居民区位意识的基础上，城市众多文化遗产得到保护，贫困地区得到进一步发展和治理。	以基础设施建设为先的公共服务发展。东京都市圈前三阶段制定的"一级集中"结构的发展模式，使东京城市空间的扩张失去了控制，快速的人口集聚以及区域连绵外延型成就了东京都市圈极其典型的特点。	加强基础设施建设、改善条件，为资源枯竭地区的产业转型创造有利的投资环境。	

续表

类别	英国伦敦	美国纽约	日本东京	新加坡	德国鲁尔区
城市管理	以公众参与为核心的城市规划。公众参与城市规划被纳入立法并在不断完善。通过发挥公众在城市规划中的积极作用,推动民主开放型城市规划建设,积极建立政府与公众的亲密互动关系,重新定义政府职能。	以城市规划为先导的城市管理。纽约区域规划协会对纽约大都市制定十项政策以及加快城区的"再中心化"。纽约区域规划协会制定了"经济(economy)""环境(environment)"和"平等(equity)"的"3E"标准,用于评判都市圈的生活质量。	以多中心型为结构和以区域化管理为手段的城市管理。在全国范围内设立多个大城市建设点,将各产业与人口分流至建设点,促使各二级中心城市均衡发展。大力拓展开发二级中心城市。分阶段对城市部分老旧小区进行改造开发,逐步实现城市的改造开发。	加强政府投资,制定和出台相应的投资政策,简化审批手续,充分利用欧盟资助,金融组织管理公司或资助和组建建设发展管理公司,发行资金的发展基金债券,筹集资金。土地发展基金基金资金。	

表2-2 国内先进城市发展经验汇总

类别	深圳	上海	南京
经济发展	以地域及政策优势促进城市经济发展。扩大深港合作交流,发挥深圳中心城市的带动作用,加强与周边省市的合作,积极参与泛珠三角区域合作,加强与新加坡等东盟国家在经济、技术、公园管理和人才培养方面的合作。	以开发区为切入点进行经济建设。开发区内集聚着各类产业,开发区内部乃至上海市的产业布局都得到了优化,提升了上海市的产业和经济发展水平。上海的开发区现已形成了以产业集聚为核心的融合。	以第三产业为侧重点的经济发展。对已有产业结构进行优化升级,优先发展第三产业,优化南京城市职能,吸引更多优秀人才和外资入驻南京。
社会发展	以多元化、现代化、国际化为导向的城市社会发展。坚持文化多样性,促进不同文化群体的和谐共存。加强信息资源开发利用,实现信息技术在城市生活中的全方位渗透,提升国际影响力,优化开放环境,建立国际社会。		以郊区为重点的城乡统筹规划。利用出台的城市管理办法为郊区的发展创造新的途径和平台。政府对郊区大力进行修缮重建,对周边郊区投入大量财力和物力对郊区的水利设施和电网进行了升级改造。
生态发展	以城市更新为特色的城市生态发展。加大城市更新力度和综合环境整治力度。大力推进节能减排,推广新能源汽车。推进集约节约,加快建设国家循环经济试点城市,大力推进生活垃圾、工业废物、建筑垃圾等的综合利用。		
文化发展	以打造城市文化品牌为目标的城市文化发展。举办文化节庆和体育活动,加强对体现文化特色的文物及改革开放历史文化的保护,加强对非物质文化遗产的保护。加强城市空间识别,建设标志性建筑和城市区域,打造创意设计产业园。		

续表

类别	深圳	上海	南京
公共服务	以优化城市功能布局为抓手的城市公共服务发展。加强城市社区建设，充分发挥社区基本单位功能，提供城市公共服务，加强基层管理。优化公共设施布局，提高网络水平。	以均等化为目标的公共服务建设。成立社区事务受理服务中心，社区卫生服务中心和社区文化活动中心。打造15分钟公共文化服务圈。完善公共文化分配制度，建立城乡居民保险制度。	
城市服务	以市场化手段发展城市管理。增强基础设施建设的市场化，结合投融资体制改革，积极推动公众参与制定和实施城市发展的重大公共政策。完善城市管理法律体系。丰富创新城市管理控制手段，完善数字城市管理体系。	以郊区为重点的城市管理建设。重点发展"一城九镇"。把建设重点从市中心转到郊区的战略明确了"土地向规模集中、工业向园区集中、农民居住向城镇集中"的郊区发展战略。	以创新为源泉的城市管理。创新社区治理结构，实现各管理部门功能整合。创新社区管理模式，突出南京特色和社区管理品牌。创新社区组织，完善社区公共服务体系。提出社区民主自治制度。

第三章　新时代我国城市发展质量的关键要素及理论模型

第一节　新时代我国城市发展质量的含义与特征

一、新时代我国城市发展质量的含义

1. 新时代的特征

2015 年 11 月,《中共中央关于制定国民经济和社会发展第十三个五年规划的建议》在指导思想中明确提出"以提高发展质量和效益为中心"。这一决策凸显了我国经济发展战略思想从"速度—规模"型向"质量—效率"型的根本转变。2017 年 10 月,习近平总书记在党的十九大报告中明确指出:"中国特色社会主义进入新时代,我国社会主要矛盾已经转化为人民日益增长的美好生活需要和不平衡不充分的发展之间的矛盾。"2017 年 12 月,中央经济工作会议上提出的"推动高质量发展"正是新时代解决新矛盾的必然要求。联合国环境规划署署长曾经指出,"城市的成功就是国家的成功",城市对于国家的发展有着举足轻重的作用。

目前,国家经济增长步调已经放缓,正在逐渐转变为中高速的经济发展模式,以契合我国社会的发展要求;经济发展方式也由原来的"规模—速度"型粗放增长转向"质量—效率"型集约增长;国家经济结构体系不断优化升级,向着存量和最优增长型经济发展;经济发展动力不断创新,出现新的增长点。这样的经济发展转型,是历史客观规律之必然,也是我国经济发展的必然结果。首先,在"新时代"的经济发展新阶段,经济的高质量发展是基本特征。自 2010 年以来,我国成为世界第二大经济体,其发展特征也曾在已经完成工业化的各个发达国家出现过。在工业化进程中,任何国家都不可能连续 30 年保持 8% 以上的经济发展速度,目前,美国、英国、日

本等发达国家的经济增长速度均已下降为 3％ 左右。因此，7％ 甚至更低的增长率都是正常现象。其次，经济结构的战略调整。党的十八大报告明确指出，我国要着力解决制约经济持续发展的重大结构性问题。进一步加大结构调整的政府干预力度，这是我国"新时代"经济发展的又一特征，符合我国未来发展的总体要求。最后，创新是新时代经济发展的根本动力。十九大报告强调"加快建设创新型国家"，并明确指出，"创新是引领发展的第一动力，是建设现代化经济体系的战略支撑"。在我国发展的"新时代"，要继续大力发展创新，提高国家的创新管理，稳固我国在国际发展中的重要地位，同时，创新发展也是全球发展趋势。

2. 新时代城市发展质量的要求

针对我国现阶段的发展，党的十九大报告明确指出，我国经济已由高速增长阶段转向高质量发展阶段。因此，我国的城市在未来的发展中要围绕质量和效益，进行城市发展质量改革；要加快建设质量国家，促进高质量发展；要提升发展效益，实现城市质量发展。我国进入"新时代"后，现有的经济体系和发展模式已经和目前的发展要求不相契合。针对经济转型发展过程中遇到的各类问题，需要加快经济建设、政治建设、文化建设、社会建设、生态文明建设"五位一体"的总体布局，推动城市高质量发展，因此，经济结构转型升级并保持经济、社会长期健康发展是必然要求。此外，高质量发展是适应我国社会主要矛盾变化的必然要求。新时代人民大众追求的美好生活实质上是高质量生活。这也体现了目前我国社会存在的供需不对等的主要矛盾。因此，高质量发展是解决我国主要矛盾的必然要求。我国作为一个发展中国家，要转变成为一个世界强国，就必须加快社会主义现代化建设进度，提升国家高质量发展的层次和水平，从而为实现强国梦打下坚实的基础。

3. 新时代城市发展质量的含义

城市发展质量的概念包括"城市发展"和"质量"两个方面的内涵。城市是人类第二次社会分工即农业和手工业分离后，生产力发展到一定的水平，剩余产品出现后的产物，它以一定空间为界限，以非农业人口为主体，集聚着人口与经济活动的复杂社会综合体。根据《不列颠百科全书》的定义，城市是"一个具有较完好社会组织和永久性聚居特征的、规模大于村庄、地位重于城镇的人口集聚地"。该定义突出了城市人口集中的特点。列宁指出："城市是经济、政治和人民的精神生活中心，是前进的主要动力。"恩格斯指出:"城市本身表明了人口、生产工具、资本、享乐和需求的集中。"经济学家巴顿定义城市为"由各种社会经济组织、市场机构、土地、住房、交通等相互交织在一起的空间网状系统"。政治学家彼得森(Peterson,1981)认为,城市是"一个经上一级政府授权,而使之具有一定公共职能或行政特权的人口聚居地"。而《地理学名词》则突出了城市的产业性,将其定义为"有一定人口规模、以非农业人口为主的居民点"。

从本质内涵来看,发展是指某个组织群体或规模范围的扩大,或是事物由易到难、由单一到全面的改变进步过程。城市的发展就是由点到面、由孤立到整体的变化过程。在城市化发展变化过程中,各类资源的汇聚、人口的交融、物质的丰富都提高了人们的物质精神生活水平。从地域经济发展与空间演进运动理论来讲,城市发展是指城市各个方面的共同进步,是人类生存质量、自然环境和人文环境的全面优化。考虑到全人类可持续的、长久的生存,城市的基本目标应在为小区内的居民提供安全、可靠、持久的生活和生产保障的基础上,实现城市的功能,即为较广泛的区域提供充足的物质财富和精神财富,实现社会的健康与可持续发展。

针对质量而言,人类社会实践层面,无论是私人物品提供还是公共物品提供,都经历了一个由数量向质量、数量与质量逐渐协调的发展过程。国际标准化组织(ISO)对质量的定义为"反映实体满足明确和隐含需要能力的特性总和"。石川馨(Ishikawa,1990)在其修订出版的《质量控制导论》一书中指出,真正的质量是满足消费者的要求,特性是指实体所特有的性质。

本研究认为,从范围上来看,城市发展质量不是仅仅指城市某一维度的质量,而是涵盖城市发展的各个维度,包括经济发展维度、社会发展维度、生态发展维度、文化发展维度、公共服务维度、城市管理维度等方面。城市发展质量是一个城市或地区城市规划的科学程度、城市布局的合理程度、城市功能的完善程度以及城市的品位,体现了城市的发展水平和竞争力。从一定程度上说,城市发展质量以人的全面发展为终极目标,通过城市的软硬件建设在一定时间节点满足市民生活需求的程度;城市发展质量不仅是城市化进程在一定时间点的结果,也在很大程度上衡量着城市化进程质量的优劣,对促进城市可持续发展有着重要意义。

二、新时代我国城市发展质量特征

1. 可持续性

改革开放 40 年来,中国经济的年均增长速度远远超过世界其他经济体,城市发展质量内涵在发展过程中出现了不同的变化,在物本发展观、社会发展观、可持续发展观下城市发展质量也依次体现为城市经济发展质量、城市生活质量、城市可持续发展质量。物本发展观的核心思想是:经济增长是发展的结果,经济增长是人类进步的先决条件;经济的增长等同于经济的发展,提供更多的产品和服务是该阶段城市发展的主要目标,国民生产总值(GNP)和国内生产总值(GDP)是最重要的评判指标。物本发展思想认为,经济增长能够提高生活水平,消除贫困,然而实践证实,经济增长和消除贫困之间的关系不是正向的,贫富差距的增大在经济增长的同时出现了(仲鑫,2008)。城市可持续发展的目的是建设适宜人类工作和生活的城市,既保证城市功能的健全,又在达成经济可持续增长、社会不断进步、生活质量逐步优化、城市化水平不断提高的前提下,保证资源与城市经济、社会、环境、生态的和谐发展,为未来城市的发展留有足够的条件和空间(诸大建,2004)。也就是说,发展的根本目的应该是让所有人能更好地生活,"人"才是社会发展的目的。社会发展在注重经济发展的同时,应关注社会性质和社会结构的同步变迁,减少社会内部发展的不平衡,达到人口、资源、政治、文化、科学技术以及其他相关系统组成的有机整体的全面发展(仲鑫,2008)。在社会发展观下,除了考量城市经济指标外,反映城市居民生活质量的指标如居民满意度、幸福指数、宜居城市指数等出现了。城市生活质量是城市发展的重要内容,但是随着城市发展的多元化和复杂化,现代城市的发展必须体现出除了追求生活质量之外的多价值取向的发展,在发展经济的同时,保护环境,促进经济的可持续发展。可持续发展的核心是处理好发展与资源、当代人和后代人之间的关系。

2. 全面性

在城市发展的早期,用于衡量评价城市发展质量的指标大多是简单的、片面的,一味地强调经济的高速发展,认为高质量发展就是经济发展快、GDP 高。然而,通过后期的发展及研究,我们发现,在快速发展进程中,一味地追求高速发展,造成了各种资源的浪费和短缺,人们的生活空间受到压缩,生态环境遭到严重破坏,这一系列问题严重阻碍了城市化进程和经济的稳定与发展。在新的发展背景与环境下,城市发展越来越关注发展的质量和效益,在效益发展的同时能够实现城市的稳定发展,实现生态和谐,资源使用更有效,并能通过经济、社会、生态环境等指标来对城市发展质量进行有效的测评。随着我国市场经济和工业的发展,国民生活水平得到了一定程度的提升,国民对于物质的需求已基本实现,至此开始追求精神文化需求,国民越来越注重如幸福感、归属感、安全感、公平问题等自我感知的追求。因此,我国开始着手构建和谐社会和文明城市,社会的和谐程度和人民的幸福感也被纳入城市发展质量的衡量标准体系中。在城市质量发展过程中,要注重高质量和效益发展,优化发展结构,全面实现城市的"大质量"发展。

3. 公平性

由于资本和市场具有逐利性,所以城市发展到一定程度就会出现增长和公平之间的矛盾。城市的就业、家庭和人口结构、社会福利等都会引起城市发展的不公平、两极化,并由此引发贫困以及犯罪等社会问题。

2014年,在哥伦比亚麦德林市举行的联合国第七次世界城市论坛会议上,时任联合国秘书长潘基文在开幕贺词中指出:"持续增长的城市是我们现在世界发展的主旋律之一,这为可持续发展提供了许多机遇。与此同时,公平性也是城市发展中需要面对的主要挑战之一。现在许多城市和城镇的居民会因为社会、文化、经济等要素被进行分类划分,许多人会因为这些人为的分类丧失许多城市提供的可以改变生活的机会。因此,在联合国第七次世界城市论坛专题报告中的一个核心关注点就是城市的公平性,希望通过集约化的城市发展来减少贫困等问题,我们希望构建一个指导全球人类和谐发展的章程。"潘基文的讲话体现了世界范围内对城市公平化发展的重视,公平性特征是新时代背景下城市可持续发展的重要特征。

在现实的城市化发展中,随着经济发展水平的提升、城市产业和人口的聚集,一些亟待解决的发展问题也接踵而至。首先是低收入保障问题,其次是失业和难就业问题,再次是社会风险问题。社会在不断发展进步,产业也在升级换代,部分不能适应产业升级的劳动者面临着失业和再就业的问题。城市化发展是一把双刃剑,虽然发展提供了一些机会,但在机会背后也存在着潜在危险。除此之外,社会贫富差距大、教育不均衡、区域发展不平衡、公共服务不平等等一系列社会问题的出现和加剧也敦促政府采取相应的改进措施,建立健全相关的法律法规,加强公共服务设施的建设,缩小区域发展的不均衡和不平等,提升城市的综合发展质量。

4. 协调性

协调性是持续健康发展的内在要求,中国在产业、环境、区域和城乡等各个方面的发展是不平衡、不协调、不持续的,"一条腿长,一条腿短"。城市发展强调协调性,即经济发展、城市功能和社会和谐的协调发展。城市是人类经济、政治、社会、文化活动的中心,是人类文明精华的汇聚之地。传统城市的发展只追求经济的增长速度和城市规模的扩大,因此导致了环境污染严重、城市空间拥挤、人口激增等严重后果。经济发展虽然重要,但是在发展经济的同时也需要兼顾生态环境的保护与建设,对各资源要素进行科学有效的规划,做到可持续性、循环性使用。只有提高城市发展的质量,通过质量发展和效益发展,才能更好地协调经济、生态和资源间的关系,从而加快高质量城市建设,统筹兼顾经济、社会、环境各要素的发展。

5. 协同性

副省级城市基本上为省会城市或区域中心城市,在政策和资源方面具有较大的优势,要素集聚的经济性和规模化效益也更强,其经济发展模式对省域和同一都市圈的城市具有示范性。中国城市和小城镇改革发展中心主任徐林在 2017 年城市中国计划年度论坛上表示:"十九大提出以城市群为主体,构建大中小城市协同发展格局。一个城市群需要核心城市和大小不等的中心城市支撑,从各国城市发展普遍规律看,中心城市在国家发展中扮演重要角色,吸纳了国家最主要的现代化要素,是国家创新和经济增长的中心。中心城市发展和功能的发挥将对整个国家的高质量发展起到十分重要的作用。"《中国城市综合发展指标 2016:大城市群发展战略》显示,在城市发展过程中只有统筹协调好经济、人口和环境各要素间的关系,才能达成城市空间协调发展的目标。为推动城市的生态文明建设,实现科学、协同发展,就需要将城市发展空间均衡理论融入城市的发展规划中,让科学的理论指导城市的实际建造。

6. 智慧性

城市发展到目前阶段,应关注市民体验、技术架构、新技术应用与商业模式。不同业务领域存在多种共赢的商业模式:政府特许经营模式(一卡通、城市智慧停车)、政府购买模式(无线城市、智慧医疗教育)、自建模式(自建数据共享平台、平安城市)等。以平台为基础的生态圈由智慧政务、无线城市、平安城市、智能交通、智慧教育、智慧医疗、智慧农业、智能制造、精准扶贫等多个系统构成;同时,大数据的建设已成为城市稳增长、促改革、调结构、惠民生和推动政府治理能力现代化的内在需求。城市的智慧发展要重点发展以物联网为代表的物质网络、以"云计算"为代表的信息网络和以"智能电网"为代表的能源网络,其发展核心包括对现有互联网技术、传感器技术、智能信息处理技术等的高度集成,并将其大规模应用作为未来新的经济增长点之一,从而为政府管理、企业运营、市民工作和生活带来便利。新型智慧城市是以物联网、互联网、电信网、广电网、无线宽带网等网络组合为基础,以智慧网络高度集成、智慧产业高端发展、智慧服务高效便民为主要特征的城市发展新模式。智慧化是继工业化、电气化、信息化之后,世界科技革命又一次新的突破,利用智慧技术,建设新型智慧城市,是当今城市发展的趋势和特征。

第二节　新时代我国城市发展质量的关键要素

在确定新时代我国城市发展质量的关键要素时,本研究通过对我国城市发展质量的含义、特征和内容的研究,对我国城市发展质量的相关研究现状进行了梳理。在新时代"质量强国"战略思想指导下,各地城市在发展过程中更加关注"创新、协调、绿色、开放、共享",注重在经济高速增长的基础上兼顾社会发展和谐、生态环境友好、文化底蕴深厚、公共服务均等、城市管理科学。在评价城市发展是否满足新时代高质量发展的要求时,需要构建合理、科学、准确和全面的评价指标体系,通过量化对比来确定城市发展的具体质量层级。但现在,并没有一个统一的城市发展质量具体指标要素标准,这就导致评价体系无法构建。

所以,应综合考虑新时代我国城市发展质量的内涵和特征,并结合第二章对城市发展质量评价指标体系的研究结果,在保证城市发展质量指标体系科学性的前提条件下,选取符合新时代特征的要素。因此,本研究需要重点关注城市发展的关键要素有哪些,在考虑多种因素后选定各要素内具体的指标,同时充分考虑新时代下城市发展利益相关者对城市发展的理解和预期,以体现时代特征。

本研究确定新时代城市发展质量的关键要素时主要通过专家访谈法和问卷调查法。

一是专家访谈法。根据第一章和第二章对国内外现有成果和相关理论的综述,通过对新时代我国城市发展有深刻理解和独到见解的城市管理职能部门的相关人员和具有丰富经验的专家进行半结构化访谈,深入了解影响城市发展质量的因素、这些因素如何影响城市发展的质量以及这些影响因素之间是否存在相互作用关系等,并通过对这些直接影响效应和间接影响效应的分析,来构建城市发展质量提升影响因素的理论模型,探讨各影响因素之间的相互作用关系。这将为第六章的实证研究提供理论前提和依据。

本研究所选择的被访谈者主要来源:一是与城市管理职能部门相关且对城市发展具有丰富经验的专家,二是对城市发展的质量改善有独到见解和深刻理解且至少有 3 年城市管理工作经验的职能部门员工。访谈遍及武汉、宁波、济南、成都、深圳、西安、厦门、长春 8 个城市,一共 40 人(工作单位分布在地方国资委、市城建局、市民政局、市工会、市质量监督局、市财政局等),每次访谈的持续时间均要求在 60 分钟以上,以达到深度访谈的标准要求。通过以上被访谈者的选择,可以认为被访谈者来源广泛并具有一定代表性。访谈调查结果的描述性统计如表 3-1 所示。

表 3-1　访谈样本统计结果

项目	类别	样本数	百分比
样本容量	有效	40	100
	无效	0	0
副省级城市职能部门工作人员	武汉	5	12.5
	宁波	5	12.5
	济南	5	12.5
	成都	5	12.5
	深圳	5	12.5
	西安	5	12.5
	厦门	5	12.5
	长春	5	12.5
工作单位	地方国资委	5	12.5
	市城建局	5	12.5
	市民政局	5	12.5
	市工会	5	12.5
	市质量监督局	5	12.5

续表

项目	类别	样本数	百分比
工作单位	市财政局	5	12.5
	市环保局	5	12.5
	市教育局	5	12.5
教育背景	博士	8	20.0
	硕士	16	40.0
	本科	12	30.0
	其他	4	10.0

研究主要从以下四个层面展开。

其一,访谈提纲设计。我们对武汉、宁波、济南、成都等 8 个城市中与城市管理职能部门相关且对城市发展具有丰富经验的 40 位专家的深入访谈采用半结构化的访谈形式。在实际访谈中,通过与访谈对象的交流,我们对访谈前的提纲进行了细致的梳理,最后形成了"城市发展质量影响因素访谈提纲",其设计逻辑见表 3-2。

表 3-2 访谈提纲的设计逻辑

主题	目的
背景介绍	了解被访谈者的工作经历等基本情况、被访谈者的城市发展质量意识,以及被访谈者对这一问题的认识
影响因素	了解被访谈者对城市发展质量影响因素的看法,通过关键事件法探索对城市发展质量提升的影响因素
深层讨论	深入了解城市发展质量的重要性、作用、其他影响因素及这些因素之间的内在联系
开放式问题	补充、完善被访谈者对城市发展质量提升及建设方面的见解

其二,访谈过程的控制。访谈主要围绕城市发展质量影响因素的研究,因此本次访谈主要内容集中在以下方面:

1)我国城市发展的历史与现状分析。

2)城市发展质量提升受到哪些因素的影响?

3)这些影响因素之间的相互关系是怎样的?

被访谈对象通过随机抽样的方法,从武汉、宁波、济南、成都等 8 个城市的相关城市管理职能部门中抽取样本,每个城市为一个样本。本研究所选取的被访谈者在所在城市的城市职能部门层级较高,对国家城市发展质量战略以及本地的城市质量发展具有较为全面且深刻的见解,能够满足本研究的基本访谈要求,能够为本研究提供有价值的信息。

本研究所采用的访谈方法为半结构化和半开放式的访谈方法。在每次访谈之前,访谈者需提前与被访谈者进行交流沟通,以保证被访谈者明确访谈与研究的目的、主题、意义与现实价值,并使用语言等访谈技巧营造出良好的访谈氛围,与被访谈者建立初步互动关系,以促进访谈过程的顺利开展。在访谈过程中,研究者依据访谈提纲,运用谈话技巧,对研究的关键问题和核心话题进行把握,并控制好访谈时的节奏和总体访谈时间。在进行访谈的同时,访谈记录员应密切关注被访谈者的面部表情和肢体动作并加以记录。这些信息对研究人员在事后解释采访数据、进行正确的概念划分和分类具有重要的研究意义。访谈后,研究者需要重新思考每个访谈过程,确定下一个访谈者的访谈想法,并写一份备忘录。为获得对研究更有意义和价值的一手数据,每次访谈的持续时间均要求在 60 分钟以上,并在征得被访谈者同意后对访谈全过程进行录音和访谈内容的记录,以保证资料搜集的完整性。

其三,访谈阶段划分。访谈资料的搜集分为三个阶段。

第一阶段,2017 年 8 月 25 日至 8 月 30 日,宁波、武汉、西安。

研究者走访了宁波、武汉和西安 3 个城市的相关城市管理职能部门,共采访了 15 位相关部门的领导或城市发展的专家,着重了解受访者对影响城市发展质量的因素的看法。与此同时,研究者也辅以关键事件法对城市发展质量提升的影响因素进行了探索。在实际访谈过程中,访谈对象针对自身在工作过程中的认知实践,论述了城市发展质量提升过程中存在的难题和遇到的障碍。在使用非指导性访谈时,本研究强调准确性和合理性,通过"关于这个问题您还有更多的见解吗?""对城市发展质量提升您还有什么样的看法?"或者"我对这个问题的细节很感兴趣,您可以详细讲述一下您的看法吗?"等启发式问题,来探查与研究内容有关的事项。

第二阶段,2017 年 9 月 25 日至 9 月 30 日,成都、深圳、厦门。

在第二次实地调研之前,本研究通过译码摘记已经形成了一个对数据有框架的理解。首先,在现有的理论讨论和访谈数据的基础上,建立了第二轮访谈的工作框架;然后通过在现场采访的数据和工作框架之间的比较,不断地积累和增加数据。因此,第二次实地调研对研究框架中不甚完善的数据进行了补充调查,进一步丰富了已有的数据。第二次资料搜集包括对城市发展现状的实际资料和政府相关政策资料等的搜集。

第三阶段,2017 年 10 月 20 日至 10 月 25 日,济南、长春。

此轮调研主要根据前两次调研中形成的研究思路和框架进行进一步的验证和佐证,通过与济南市和长春市相关城市管理职能部门中的 10 位领导和专家的访谈,搜集多重数据来源的方式验证前两轮调研中获得的信息和资料。此阶段主要基于巴尼·格拉斯(Barney Glaser)和安瑟伦·斯特劳斯(Anselm Strauss)(Glaser and Strauss, 1967)提出的扎根理论进行定性研究。在此理论基础上的访谈或调查数据搜集并非一次性的,而是在分析数据的同时进行搜集和解码。因此,在这个阶段,研究者还向专家提供了概念性和分类性的信息,以提高获得调查数据的有效性。

其四,访谈资料整理。访谈数据的整理主要是指在访谈结束后,将每个访谈记录转换成书面文本,并以时间顺序标记访谈对象的表达、语气和动作。每次的访谈时间均在 60 分钟以上,合计约 40 小时的采访录音转换成了约 42 万字的书面文档。在对访谈资料进行整理的过程中,本研究采用 ATLAS.ti 6.0 定性分析软件,将搜集的访谈资料以文本形式导入软件中进行访谈资料的深层分析。

访谈结果分析:将 ATLAS.ti 6.0 软件处理后的访谈资料进行汇总后得到一段拟合后的资料,借助译码翻译手段,将该段资料所能提供的信息按照概念化—规范化—范畴化的步骤进行处理,最终得出专家访谈结果。具体的访谈结果分析如表 3-3 所示。

表 3-3 访谈结果分析

访谈资料汇总	a1:城市发展质量的提升建立在经济高发展质量的前提下; a2:经济高发展质量建立在发展效益显著、科技创新卓越、结构优化明显的基础上; a3:经济增长过程中还有最重要的一点不可忽视,那就是适度规模的固定资产投入,这是推动城市实施创新驱动发展战略的基础; a4:固定资产也是为城市经济发展提供支撑的技术支持; a5:效率在很大程度上是经济增长的重要推力; a6:在一定程度上,投入和产出的适度平衡是各要素利用效果的体现,而技术的进步是一切效率和质量提升的原动力; a7:在很多情况下,与外界的合作交流程度体现城市的吸引力和增长潜力,这种吸引力和增长潜力的激发利于服务质量的提升,从而进一步帮助实现经济结构的优化;

续表

访谈资料汇总	a8:经济增长并不是城市发展质量的唯一衡量,我们必须认识到一个城市经济、社会的发展离不开人的主观能动性的发挥,人口数保持均衡稳定增长是一切质量提升的基础,人可以拉动消费、贡献生产、创造新事物。在一个经济体内,人的进步与发展离不开两个要素: a9:一是人自身的进步,即教育,因为教育普及范围的扩大和层次的提升有助于科技的进步和社会治安水平的提高, a10:以及社会结构的组成; a11:二是外部的监管,即法治,健全的法律法规制度和严格的执法环境是保障社会高质量平稳发展的重要利器,因为社会安全系数的增加有助于稳定社会秩序,为一切要素的发展提供良好的环境支撑。有了经济增长和社会发展,那么不得不注重的一个问题就出现了, a12:即如何保证一个城市经济高速增长、社会持续进步延续下去,这就是可持续的概念; a13:既要做到资源利用效率的提高, a14:又要做到环境治理效果显著,保障企业生产的可持续进行,也为市民营造一个良好的居住环境。经济发展为城市居民带来良好的物质生活; a15:而精神文化同样是人生存的重要需求; a16:也是帮助一个城市促进产业结构升级、提高城市知名度的重要选择。城市是由千千万万的人组成的; a17:有人的地方就需要基础设施的建设; a18:基础设施建设离不开社会事业的支持; a19:市政项目的实施、优秀的公共服务质量是一个城市居民幸福指数高低的重要影响因素; a20:有人的地方也需要有部门开展城市管理; a21:而城市管理需要处理好城乡之间的均衡发展和 a22:可持续发展。

译码翻译

现象摘要	概念化	规范化	范畴化
a1:经济高发展质量是城市发展质量的基础	aa1:高效益发展是经济高质量增长的基础	A1:发展效益	AA1:经济发展质量
a2:发展效益显著、科技创新卓越、结构优化明显是经济高质量增长的体现			
a3:固定资产投入有助于创新驱动	aa2:科技创新对经济增长影响显著	A2:科技创新	
a4:固定资产有助于科技进步			
a5:效率是经济增长的重要推力	aa3:产业结构优化和进出口程度高对经济增长有益	A3:结构优化	
a6:技术进步促进效率提升			
a7:外部合作与交流促进经济结构优化			

续表

现象摘要	概念化	规范化	范畴化
a8:人口稳定持续增长是一切的源泉	aa4:人口因素影响社会进步,教育的广度和深度影响城市人口素质和社会结构	A4:社会结构	AA2:社会发展质量
a9:教育对人的自身进步很重要		A5:人口素质	
a10:教育影响社会结构的组成			
a11:社会秩序同样影响人的发展	aa5:社会秩序对社会的发展产生重要作用	A6:社会秩序	
a12:可持续概念影响经济和社会高速稳定发展的延续	aa6:可持续发展是经济、社会进步的保障,资源节约构成可持续要素	A7:资源节约	AA3:生态发展质量
a13:资源利用效率提高是可持续的重要构成			
a14:环境治理好坏也是可持续发展的重要体现	aa7:环境治理帮助可持续发展	A8:环境治理	
a15:文化发展满足精神需求	aa8:丰富文化资源,满足居民精神需求	A9:文化资源	AA4:文化发展质量
a16:文化发展同样促进城市产业结构调整	aa9:文化产业有助于优化城市产业结构	A10:文化产业	
a17:基础设施建设有助于城市居民生活质量提升	aa10:基础设施建设帮助提高公共服务质量,社会事业开展促进公共服务质量提升	A11:社会事业	AA5:公共服务质量
a18:基础设施建设离不开社会事业支持			
a19:基础设施建设离不开市政项目规划	aa11:市政设施投入也是公共服务质量提升的关键	A12:市政设施	
a20:有人的地方就需要管理	aa12:城市管理有助于城市质量提升,城乡均衡发展是城市管理的要求	A13:城乡建设	AA6:城市管理质量
a21:城市管理要均衡城乡发展			
a22:城市管理也需要注重可持续性	aa13:城市可持续发展是城市管理的手段	A14:持续发展	

从表 3-3 可以看出,通过规范化整理后,专家层面认同的影响城市发展质量的因素包括 A1 发展效益、A2 科技创新、A3 结构优化、A4 社会结构、A5 人口素质、A6 社会秩序、A7 资源节约、A8 环境治理、A9 文化资源、A10 文化产业、A11 社会事业、A12 市政设施、A13 城乡建设、A14 持续发展等规范化要素。再将这些规范化要素整合分类后,得到更为核心和具有代表性的范畴体系结构要素,即经济发展、社会发展、生态发展、文化发展、

公共服务和城市管理六个要素。

二是问卷调查法。根据研究的需要,本研究在确定了城市发展质量评价特征和内涵的基础上,为了了解与城市发展相关利益者的具体情况,设计了"副省级城市发展质量评价问卷调查表"(详见附录2)。为尽可能使问卷调查对象更为全面科学,在问卷发放时,综合考虑了年龄和社会角色,因此本研究以专家访谈的8个城市为主,共计发放问卷560份,去除未填写完整和未收回的问卷80份,最后得到有效问卷480份。在分析问卷调查的统计结果时,为简化计算,所确定的重要性标准线为每个指标的理论平均次数(计算公式为:指标理论平均次数=480×5/指标数),超过该理论平均值的为相对重要,低于该理论平均值的为相对不重要。

基于专家访谈所得出的六项关键主体要素,研究者又通过问卷调查法进一步探讨了各关键主体要素下具体要素的评价指标,从而完善新时代我国城市发展质量的关键要素,具体情况如下所述。

一、经济发展要素

根据对专家访谈结果的分析,可进一步明确城市发展质量的提升建立在经济高质量发展的前提下,同时经济高质量建立在发展效益显著、科技创新卓越、结构优化明显的基础上。具体来看:其一,高质量的发展效益是实现城市经济高质量发展的基础,可实现城市发展质量的稳步提升;其二,科技创新为城市经济发展提供更有力的技术支撑,是实现城市发展质量的创新驱动;其三,产业结构优化和进出口程度高能够带动城市经济效益增长,是实现城市发展质量的内生动力。

明确了经济发展要素的具体内涵之后,研究者又通过问卷调查的方式,从经济发展维度出发,综合考虑了现有研究中衡量经济发展质量的指标要素、国家公布的有关经济发展质量的相关标准、统计年鉴中与经济发展质量相关的指标,最后确定了15个经济发展要素下的重要性指标。在问卷调查过程中,需要调查对象从这15个要素中选择其认为相对重要的5个要素。所以,经济发展维度下重要性标准线确定为160次(480×5/15=160)。具体的调查统计情况如表3-4和图3-1所示。

表 3-4　经济发展维度问卷调查统计情况

关键维度要素	相关指标要素	选择人次
经济发展质量	城镇居民人均可支配收入	306
	人均地区生产总值	135
	全员劳动生产率	190
	地区生产总值增长率	101
	人均固定资产投资额	194
	第一产业占 GDP 比重	70
	第二产业占 GDP 比重	75
	第三产业占 GDP 比重	231
	人均地方财政预算收入	80
	发明专利授权数	169
	研发经费投入数	195
	进出口总额	181
	技术市场交易总额	172
	规模以上工业经济增加值	161
	城镇居民平均工资	140

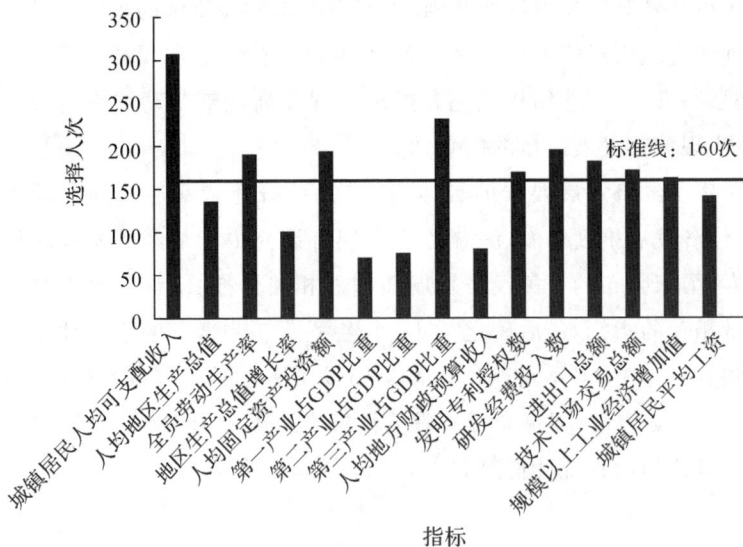

图 3-1　经济发展维度问卷调查统计

　　从表 3-4 和图 3-1 可以看出,选择人次在重要性标准线以上的有"城镇居民人均可支配收入""全员劳动生产率""人均固定资产投资额""第三产业占 GDP 比重""发明专利授权数""研发经费投入数""进出口总额""技术市场交易总额"以及"规模以上工业经济增加值"9 个相关要素。通过进一步整合在重要性标准线 160 次以上的 9 个要素,我们发现,这些指标大多反映经济发展维度的三大层面,即发展效益层面(城镇居民人均可支配收入、全员劳动生产率等)、科技创新层面(发明专利授权数、研发经费投入数等)以及经济结构优化层面(第三产业占 GDP 比重、进出口总额等)。这些统计数据进一步验证了专家所提出的观点,并丰富了经济发展要素的核心内容。

二、社会发展要素

　　同样基于对专家访谈结果的分析,研究者也进一步认识到城市经济、社会的发展离不开人的主观能动性的发挥,因此,新时代城市发展质量的关键要素不应该只包含经济发展质量,还需要增加社会发展的要素。社会发展最主要依靠人口素质、社会结构和社会秩序,具体来看:其一,教育普及范围的扩大和层次能提升人的自身素质,助力科技水平和社会治安管理水平的提升,最终保障社会稳定发展;其二,在人口数均衡增长的战略背景下,教育进一步影响了城市社会结构的组成,最终推动社会高质量发展;其三,健全的外部法律法规制度和严格的执法环境能增加社会安全系数,最终达到维系社会秩序的目的,为社会发展进步提供良好的环境支撑。

　　研究者通过问卷调查的方式,从社会发展维度出发,综合考虑了现有研究中衡量社会发展质量的指标要素、国家公布的有关社会发展质量的相关标准、统计年鉴中与社会发展质量相关的指标,最后确定了 15 个社会发展要素下的重要性指标。在问卷调查过程中,需要调查对象从这 15 个要素中选择其认为相对重要的 5 个要素。所以,社会发展维度下重要性标准线确定为 160 次($480 \times 5/15 = 160$)。具体的调查统计情况如表 3-5 和图3-2 所示。

表 3-5　社会发展维度问卷调查统计情况

关键维度要素	相关指标要素	选择人次
社会发展质量	城乡经济发展协调性	291
	人口自然增长率	172
	人口平均寿命	191
	高等教育专任教师数	156
	在校大学生数	205
	专业技术人员数	161
	第一产业人员比重	65
	第二产业人员比重	67
	第三产业人员比重	191
	公共图书馆藏书数	102
	社会犯罪率	132
	交通事故死亡率	162
	产品抽检合格率	188
	法制教育宣传频率	121
	法治政府建设满意度	196

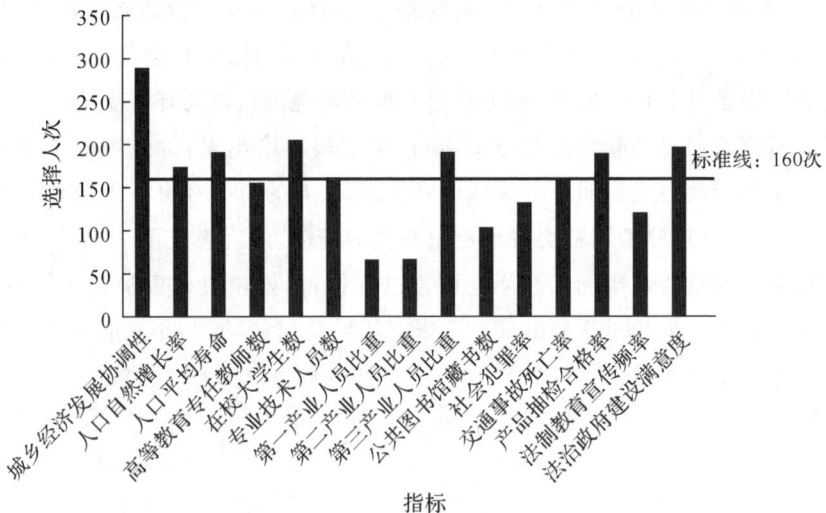

图 3-2　社会发展维度问卷调查统计

从表 3-5 和图 3-2 可以看出,选择人次在重要性标准线以上的有"城乡经济发展协调性""人口自然增长率""人口平均寿命""在校大学生数""专业技术人员数""第三产业人员比重""交通事故死亡率""产品抽检合格率"以及"法治政府建设满意度"9个相关要素。通过进一步整合在重要性标准线160次以上的9个要素,我们发现,这些指标大多反映社会发展维度的三大层面,即社会结构层面(城乡经济发展协调性、第三产业人员比重等)、人口素质层面(在校大学生数、专业技术人员数等)以及社会秩序层面(产品抽检合格率、法治政府建设满意度等)。

三、生态发展要素

只有可持续发展才能进一步保证城市经济高速增长,社会持续进步得以延续,因此,在探究新时代城市发展质量关键要素的时候,需要进一步把握生态发展的要素。生态发展离不开两个关键点:其一,提升资源的利用效率,换句话说就是实现资源节约。可持续发展能够进一步保障经济、社会的进步,而资源节约又是可持续发展的重要构成要素。其二,推进环境治理。经济发展能够为城市居民带来良好的物质生活,而良好的环境治理更能保障企业可持续生产,并为市民营造良好的居住环境。

研究者在对生态发展维度下相对重要性指标进行问卷调查时,综合考虑了现有研究中衡量生态发展质量的指标要素、国家公布的有关生态发展质量的相关标准、统计年鉴中与生态发展质量相关的指标,最后确定了15个生态发展要素下的指标。在问卷调查过程中,需要调查对象从这15个要素中选择其认为相对重要的5个要素。所以,生态发展维度下重要性标准线确定为160次($480\times5/15=160$)。具体的调查统计情况如表3-6和图3-3所示。

表3-6　生态发展维度问卷调查统计情况

关键维度要素	相关指标要素	选择人次
生态发展质量	万元GDP能耗	237
	万元GDP水耗	229
	人均资源消费量	157
	能源加工转换效率	141
	工业废气净化处理率	126
	工业废水排放达标率	119
	工业固体废物综合利用率	219

续表

关键维度要素	相关指标要素	选择人次
生态发展质量	环保投入占 GDP 的百分比	138
	绿化覆盖面积	189
	地面水功能达标率	204
	大气质量达标率	213
	国家自然保护区个数及面积	79
	生活垃圾无害化处理范围	191
	受国家保护动物种类	80
	排污费征收支出额	78

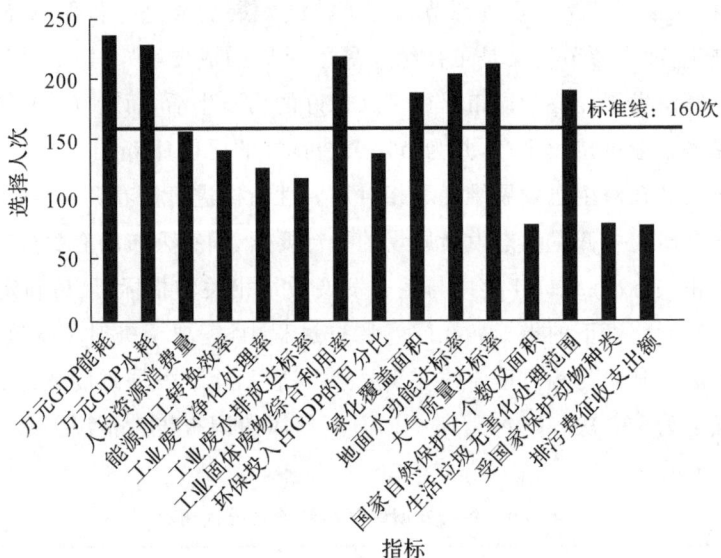

图 3-3　生态发展维度问卷调查统计

从表 3-6 和图 3-3 可以看出,选择人次在重要性标准线以上的有"万元 GDP 能耗""万元 GDP 水耗""工业固体废物综合利用率""地面水功能达标率""大气质量达标率""绿化覆盖率""生活垃圾无害化处理率"7 个相关要素。通过进一步整合在重要性标准线 160 次以上的 7 个要素,我们发现,这些指标大多反映生态发展维度的两大层面,即资源节约层面(万元 GDP 能耗、万元 GDP 水耗等)、环境治理层面(大气质量达标率、地面水功能达标率等)。

四、文化发展要素

城市居民是城市的主体,因此,城市发展质量的提升需要进一步关注文化发展的要素。文化发展的要素具体来看主要包含:其一,丰富文化资源,进而满足居民的精神需求;其二,关注文化产业,进而助力城市产业结构优化调整,提升城市文化发展质量和水平。

研究者在对文化发展维度下相对重要性指标进行问卷调查时,综合考虑了现有研究中衡量文化发展质量的指标要素、国家公布的有关文化发展质量的相关标准、统计年鉴中与文化发展质量相关的指标,最后确定了 15个文化发展要素下的具体指标。在问卷调查过程中,需要调查对象从这15 个要素中选择其认为相对重要的 5 个要素。所以,文化发展维度下重要性标准线确定为 160 次(480×5/15＝160)。具体的调查统计情况如表3-7 和图 3-4 所示。

表 3-7　文化发展维度问卷调查统计情况

关键维度要素	相关指标要素	选择人次
文化发展质量	每万人每天报纸份数	99
	计算机普及率	114
	每万人拥有书店数	112
	每万人拥有电影院数	106
	每万人拥有体育馆数	96
	公共文化设施面积	219
	文化体育娱乐固定资产投资额	237
	文化事业财政补助	301
	文化事业从业人员	159
	城镇居民文化消费比重	205
	入境游客人次	213
	文化事业总收入	189
	文化产业从业人数	152
	图书馆书刊外借人次	101
	博物馆参观人次	97

从表 3-7 和图 3-4 可以看出,选择人次在重要性标准线以上的有"公共

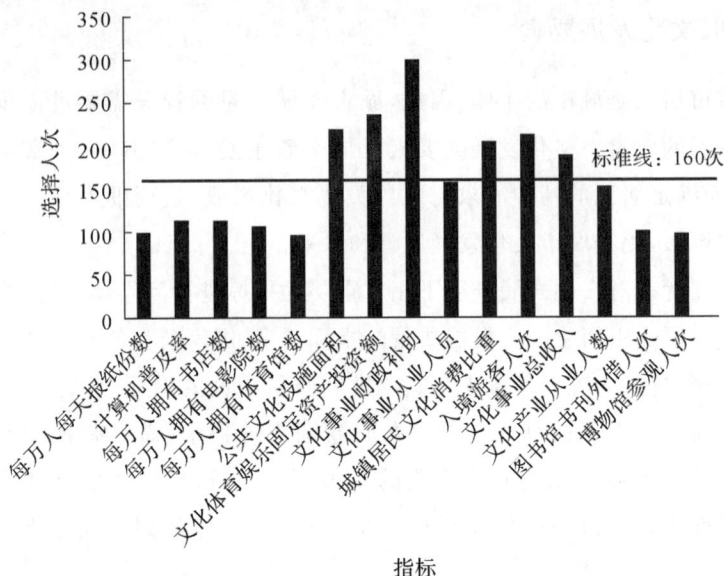

指标

图 3-4　文化发展维度问卷调查统计

文化设施面积""文化体育娱乐固定资产投资额""文化事业财政补助""城镇居民文化消费比重""入境游客人次"以及"文化事业总收入"6 个相关要素。通过进一步整合在重要性标准线 160 次以上的 6 个要素,我们发现,这些指标大多反映文化发展维度的两大层面,即文化资源层面(公共文化设施面积、文化事业财政补助等)、文化产业层面(入境游客人次、文化事业总收入等)。

五、公共服务要素

城市的高质量发展离不开公共服务要素的支撑。公共服务要素主要包含:其一,全面开展社会公共服务事业能够提升居民的生活质量和幸福指数,从而推动公共服务质量的持续发展提升;其二,市政设施的投入能改造城市的基础设施,满足公共服务的有效供给。

研究者在对公共服务维度下相对重要性指标进行问卷调查时,综合考虑了现有研究中衡量公共服务质量的指标要素、国家公布的有关公共服务质量的相关标准、统计年鉴中与公共服务质量相关的指标,最后确定了 15 个公共服务要素下的具体指标。在问卷调查过程中,需要调查对象从这 15 个要素中选择其认为相对重要的 5 个要素。所以,公共服务维度下重要性标准线确定为 160 次(480×5/15＝160)。具体的调查统计情况如表 3-8 和图 3-5 所示。

表 3-8　公共服务维度问卷调查统计情况

关键维度要素	相关指标要素	选择人次
公共服务质量	每万人拥有公共交通车辆	102
	城镇基本养老保险参保人数	189
	失业保险年末参保人数	167
	工伤保险参保人数	162
	每万人轨道交通里程	125
	人均城市道路面积	179
	每万人拥有医疗床位	198
	每万人拥有医生数	103
	公共服务支出额	229
	公共服务质量综合满意度	275
	建成区排水管密度	179
	城市燃气普及率	109
	高速铁路通勤	79
	机场旅客吞吐量	137
	市辖区城市建设用地面积	167

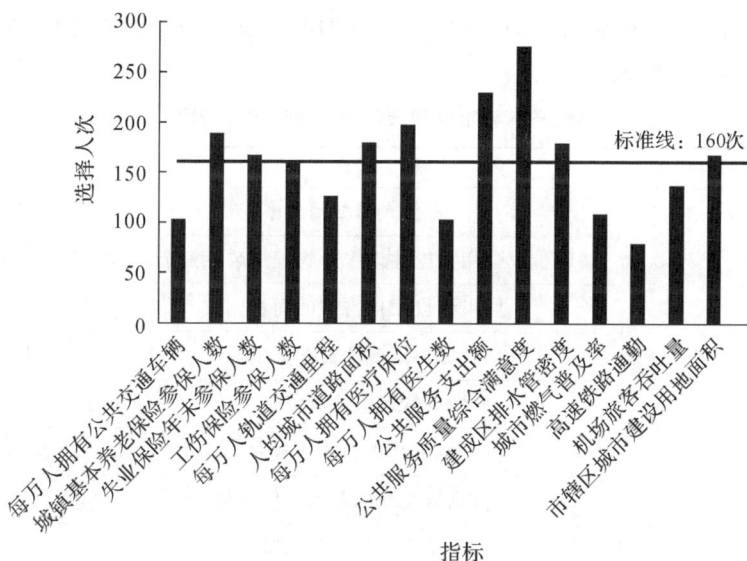

图 3-5　公共服务维度问卷调查统计

从表3-8和图3-5可以看出,选择人次在重要性标准线以上的有"城镇基本养老保险参保人数""失业保险年末参保人数""工伤保险参保人数""人均城市道路面积""每万人拥有医疗床位""公共服务支出额""公共服务质量综合满意度""建成区排水管密度"以及"市辖区城市建设用地面积"9个相关要素。通过进一步整合在重要性标准线160次以上的9个要素,我们发现,这些指标大多反映公共服务维度的两大层面,即社会事业层面(公共服务支出额、公共服务质量综合满意度等)、市政设施层面(建成区排水管密度、市辖区城市建设用地面积等)。

六、城市管理要素

城市管理要素能够进一步推动协调城市发展,是提升城市发展质量、实现城市可持续发展的必然要求。城市管理要素具体来看主要包含:其一,城乡建设能够实现城市管理均衡发展;其二,城市的可持续发展是城市管理的重要手段。

研究者在对城市管理维度下相对重要性指标进行问卷调查时,综合考虑了现有研究中衡量城市管理质量的指标要素、国家公布的有关城市管理质量的相关标准、统计年鉴中与城市管理质量相关的指标,最后确定了10个城市管理要素下的具体指标。在问卷调查过程中,需要调查对象从这10个要素中选择其认为相对重要的5个要素。所以,文化发展维度下重要性标准线确定为240次(480×5/10=240)。具体的调查统计情况如表3-9和图3-6所示。

表 3-9　城市管理维度问卷调查统计情况

关键维度要素	相关指标要素	选择人次
城市管理质量	常住人口城镇化率	274
	城市市政公用设施建设维护管理财政性资金支出	366
	城市建设用地占市区面积比重	370
	棚户区改造资金支出	157
	城市管理人员薪资支出	139
	城市管理相关法规数	153
	信息与互联网基础设施指数	203
	城市监控摄像头数	154
	城市信用指数	309
	城市经营率	275

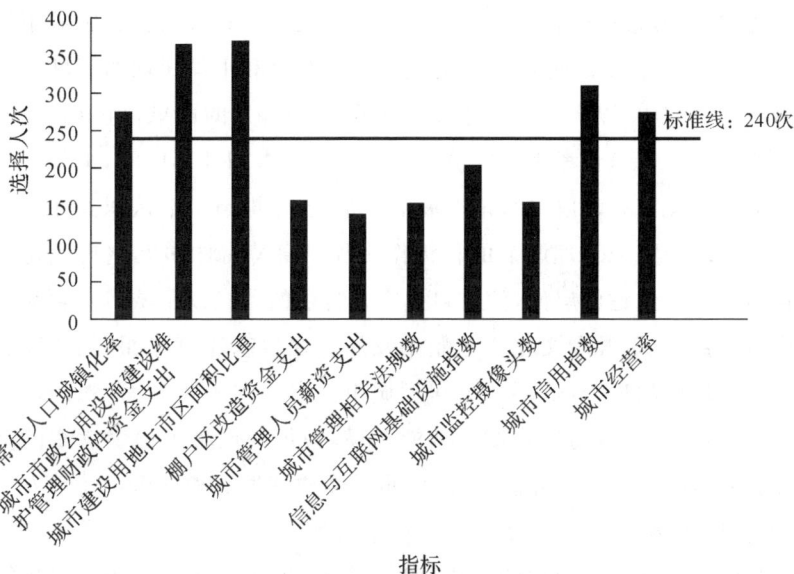

图 3-6 城市管理维度问卷调查统计

从表 3-9 和图 3-6 可以看出,选择人次在重要性标准线以上的有"常住人口城镇化率""城市市政公用设施建设维护管理财政性资金支出""城市建设用地占市区面积比重""城市信用指数""城市经营率"5 个相关要素。通过进一步整合重要性标准线 240 次以上的 5 个要素,我们发现,这些指标大多反映城市管理维度的两大层面,即城乡建设层面(常住人口城镇化率、城市建设用地占市区面积比重等)、持续发展层面(城市信用指数、城市经营率等)。

综合以上调查结果,我们发现,市民对于影响城市发展质量的指标要素有着不同的认知,这导致部分要素得票率较高而另一部分则较低。除此之外,我们还可以发现,调查中的 10 个指标可以整合为城乡建设和持续发展两大维度。

第三节 新时代我国城市发展质量评价的理论模型及内容

一、新时代我国城市发展质量评价的理论模型

对比分析国内外先进城市发展经验,我们发现,在追求城市高质量发

展过程中,各城市都非常注重经济、社会、文化、生态、公共服务和城市管理这六大要素质量的发展与提升,尤其是日本东京和中国深圳两个城市在发展城市的过程中,以上六大要素质量都取得了骄人的成果,值得其他城市学习研究。它们综合考虑了经济增长的内在动力和外部保障,加强了对内对外的合作交流和政府对城市发展的资金支持,也清晰地认识到在社会进步过程中政府宏观管理调节的积极作用和自身特有的多元化现代化的国际优势。在文化建设层面,注重自身文化特色的寻找以及城市文化品牌的建设,使得文化资源和文化产业繁荣发展。在生态建设方面,强调通过资源节约和环境治理,打造环保宜居型城市。在公共服务方面,强调基础设施的建设与更新,着力优化城市功能布局,为每一位市民提供满意的高质量的公共服务。在城市管理方面,注重城乡协调发展和城市可持续发展管理,并借助市场的力量,多措施解决城市管理问题。

通过对上述访谈数据的分析,我们发现,各城市管理职能部门将提升城市发展质量视为城市发展的终极目标。其中经济发展是发展的基础,只有经济发展了,城市才有足够的财力为当地企业营造良好的经营环境,为市民提供足够的就业机会,为城市建设提供资金保障。这一阶段关注的重点是经济总量、人均 GDP、经济结构以及经济增速。而当经济发展到一定程度时,社会问题层出不穷,这一阶段需要考虑的是如何以人为本,保障和关注民生。保护生态环境是城市可持续发展的必经之路。在城市的快速发展过程中,资源的过度消耗以及城市发展所产生的固体废弃物对环境的威胁已经是世界上公认的最大威胁,借鉴发达国家城市发展的经验,我们绝不能走"牺牲环境求发展"的老路。在城市发展中,要注意保护生态环境和废物利用,走可持续发展之路。政府提供的公共服务是城市发展质量的保证,政府以管理者的身份管理城市的物质和社会环境,提供土地规划、基础设施建设、交通、医疗、教育、文化等服务,为城市居民创造更好的生活环境。在合理的城市规划、整体布局和完善的基础设施基础上,城市的发展将更具质量。城市文化凝聚力的不断强化以及医疗和教育服务的不断优化升级都会增强居民的幸福感和归属感,进而提升城市发展的质量。

在构建我国城市发展质量评价模型时,为更加全面科学地体现城市发展质量提升路径,需要考虑各关键要素之间是如何相互影响并作用于城市质量发展过程中的,即这些要素作用于城市质量提升的机制与原理。实践性要素是指城市发展过程中必须关注的具体事务,譬如城市发展离不开居民收入的增加,离不开研发投入的增加,离不开对内对外经济的高速增长,离不开技术研发人员的支持,离不开法治政府的建设以及能耗的降低、环境的优化等各个方面,也就是说,城市发展的实践性要素强调的是具体落实。而驱动性要素则是在城市质量提升过程中的过渡性要素,譬如居民收入增加是实现经济高效益发展的人本基础和经济基础,研发投入的增加和技术市场交易额的增加是城市科技创新水平提升的技术性支撑,对内对外经济的高速增长则意味着城市经济结构的优化和未来良好的发展态势,法治政府建设是推动社会和谐稳定发展的重要因素,环境优化是城市生态建设实现可持续发展的基础,这些城市发展质量提升驱动要素的实现是以实践性要素的首先实现为基础的。实现城市收益是城市发展质量提升的重要内在要求,而城市收益的实现是依靠经济高效益发展、经济结构科学优化、人口高素质、社会稳定有序、发展低能耗、文化底蕴深、城市管理科学、公共服务优质等驱动性要素的助推的,也就是说,城市收益的实现是各驱动性要素整合的结果。当城市发展各维度的城市收益实现后,即经济实现高质量增长、社会发展总体和谐稳定、生态发展持续友好、文化建设丰富多彩、公共服务优化满意、城市管理高效科学,城市发展质量便会得到相应的提升。

所以,综合国内外先进城市发展经验和调查访谈结果可以看出,经济发展、社会发展、生态发展、文化发展、公共服务和城市管理均为城市质量提升的重要驱动性要素,而为获得这些驱动性因素需要一系列包括科技创新进步、经济结构优化、社会秩序稳定、环境治理显著等要素的助推。有了驱动城市发展质量提升的要素,就可以完成多维度提高城市收益的美好愿景,最终提升城市的发展质量。由此可得出如图 3-7 所示的新时代我国城市发展理论模型。

结合调查问卷中设计的指标要素和如图 3-7 所示的新时代我国城市发展理论模型可知,处于模型最底层的是提升城市发展质量的实践性要素,也是一个城市在追求高发展质量过程中必须做到的具体要求;当实践性要素达到预期目标后,帮助实现城市各维度收益的驱动性要素会循序发展;城市收益的完成代表着城市发展质量的综合提升以及城市高发展质量终极目标的实现。

总体看来,我国城市发展理论模型的主线是"实践性要素—驱动性要素—实现城市收益—城市高发展质量"。具体可以从以下几条路径实现各维度的城市收益:

(1)实现经济维度的城市发展质量提升,例如通过提高居民的可支配

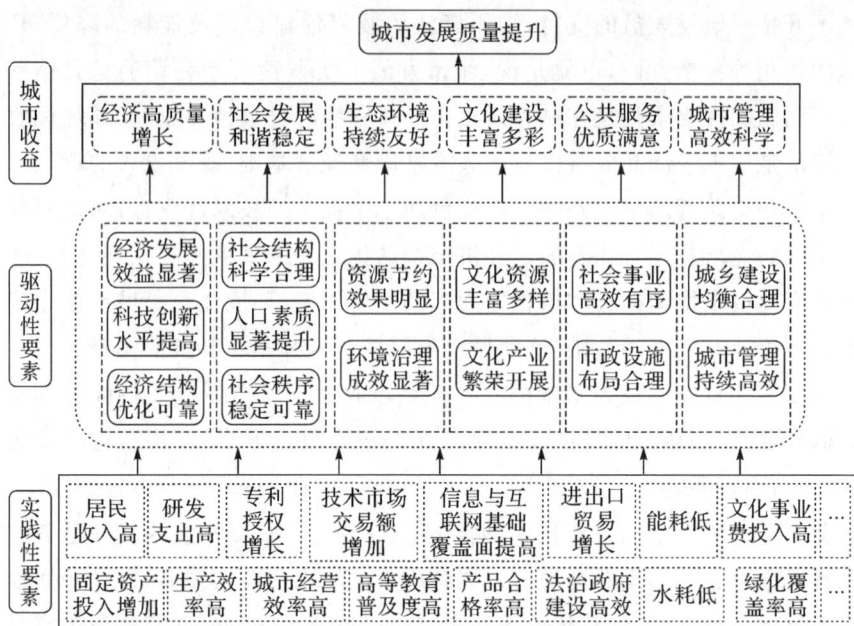

图 3-7　新时代我国城市发展理论模型

收入,体现经济发展效益,促进经济高质量增长;鼓励发明专利申请,提升科技创新水平,促进经济高质量增长;大力发展服务业,增加服务业贡献增加值,助推优化经济结构,促进经济高质量增长。

(2)实现社会维度的城市收益,例如通过保持人口健康稳定增长、从业人员比重合理实现社会结构优化,促进社会高质量进步;通过提高高等教育整体水平和专业技术人员数,提升人口素质,促进社会高质量进步;通过健全法律法规和监管环境、建设法治政府,实现社会秩序稳定可靠,促进社会高质量进步。

(3)实现生态维度的城市收益,例如通过降低能源消耗和用水量,实现资源节约,促进生态高质量发展;通过加强垃圾无害化处理、减少废气排放,改善环境质量,促进生态高质量发展。

(4)实现文化维度的城市收益,例如通过增加文化体育娱乐固定资产投入,丰富城市文化资源,促进文化高质量发展;通过激励居民文化教育娱乐方面的消费,推动文化产业蓬勃发展,促进文化高质量发展。

(5)实现公共服务维度的城市收益,例如通过增加公共服务支出,提高社会事业运营效率,促进公共服务质量提升;通过增加道路铺设面积、完善市政设施,促进公共服务质量提升。

(6)实现城市管理维度的城市收益,例如通过提高常住人口城镇化率、均衡城乡发展,促进城市管理高质量发展;通过提高信息与互联网基础设施覆盖面,实现城市管理的持续高效,促进城市管理高质量发展。

当六大核心维度的城市收益实现后,城市将会是具备经济高质量增长、社会发展和谐稳定、生态环境持续友好、文化建设丰富多彩、公共服务优质满意、城市管理高效科学等特征的高质量发展城市。

二、新时代我国城市发展质量内容

副省级城市基本上为省会城市、区域中心城市,在政策和资源方面具有较大的优势,要素集聚的经济性和规模化效益也更强,其经济发展模式对省域和同一都市圈的城市具有示范性。城市发展构成包括人和物两个基本层面:一方面是物,指的是基础设施、公共建筑和建设景观物质实体等。另一方面则是人,主要指的是城市人口及人类社会所进行的社会活动。在确定新时代我国城市发展质量内容时,研究者主要通过参考现有关于城市发展质量内容的文献,总结现有学者在研究该问题时的考虑与选择,为本研究选取的城市发展质量内容提供理论支撑。城市发展涉及经济、社会、文化和环境等问题,学者们通常认为这些方面是影响城市发展质量的主体要素。六大城市发展质量内容如下所述。

1. 经济发展质量

在传统经济增长理论发展的早期阶段,亚当·斯密(Smith,1776)首次提出了"看不见的手"这一概念,随后,万能市场理论成为经济增长理论的主流。但是,到了由经济危机引发的经济大萧条时期,曾经主流的市场万能理论遭到质疑,学者们开始纷纷探寻更加科学的经济增长理论体系。凯恩斯(Keynes,1936)提出,在经济大萧条时期,政府需对市场采取主动的干预措施,实行扩张性的财政政策,刺激市场的需求,从而带动经济的增长。在凯恩斯的研究成果基础上形成的政府主动干预市场的观点中,哈罗德(Harrod,1939)、多马(Domar,1946)在一定的条件情况下,对国家经济稳步增长的条件进行了假设和分析,提出了著名的 Harrod-Domar 模型,并对均衡国民收入决定理论进行了完善。随后,索罗(Solow,1956)在更加理想化的假设条件下,将资本、劳动和技术进步因素考虑在内,并对这三种要素进行了深入研究与分析,提出了新古典经济增长模型。但是,新古典经济增长模型虽然将技术进步因素考虑在内,但技术进步因素的定义不甚清晰,无法明确影响技术进步的条件。罗默(Romer,1986)通过大量的研究与分析提出了内生增长理论,很好地解决了技术进步因素定义模糊的问题。有的学者认为,城市的长远发展依靠经济力量来推动,城市化与经济增长之间是一种互动关系。

经济发展质量是指在经济发展过程中根据地区产业结构的协调程度、科技创新能力和成果效益共享水平来进行综合的判断,反映的是地区经济发展的潜力和水平。在"创新、协调、绿色、开放、共享"五大发展理念要素中,创新是发展的基石,要创新发展格局,发挥先进优势,实现创新驱动发展。要大力发展经济新动能,强化工业基础工程,合理配置资本、技术、劳动力和土地等资源,提高服务业现代化发展水平,加快发展新技术、新能源、新产业。

正如有些学者所认为的那样,城市的长远发展要依靠经济力量来推动。经济发展是社会发展、文化发展、生态发展、公共服务和城市管理质量提升的物质基础。经济发展离不开投资的增加,包括固定资产的投资、研发创新的投资等,如东京多角度保障城市经济发展来源,使得必要的投入有保障;新加坡重视创新和知识经济,确保研发创新不断开展。投入、合作与创新是城市经济发展过程中必不可少的助推要素,能促进科研成果的增加和工业生产的产出以及内外经济增长。这些同时又是实现能源效率和劳动力效率提升、优质产业提质增效的驱动要素,促进实现以发展效益显著、科技创新卓越、结构优化明显为代表的经济层面城市收益,最终完成经济发展质量提升的目标。由此构成的经济发展层面质量评价的内在逻辑如图 3-8 所示。

2. 社会发展质量

社会发展质量是指在社会发展过程中,对社会系统的各种关键构成要素的成长和适应能力以及各要素间相互协调、共生、有序发展能力的客观判断,并且是一个地区社会发展水平的综合反映。随着我国经济的迅速发展,我国的经济结构出现了较为显著的变化,社会发展已经不能仅仅注重单一的经济增长速度。吴忠民(1990)的研究指出,社会质量是社会主体在运作和发展过程中满足自身特定内在要求的所有特征的总和。五大发展理念指出,应促进区域协调发展,形成有序、自由流动的区域协调发展新格局,促进物质文明和精神文明的协调发展,坚持从发展和安全的角度出发,加强思想道德和诚信建设,弘扬科学文化精神和中华传统美德,强化国家意识、社会意识、责任意识和法制意识。

社会基础是衡量城市基本社会发展状态的指标。其必要性在于,社会的和谐发展是城市发展质量提升的重要基础,社会公平、社会保障、社会治

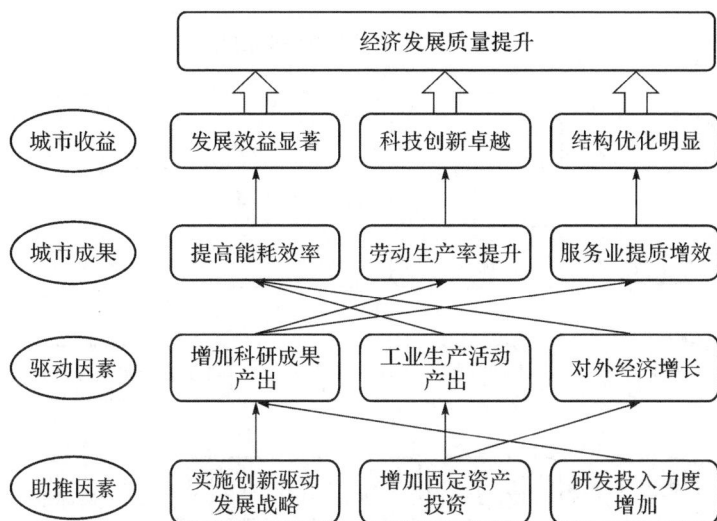

图 3-8　经济发展质量维度评价逻辑

安等因素均与城市健康发展息息相关。与此同时,社会文化产业的发展与进步也是建立在社会和谐基础之上的。

对于社会发展层面来说,最注重的是人。从古至今,教育和法制都是社会发展必不可少的助推器。新加坡在着力社会进步发展层面,就借助社区和公民直接参与的方式促进社会基层治理,更好地解决"管人"的事情;英国伦敦也是借助"社区化"手段,调动居民参与的热情与积极性,促使百废待兴的战后社会重新步入正轨。

人口稳定增长、高等教育覆盖面提升、法治政府建设有效无疑是社会发展的助推因素,有助于包括增加第三产业比重在内的产业结构的转型升级和城市安全系数的增加。这几方面又可以演化为驱动因素,反过来作用于提高人均寿命、保障产品质量和促进城市二元经济结构平衡,帮助实现整个社会的产业结构优化、人口素质进一步提高、社会秩序良好等为代表的社会层面城市收益,最终完成社会发展质量提升的目标。由此构成的社会发展层面质量评价的内在逻辑如图 3-9 所示。

3. 生态发展质量

生态发展质量是指在特定的时间和空间范围内,构成生态系统的整体或部分因素及其组合,在人类生存及社会经济持续发展过程中的适宜程度。一个良好的生态环境是人类发展的最基本前提和条件。生态环境是人类生存和发展的基本物质来源,同时也承受着人类活动产生的废物和各种作用的结果。生态发展质量要求城市在发展经济的过程中,通过优化城

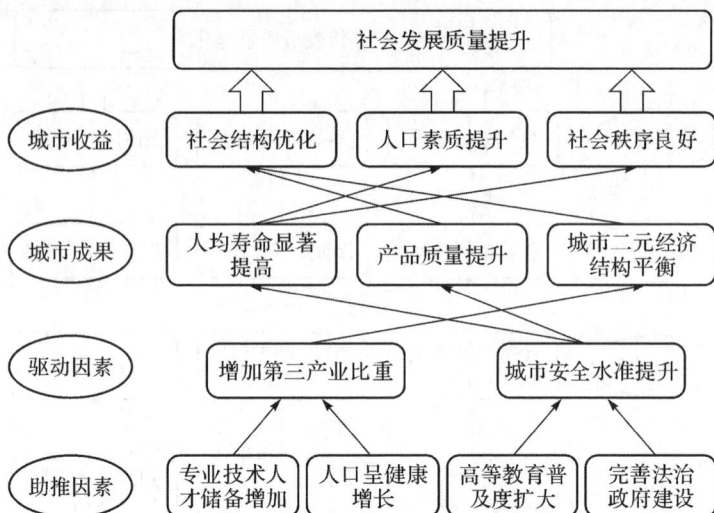

图 3-9　社会发展质量维度评价逻辑

市环境,加强环境保护,提高人口素质,正确看待人与自然和谐发展的关系,从而实现社会、经济与环境的协调持续发展。在坚持贯彻落实五大核心发展理念的基础上,应优先考虑资源节约和环境保护,大力构建环境友好型社会;坚持走绿色、可持续发展道路,重点打造资源节约型社会;构建现代化生态和谐体系,实现美丽中国目标。

生态质量是包括生态环境在内的综合质量概念。人类在对各类资源消耗使用的同时形成了物质生产过程。环境因素是影响质量发展的重要因素之一,以直接和间接的方式对社会的质量发展进程产生一定影响,环境与质量互相影响、互相作用,从而实现共同发展与进步。

正如国内外研究所提及的,城市生态发展质量对整个城市居民的生活质量和各产业的可持续发展有着至关重要的影响。综观国内外先进城市的发展经验可以看出,"绿色、低碳、节约、舒适、可再生"等字眼俨然成了生态环境质量提升过程中的关键词,无论是美国纽约的打造低碳城市、倡导节能减排,还是新加坡的大力发展公共交通、打造花园城市等,都是对生态发展的实际践行。

而教育水平的提高和科技创新的进步可以为生态发展助力,从科技角度促进生态环境优化的固体废物利用率、污水集中处理率和无害化垃圾处理率等驱动因素的提升。这些驱动因素在很大程度上可以帮助提升能源使用效率,提高水资源利用率,优化空气质量,从而使以资源节约显著、环境治理效果明显为代表的生态层面城市收益得以实现,最终帮助提升生态

发展质量。由此构成的生态发展层面质量评价的内在逻辑如图 3-10
所示。

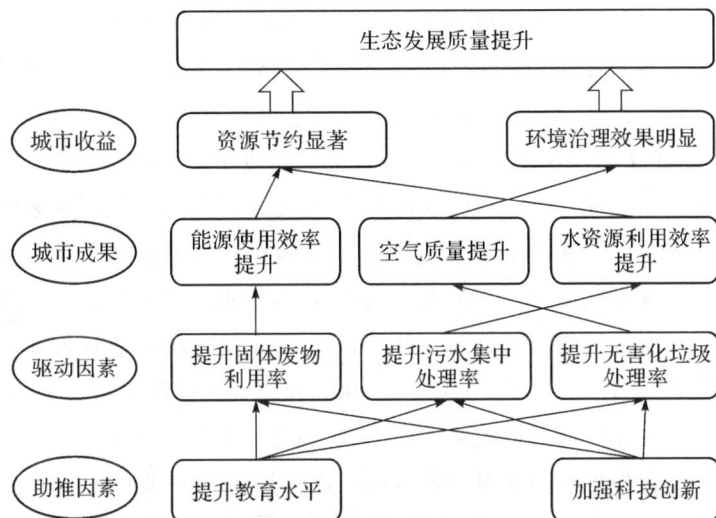

图 3-10　生态发展质量维度评价逻辑

4. 文化发展质量

文化发展质量是指城市内文化资源的留存量、城市对居民精神需求的
满足程度以及城市中文化经济资源的经济能力和吸引力。对文化发展质
量的测评,可以衡量出城市文化产业的发展现状和城市基础文化建设水
平。国家"十三五"发展规划明确指出,要继续贯彻落实文化改革发展路线
方针政策,树立创新、开放、协调的发展观念,从而建立起一套现代化城市
文化服务体系,不断完善现代文化发展体系,实现科技和文化的资源循环
再生与循环利用。

文化资源是一个城市的原始财富,是一切城市文化的根本,不论是文
化产业、文化事业,还是文化旅游,都以文化资源为核心。城市文化是城市
形象的一种直接体现,是一种能够激发城市居民思想感情的城市形态和特
征。这是一个具体的认识,一个整体的观点,以及对城市内部和外部公众
的内在力量、外在活力和发展前景的综合评价,涵盖物质文明、精神文明、
政治文明三大领域,具体包括政治、经济、文化、生态、城市景观、公民素质、
社会秩序、历史文化等方面。城市文化建设是城市现代化进程中继生产建
设和公共设施之后的城市发展的更高阶段。每个城市的发展都深深受到
城市文化发展的影响,如武汉、宁波等城市的起源、发展、繁盛以及复兴,都
与其自身的城市文化特质息息相关。

在对城市发展质量的关键要素进行梳理时,研究者发现,大多数学者认为,文化发展主要包括文化供给、文化需求和文化环境三大类。文化供给与需求是文化产业的组成部分,文化环境的优劣则更多地取决于文化资源的丰富与否。如深圳、东京和鲁尔区,它们都认识到文化资源建设和品牌打造的重要性,致力于打造自身城市特色,懂得借助资本的力量,建设文化资源,创建文化产业,带动经济、社会的持续进步与发展。

文化质量反映一个城市的底蕴和内涵,是引导城市发展的重要精神力量。一个城市建立起健全的公共文化服务体系及大力发展文化产业的战略布局是实现文化质量提升的重要助推因素,有助于促进文娱投资规模扩大和旅游产业的发展。它们可以作为驱动因素帮助城市基础公共文化设施日益完善、居民消费结构升级换代,从而使以文化资源丰富、文化产业发展为代表的文化层面城市收益得以实现,最终帮助提升文化发展质量。由此构成的文化发展层面质量评价的内在逻辑如图 3-11 所示。

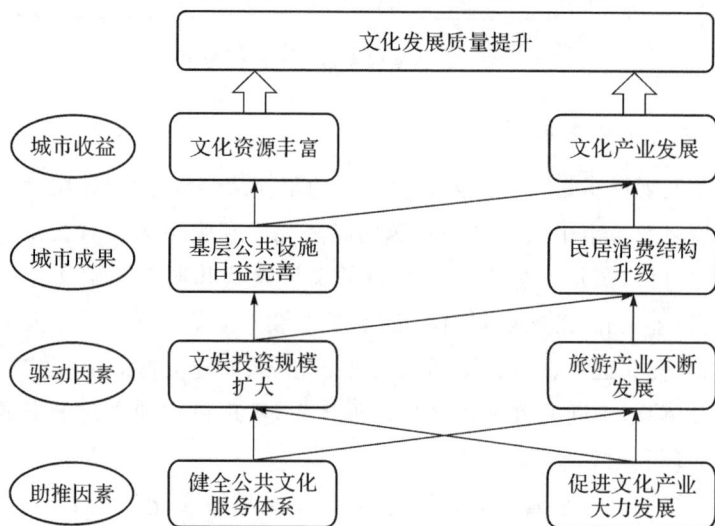

图 3-11　文化发展质量维度评价逻辑

5. 公共服务质量

公共服务质量主要是指行政主体通过公共资源、公共权力、市政设施以及公共财政支撑的社会事业形成的服务过程和结果的集合。林尚立(1998)认为,政府公共服务质量是政府提供的公共服务能够满足人们的期望和需求的程度。张成福、党秀云(2001)在其研究中曾对公共服务质量做出如下定义:公共服务质量是当公众首次接受政府服务时,所能满足的期望和需求。当今五大发展理念强调,发展要坚持资源共享,合理分配社会资源,优先发展教育,提高就业率和创业率,缩小发展差异,扩大公共设施建设规模,从而保障居民能够享受到城市发展所带来的各种便利,进而更好地与城市同发展同进步。

所谓提高公共服务质量,就是指在提高城市公共服务质量效率的同时,降低社会发展所投入的各种成本,而政府部门则通过加强对社会和市场的认知,从两者的作用关系及机理入手升级和提高公共服务。提高公共服务质量的核心在于协调好政府和市场的关系,在分配体制和交换机制的功能融合发展下,创造出新型的政府与社会关系,不断补充完善公共服务的相关政策和服务手段。

张成福、党秀云(2001)的研究表明,提高公共服务质量应与经济、社会发展水平相适应,稳步前行,既坚持让发展成果更多更公平,惠及全体人民,又坚持量力而行和可持续发展。里珀和梅恩(Rieper and Mayne, 2007)在对公共服务质量进行分析和研究后认为,在公共服务中,服务交易和输送结果影响微观质量;政策目标影响服务效能的中观质量;公平和平等理念促进公共产品目标实现的公共价值的宏观质量。

服务群众是政府提供服务的根本使命,政府以向群众提供公共服务为宗旨。政府在履行职责的过程中,需要认清服务对象,在为服务对象提供优质的公共产品和服务的同时还要提高其满意程度,使公众价值最大化。公共服务及公共事业的稳步推进是建立在公共基础设施建设的基础上的,市政应进一步完善设施布局。如东京大力推动基础设施,为公共服务保驾护航;而深圳则着力优化城市功能布局,完善市政设施;还有纽约坚持"以人为本"的服务理念,开展社会事业。这些都是一个城市提升公共服务质量的内在逻辑。

公共服务质量是反映政府是否作为的重要因素,关乎城市居民生活的方方面面。提高城区排水管网普及率、缓解城市道路拥挤、提升绿化覆盖面积等都是促进公共服务质量提升的助推要素,而公共服务能力提升又会驱动公共服务满意度提升和城市管理创新水平提高,实现以社会事业发展和市政设施完善为代表的公共服务层面城市收益,最终完成整体提升公共服务质量的目标。由此构成的公共服务层面质量评价的内在逻辑如图3-12所示。

6. 城市管理质量

城市管理质量应在五大发展理念指导下,坚持贯彻落实可持续发展,

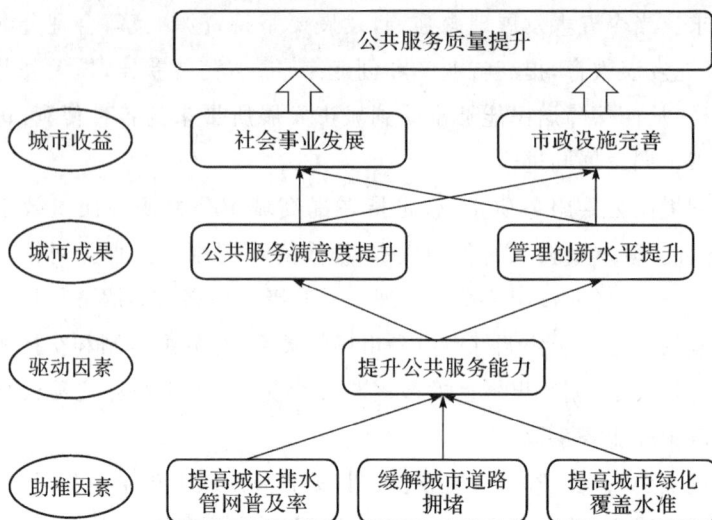

图 3-12 公共服务质量维度评价逻辑

协调好城乡发展不平衡问等问题,建立起城市发展的新面貌,从根本上解决"短腿"现象,从而提升城市管理质量。与此同时,要继续坚持对外开放的发展道路。应建立健全开放、协调城市发展资源的转化体制,有效管理城市发展的各项职能,实现社会基本公共服务的共享,打造创新型城市可持续发展之路。

在城市管理模式的转型升级过程中,要坚持统一性和协调性发展,这是提升城市可持续发展的必经之路,也是提升城市管理质量的必要条件,是未来城市管理的方向。城市管理质量评价体系可以用来评价城市管理质量的各个维度和指标是否平衡、基本指标与先进指标是否平衡。利用城市管理质量评价体系,获得各维度的加权得分,可得到城市管理模型的结果图,然后对城市管理模型进行类型分析。

在实际的城市管理过程中,城乡均衡发展、互助共生是城市发展需要解决的重大问题。因为城市化过程中,城乡经济不协调、城市规划不科学等问题都是城市管理的难点所在。而借助现代化信息手段和新的城市治理方式是促进城市管理效率提升的关键。如东京构建了多中心型城市结构,借助 IT 基础设施促进城乡均衡发展,使得城市化进程更加科学合理;南京创新了社区治理结构,充分发挥民众在城市管理中的作用。城市管理是城市化进程中必不可少的重要维度,提升城市经营水平和完善 IT 基础设施建设等都是新时代城市管理的重要助推工具,促进着城市化进程的加快和城市建设的优化,而城市化进程的加快和城市建设的优化又是驱动常住人口城镇化率和国际化发展速度的重要因素,有助于实现以城乡建设水平提升和城市可持续发展为代表的城市管理层面的城市收益,最终帮助提升城市管理质量。由此构成的城市管理层面质量评价的内在逻辑如图3-13所示。

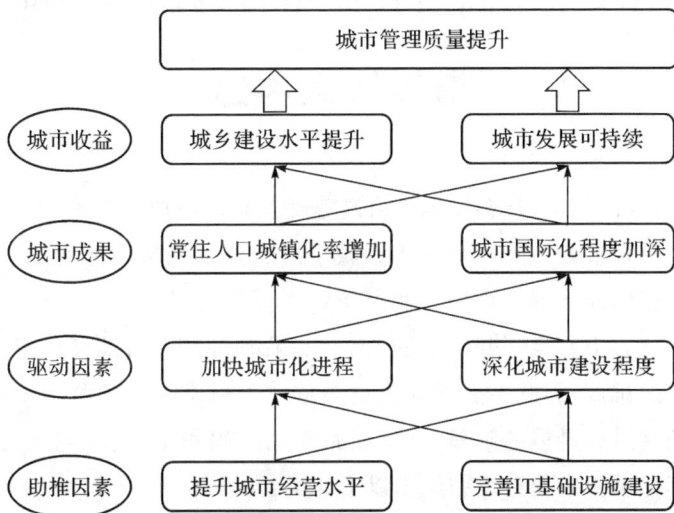

图 3-13　城市管理质量维度评价逻辑

第四章　新时代城市发展质量评价指标体系构建

当前,我国经济、社会发展已由高速增长转向高质量发展的新时代,而推动高质量发展的主阵地在城市。城市高质量发展集中体现了一个城市在"大质量"内涵下的综合实力和可持续发展能力。城市发展质量是一个具有很强包容力并且不断发展的概念,如果想对其进行准确的定义,可能会有不小的难度,因此不少研究人员会从自身所掌握的学科理论出发,选取某个角度进行具体的阐释,并试图站在某一视角上,建立起一套较为完善的指标体系。具体可以归纳出以下几类:

(1)基于可持续发展的评价指标体系。联合国人居中心 2001 年编制了城市发展指数,该指标体系主要由生产能力、基础设施、废物处理、健康及教育 5 大类 12 个指标组成。

(2)基于城市现代化的评价指标体系。国外关于城市现代化的评价最早是来自日本、美国等国家的 30 多位专家于 20 世纪 60 年代基于现代化特征的讨论。叶裕民(2001)建立了城市现代化水平评价指标体系,并对城市现代化水平进行了评估。

(3)基于竞争力视角的评价指标体系。城市竞争力评价指标体系中,最有影响的是洛桑国际管理学院(IMD)国际竞争力评价体系,并且该体系在不断优化。该体系经过不断发展,于 2001 年优化为经济运行竞争力、政府效率竞争力、企业效率竞争力和基础设施竞争力等 4 个要素,共包含 300 多个指标。该体系对国际竞争力的评价建立在大量统计数据和调查数据的基础之上,形成了比较全面和成熟的国际竞争力综合评价体系和方法。中国学者倪鹏飞(2005)提出了弓弦模型指标体系,并最终升级到飞轮模型。这些研究促进了我国城市竞争力评价研究的不断完善。

从已有研究来看,城市发展质量常采用复合指标法。它是由多个指标所构成的综合指标体系,不仅注重城市数量规模的增加,更加侧重其质量内涵的提升,以期全方位、多角度地测量某一国家或地区的城市质量。城市发展是动态的,城市发展质量评价也要根据经济、社会发展的新形势,准确把握发展内涵,选取合适的指标,进行客观科学的评价。因此,在上述研究成果的基础上,本研究基于对新时代城市发展内涵和特征的理解,从经济发展质量、社会发展质量、生态发展质量、文化发展质量、公共服务质量和城市管理质量等六个方面构建了城市发展质量的评价指标体系,以期为我国经济、社会发展提供有效的理论支撑。

第一节　新时代城市发展质量评价逻辑结构

在质量管理理论、系统理论、城市发展质量等理论研究支撑下,城市发展质量水平评价以提高发展质量和效益为中心,坚持科学发展、可持续发展、包容性发展三大原则,通过生态、文化、公共服务、城市管理四大支撑要素,在经济和社会两大关键领域,全面贯彻创新、协调、绿色、开放、共享五大发展理念,充分体现投资有回报、产品有市场、企业有利润、员工有收入、政府有税收、环境有改善六有特征,最终实现全面建成小康社会的目标。其逻辑框架如图 4-1 所示。

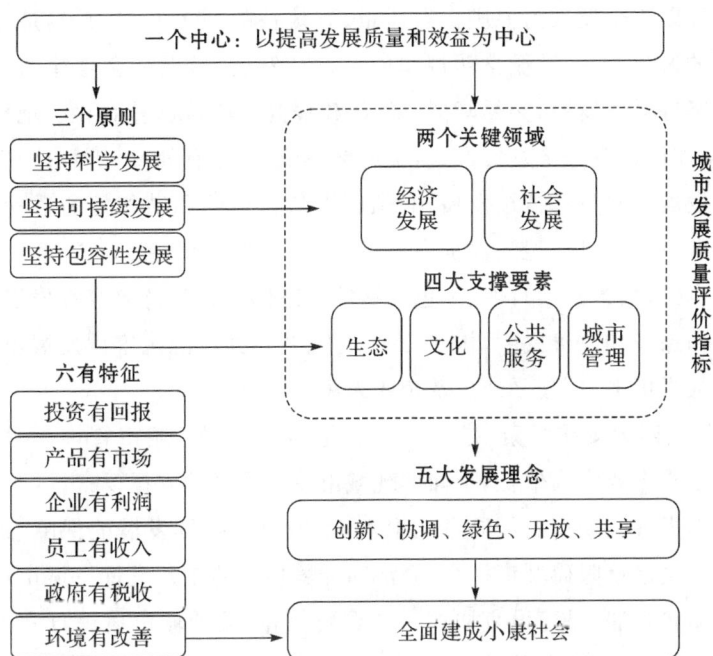

图 4-1　全国副省级城市发展质量水平评价逻辑框架

全国副省级城市发展质量水平评价体系紧紧围绕"1＋2＋3＋4＋5＋6"来设计,具体而言:

1 代表**一个中心**,指"以提高发展质量和效益为中心"。党的十八大提出"把推动发展的立足点转到提高质量和效益上来",十八届五中全会把"以提高发展质量和效益为中心"写进了"十三五"时期我国发展的指导思想。坚持以提高发展质量和效益为中心成为我国城市发展的关键任务,因此,本研究以此为指导思想来设计全国副省级城市发展质量水平评价体系。

2 代表**两个关键领域**,指"经济发展、社会发展"。当前经济和社会发展仍然是两大关键领域,中国经济不仅要保持稳定的增长,继续做大,更要提高质量和效益。经济和社会发展的质量和效益,主要体现为用较少的要素投入、较小的资源环境代价产出较多高质量产品,获取较大的经济效益。具体体现为科技含量的提高、产品附加值的增加、产业层次的提升,体现为百姓能够更好地分享发展的成果、生活水平持续提高,体现为以比较充分的就业和更高的劳动生产率、投资回报率、资源配置效率为支撑。

3 代表**三个原则**,指"坚持科学发展、可持续发展、包容性发展"。指标体系设计以三个发展为原则。有质量、有效益的城市发展,必然是遵循经济规律的科学发展、遵循自然规律的可持续发展、遵循社会规律的包容性发展。坚持科学发展,必须坚持以经济建设为中心,从实际出发,把握发展新特征,加快转变经济发展方式,实现更高质量、更有效率、更加公平、更可持续的发展。坚持可持续发展,必须以人与自然的和谐相处为目标,牢固树立尊重自然、顺应自然、保护自然的意识,坚持走绿色、低碳、循环、可持续发展之路,构筑尊崇自然、绿色发展的生态体系。坚持包容性发展,必须坚持全面保障和改善民生,构建公平公正、共建共享的包容性发展新机制,使发展成果更多、更公平地惠及全体人民。

4 代表**四大支撑要素**,指"生态、文化、公共服务、城市管理"。指标体系以四个支撑要素为依托,全面体现城市发展质量的支撑要素。

生态发展是城市发展质量的根本,是城市可持续发展的保障,生态环境的恶化会严重阻碍城市社会、经济和环境功能的正常发挥。城市注重生态的高质量发展,是建设宜居城市的重要保障,关乎城市居民日常生活中最基本的生存需要,尤其是水和空气的质量,如伦敦的绿化带工程和东京的智能环保工程。在问卷调查过程中,多位受访对象都热切表达了他们对城市优美环境的重视,并认为良好的环境是一个城市的重要名片。

文化是城市发展的内在动力。从城市发展的角度看,文化既是经济、政治发展水平的精神投射,又是经济、政治发展的精神表现。城市发展不仅要关注广度还要注重深度,文化的高质量发展体现一个城市的发展底蕴。文化发展注重文化资源的丰富以及文化产业的壮大,如德国鲁尔区为推动城市文化的发展,从多种渠道保障文化注入资金的稳定充足,并借助文化资源的丰富,壮大文化产业,反过来促进经济发展质量提升。在对专家进行访谈时,专家多次提到,新时代下,随着物质生活水平的逐渐提升,我国居民对精神文化层面的需求已经达到了前所未有的高度。因此,文化发展是城市追求高发展质量的支撑要素之一。

公共服务是城市发展的重要条件,是城市软实力的载体。公共服务既包括有形的产品也包括无形的服务。公共服务的发展水平与城市居民的生活质量直接挂钩,因此,政府要加强公共设施建设,发展科技、教育、卫生等公共事业,不断提高公共服务质量,健全公共服务体系,满足城市居民的公共服务需求。公共服务的提供者主要是政府。城市经济发展为政府带来税收,而税收存在的意义就是借助公共服务的形式再次反哺经济和社会,服务于城市的发展。在对专家进行访谈时,专家指出,公共服务中最重要的两项是社会保障体系的构建和市政基础设施的建设,这些直接关乎城市居民的生活水平,是提高城市发展质量的重要因素。

城市管理是城市发展的保障。城市管理是通过法律、行政、技术等手段,围绕城市运行和发展进行决策引导、规范协调、服务和经营的行为。城市规划、建设和经济运行都离不开管理,这是城市发展的永恒主题。城市经营研究理论指出,城市管理有助于提升城市综合实力,实现城市建设事业持续快速健康发展。新时代下我国城市管理方式要借鉴现有的城市管理信息技术以及先进的城市管理经验,如东京在城市管理过程中,以多中心型为结构和区域化管理为手段,为城市经济的发展和环境的改善起到了很好的促进作用。

5 代表**五大发展理念**,指"创新、协调、绿色、开放、共享"。本研究的指标设计以五大发展理念为依托,体现五大发展理念内涵。坚持创新发展,把发展基点放在创新上,形成促进创新的体制架构,塑造更多依靠创新驱动、更多发挥先发优势的引领型发展。坚持协调发展,推动区域协调发展,塑造要素有序自由流动、主体功能约束有效、基本公共服务均等、资源环境可承载的区域协调发展新格局,推动物质文明和精神文明协调发展,加快文化改革发展。坚持绿色发展,全面节约和高效利用资源,树立节约集约循环利用的资源观,加大环境治理力度,以提高环境质量为核心,实行最严格的环境保护制度。坚持开放发展,提高对外开放水平,协同推进战略互信、经贸合作、人文交流,努力形成深度融合的互利合作格局。坚持共享发展,增加公共服务供给,从解决人民最关心的最直接最现实的利益问题入手,提高公共服务共建能力和共享水平。

6 代表**六有特征**,指"投资有回报,产品有市场,企业有利润,员工有收入,政府有税收,环境有改善"。评价指标体系设计以六有特征的实现为指导目标,在遵循质量发展规律的前提下追求经济增长,包括经济增长的效率、经济结构的优化、经济增长的稳定、福利分配的改善以及生态环境的提高等方面的内容。投资有回报,体现了经济增长的有效性,单位投入产出越多,要素生产率越高,经济增长质量和效益越高。产品有市场,主要是经济结构不断优化和经济增长更加稳定,社会总体资源的利用程度高。企业有利润、员工有收入、政府有税收有利于分配改善,设施完善,保障有力,体现经济增长的分享性,高质量的经济发展应该能使众多的生产者从经济增长中受益。环境有改善,主要是注重资源节约和环境治理。

第二节　指标体系构建原则

一、导向性原则

指标体系要充分发挥导向、引领作用,激励各城市进一步提高质量管理水平,推动质量强国建设。指标设置要结合习近平总书记系列重要讲话精神,要与五大发展理念、中央"十三五"规划建议、中央城市工作会议精神、小康社会六有特征等相关国民经济和社会发展规划指标衔接一致,以增强指标体系的政策导向与实践意义。

本研究设计的指标体系总体体现导向性原则,如"城镇居民人均可支配收入"指标体现了以人为本的科学发展观,也是对全面建设小康社会六有特征中"人民有收入"的体现,"每万人年专利授权数""空气质量优良天数比率""进出口总额占 GDP 比重""常住人口城镇化率""社会保障和就业支出占一般公共预算支出比重"等指标分别体现着五大发展理念——创新、绿色、开放、协调、共享。

二、科学性原则

指标体系的构建要严格遵循科学性原则。首先要充分依据科学理论,听取专家学者的指导意见,选取具有代表性和论证性的符合逻辑的且能衡量城市发展质量的重要指标。其次,指标的选取要具有全范围、多层次性,还应注意减少所选取指标的关联性,提高指标使用质量,避免重复评估。再次是保证指标体系的建立具有科学性,避免指标体系过于庞杂,指标层次过于复杂,确保指标的选取和数值的计算做到科学准确合理,以更好地反映城市发展质量的评价与衡量。

本研究设计的指标体系基本涵盖了城市发展过程中的方方面面,不仅考虑了城市发展质量的广度,也充分考虑了城市发展质量提升的内在逻辑。即不仅仅从经济、社会、文化、生态、公共服务和城市管理六个维度出发选取具体指标要素,更是对这六大维度质量提升的内在机理进行了梳理,总结出了不同的驱动性因素,构建了具有三个层次的指标体系,使得城市发展质量提升有章可循,也更利于理解。如该指标体系的一级指标"经济发展质量",对应着"发展效益""科技创新"和"结构优化"三个二级指标,而这些二级指标又分别对应着3—4个相匹配的具体的三级指标要素。这样的指标体系更加符合科学性原则,既彰显逻辑,又不显得冗余复杂。

三、可持续性原则

指标体系的构建要遵循可持续性原则。对于可持续性的衡量要包括资源的永续利用和生态环境的可持续性,这是判断城市质量发展的重要依据。可持续性原则,就是理智地看待和处理问题,处理好人与自然、人与环境之间的发展关系,在发展社会经济的同时遵循自然发展规律和客观发展规律,坚持绿色和生态发展,合理节约使用资源,爱护环境,保护环境,使城市发展不超越资源环境的承载能力。

发展与可持续性似乎已经成为新时代的标配。我国经济在经过粗放式增长,进入降速发展之后,经济增长的关键词似乎也从"快速"转换为了"可持续",不追求"一口吃成胖子",而是追求"细水长流"。坚持可持续性原则是城市发展质量提升的重要前提,所以可持续原则是指导本研究体系构建的重要原则。如在构建指标体系时,特意将"结构优化"和"发展效益"作为衡量经济发展质量的二级指标,而不是一味追求速度和总量;将"资源节约"和"环境治理"作为衡量生态发展质量的二级指标,强调节能减排、绿色低碳的重要性,是对可持续概念最直接的体现。在衡量城市管理可持续发展状况上,特选"城市经营率""国际通航城市数"等指标进行衡量,体现了城市管理可持续的重要性。

四、可操作性原则

指标选择应具有代表性与可比性。对于指标的阐述要准确、精练,数量要适当,指标数值计算方便,数据资料易于收集,并且尽可能选用公开、全面、系统的数据。在设计指标体系时,既要考虑到指标横向和纵向的可比较性,又要可以进行动态和静态的比较,还可以采用人均、比重、百分比等指标量化方式进行城市之间的比较,更好地体现城市发展水平。

本研究充分考虑了可操作性原则,所选取的具体指标都可以在中国的各类统计年鉴、统计公报中获得,保证了数据的可获得性。而且在选取指标时考虑了各个年份、各个副省级城市相应指标数据的全面性和一致性,这是进行后续评价的基础。同时,对指标进行量化、标准化处理也是保证该指标体系切实可操作的重要保障。

第三节　评价指标选取

根据以上设计原则,全国重要城市发展质量水平评价指标体系涵盖经济、社会、生态、文化、公共服务及城市管理六大维度,包含经济发展质量、社会发展质量、生态发展质量、文化发展质量、公共服务质量和城市管理质量在内的 6 项一级指标、14 项二级指标、42 项三级指标。

一、经济发展质量维度

经济发展质量是对某地区在经济发展领域中的科技创新能力、产业结构协调程度、成果效益共享水平的系统性、综合性判断,是地区经济发展潜力和水平的综合反映。

五大发展理念明确指出,发展基点必须放在创新上,构建促进创新的体制框架,形成依靠创新驱动、发挥优势的引领型发展。大力培育和发展新动力,优化劳动力、资本、土地、技术、管理等要素的配置,落实工业强基工程,加快现代服务业发展速度,推动新技术、新产业、新业态的高速发展。

根据五大发展理念和国家及各城市"十三五"规划的基本要求,各地区要继续全面深化改革,落实创新驱动发展战略,大力打造创新发展的市场环境,推动城市产业结构的优化升级,提高城市经济发展的质量和效益。经济发展质量一级指标包含发展效益、科技创新和结构优化 3 个二级指标。其中发展效益二级指标由城镇居民人均可支配收入、全员劳动生产率、人均固定资产投资额 3 个三级指标反映;科技创新二级指标由全社会 R&D 经费支出占 GDP 比重、每万人年专利授权数、技术市场交易额占 GDP 比重 3 个三级指标反映;结构优化二级指标由服务业增加值占 GDP 比重、规模以上工业增加值、进出口总额占 GDP 比重 3 个三级指标反映。其指标体系如表 4-1 所示。

表 4-1　经济发展质量维度指标体系

一级指标	二级指标	三级指标	单位	指标方向
经济发展质量	发展效益	城镇居民人均可支配收入	元	正指标
		全员劳动生产率	万元/人	正指标
		人均固定资产投资额	元	正指标
	科技创新	全社会 R&D 经费支出占 GDP 比重	%	正指标
		每万人年专利授权数	项	正指标
		技术市场交易额占 GDP 比重	%	正指标
	结构优化	服务业增加值占 GDP 比重	%	正指标
		规模以上工业增加值率	%	正指标
		进出口总额占 GDP 比重	%	正指标

二、社会发展质量维度

社会发展质量是对社会的各种构成要素在发展过程中的成长能力和适应能力以及要素之间协调、有序、共生发展能力的客观判断,也是城市社会发展水平综合能力的客观综合反映。

五大发展理念指出,要大力推动区域协调发展,打造各要素有序自由流动、主体功能约束有效、基本公共服务均等、资源环境可承载的区域协调发展的新格局。要继续推进物质文明和精神文明的协调发展,加强思想道德建设和社会诚信建设,在发展过程中兼顾安全性,增强国家意识、法治意识、社会责任意识,倡导科学发展精神,持续弘扬中华传统美德。

　　根据五大发展理念和国家及各地区的"十三五"规划要求,社会发展质量指标要能够充分体现要素的提升、区域的协调和结构的优化,在各要素协调发展中拓展城市的发展空间,增强城市的发展秩序,提升城市的发展质量水平。社会发展质量一级指标包含社会结构、人口素质和社会秩序 3 个二级指标。其中社会结构二级指标包含二元对比系数、人口自然增长率、第三产业从业人员比重 3 个三级指标;人口素质二级指标包含平均预期寿命、每万人在校大学生数、每万人拥有专业技术人员数 3 个三级指标;社会秩序二级指标包含两项产品抽检合格率、法治政府建设水平指数、每万人交通事故死亡人数 3 个三级指标。其指标体系如表 4-2 所示。

表 4-2　社会发展质量维度指标体系

一级指标	二级指标	三级指标	单位	指标方向
社会发展质量	社会结构	二元对比系数		正指标
		人口自然增长率	‰	正指标
		第三产业从业人员比重	%	正指标
	人口素质	平均预期寿命	岁	正指标
		每万人在校大学生数	人	正指标
		每万人拥有专业技术人员数	人	正指标
	社会秩序	两项产品抽检合格率	%	正指标
		法治政府建设水平指数	分	正指标
		每万人交通事故死亡人数	人	逆指标

三、生态发展质量维度

　　生态发展质量是指在一定的时间和空间范围内,生态系统的整体或部分因子及其组合对人类的生存和社会、经济持续发展的适宜性程度。

　　五大发展理念指出,要坚持绿色发展,就必须坚持节约资源和保护环境的基本国策,坚持可持续发展政策,坚定不移地走生产发展、生活富裕、生态良好的文明协调可持续发展道路,加快资源节约型、环境友好型社会的建设进度,构建人与自然和谐发展的现代化发展新格局,推进美丽中国建设,为全球生态安全做出相应贡献。

　　根据五大发展理念和国家及各地区的"十三五"规划要求,生态发展质量指标需要充分体现资源的节约利用和循环使用、环境治理的加强、产能过剩的化解和绿色发展的相关要求。生态发展质量一级指标包含资源节约和环境治理2个二级指标。其中资源节约二级指标下设万元GDP能耗、万元GDP水耗、一般工业固体废弃物综合利用率3个三级指标;环境治理二级指标下设污水处理厂集中处理率、生活垃圾无害化处理率、空气质量优良天数比率3个三级指标。其指标体系如表4-3所示。

表4-3 生态发展质量维度指标体系

一级指标	二级指标	三级指标	单位	指标方向
生态发展质量	资源节约	万元GDP能耗	吨标准煤	逆指标
		万元GDP水耗	立方米	逆指标
		一般工业固体废物综合利用率	%	正指标
	环境治理	污水处理厂集中处理率	%	正指标
		生活垃圾无害化处理率	%	正指标
		空气质量优良天数比率	%	正指标

四、文化发展质量维度

文化发展质量是一个城市在文化资源方面的存量,是一个城市在满足精神需求方面的能力以及将城市文化资源转化为经济价值的能力和吸引力。

文化发展质量指标要能够充分反映文化产业经营、公共文化投入建设情况。城市发展要贯彻落实国家"十三五"时期文化改革发展的总体思路和全面体现创新、协调、开放的城市发展理念,加快构建现代化公共文化服务体系,建立健全现代文化市场制度,推动文化与科技的深度融合,全面提升国家的文化软实力。文化发展质量一级指标包含文化资源和文化产业2个二级指标。其中文化资源二级指标下设每万人公共文化设施拥有量、文化体育娱乐固定资产投资额以及人均公共图书馆藏书量3个三级指标;文化产业二级指标下设文化及相关特色产业增加值占GDP比重、居民文化教育娱乐消费支出占消费总支出比重、入境游客人次3个三级指标。其指标体系如表4-4所示。

表 4-4　文化发展质量维度指标体系

一级指标	二级指标	三级指标	单位	指标方向
文化发展质量	文化资源	每万人公共文化设施拥有量	个	正指标
		文化体育娱乐固定资产投资额	万元	正指标
		人均公共图书馆藏书量	册	正指标
	文化产业	文化及相关特色产业增加值占 GDP 比重	%	正指标
		居民文化教育娱乐消费支出占消费总支出比重	%	正指标
		入境游客人次	次	正指标

五、公共服务质量维度

公共服务质量是行政主体利用社会公共资源、公共权力和公共财产在为社会事业、市政设施服务过程中的特性总和。五大发展理念明确指出，要坚持共享发展，增加公共服务的供给量，合理配置公共服务资源，继续发展教育事业，扩大就业和创业，提高公共服务的共建和共享能力，为人民群众提供安居乐业的生活环境，让人民群众共享城市发展的新成果。

根据五大发展理念和国家及各地区的"十三五"规划要求，政府要保障在市政设施领域对公共服务的供给，优化城市空间布局，加大在社会事业领域的财政投入并控制成本，保证社会保障的均衡，体现城市协调、共享的绿色发展理念。公共服务质量一级指标包含社会事业和市政设施 2 个二级指标。在提升民生保障能力、基础设施惠民和公共服务均等化思想的指导下，社会事业二级指标下设教育支出占 GDP 比重、社会保障和就业支出占一般公共预算支出比重、城镇基本养老医疗保险覆盖率 3 个三级指标；在省级"海绵城市"试点建设和公共服务均等化思想的指导下，市政设施二级指标下设建成区排水管道密度、人均道路面积、建成区绿化覆盖率 3 个三级指标。其指标体系如表 4-5 所示。

表 4-5　公共服务质量维度指标体系

一级指标	二级指标	三级指标	单位	指标方向
公共服务质量	社会事业	教育支出占 GDP 比重	％	正指标
		社会保障和就业支出占一般公共预算支出比重	％	正指标
		城镇基本养老医疗保险覆盖率	％	正指标
	市政设施	建成区排水管道密度	千米/平方千米	正指标
		人均道路面积	平方米	适度指标
		建成区绿化覆盖率	％	正指标

六、城市管理质量维度

城市管理质量是指围绕城市建设,在可持续性发展政策的指导下,对服务和营销行为的引导、规范、协调能力的综合评价。

五大发展理念明确指出,要坚持协调发展,解决发展不平衡的"木桶短板"问题,构建城市发展的新态势和新格局。在总体发展理念的指导下,积极构建资源优势互补、主体功能有效约束、公共服务均等、资源环境可持续发展的城市格局。继续走改革开放道路,实现内外联动发展,完善城市开放功能,打造更加便捷畅通的开放通道,构建更加完善的对外开放平台,建立城市发展的新高地。

根据五大发展理念和国家及各地区的"十三五"规划要求,在城市管理过程中要进行城市统筹规划,加快城乡一体化建设进程,坚持走城市可持续发展之路。城市管理质量一级指标包含城乡建设和持续发展 2 个二级指标。在统筹城市规划管理和多规合一思想的指导下,城乡建设二级指标下设常住人口城镇化率、人均城市市政公用设施建设维护管理财政性资金支出、城市建设用地占市区面积比重 3 个三级指标;在城市管理信息化、市场化、效益化思想的指导下,持续发展二级指标下设 IT 与电信基础设施指数、国际通航城市数、城市经营率 3 个三级指标。其指标体系如表 4-6所示。

表 4-6 城市管理质量维度指标体系

一级指标	二级指标	三级指标	单位	指标方向
城市管理质量	城乡建设	常住人口城镇化率	%	正指标
		人均城市市政公用设施建设维护管理财政性资金支出	元	正指标
		城市建设用地占市区面积比重	%	正指标
	持续发展	IT 与电信基础设施指数	万户	正指标
		国际通航城市数	个	正指标
		城市经营率	%	正指标

第四节 评价指标解释

总体的指标体系、指标方向、数据来源、指标解释见附录 1。

第五章 城市发展质量评价与预测的模型与方法

第一节 城市发展质量评价的概念、特点及要素

一、城市发展质量评价的概念

城市发展质量评价是一种对多属性体系结构的对象进行系统性、整体性评价的过程。城市发展质量评价的基本思想是,首先选用合适的数量指标用于描述城市发展质量的每一个属性,然后将多个属性指标转化为一个能够反映综合情况的指数,该指数用于度量城市发展质量的综合发展状况。本研究在评价城市发展质量时,首先,将其分解为经济发展质量、社会发展质量、生态发展质量、文化发展质量、公共服务质量和城市管理质量等六个维度。其次,在每个维度下设立若干二级指标,如在评价城市经济发展质量时,设立发展效益、科技创新、结构优化等二级指标。再次,用具体反映发展质量水平的若干三级指标来解析、评价,如采用城镇居民人均可支配收入、全员劳动生产率、人均固定资产投资额等指标来解释发展效益;采用全社会 R&D 经费支出占 GDP 比重、每万人年专利授权数、技术交易额占 GDP 比重等指标来综合评价科技创新;采用服务业增加值占 GDP 比重、规模以上工业增加值、进出口总额占 GDP 比重等指标来具体反映结构优化。最后,由上述指标通过合适的方法构建得到城市发展质量水平得分。所以,城市发展质量评价是一个典型的综合评价过程。

二、城市发展质量评价的主要特点

城市发展质量评价主要表现为以下一些主要特点:

(1)评价过程具有层次性。即先评价单个属性,基于各个属性的评价结果再对对象系统进行整体评价。如评价城市经济发展质量时,首先对城

市经济的发展效益、科技创新、结构优化等属性进行评价,然后再对城市经济发展质量进行综合评价。

(2)评价过程具有综合性。评价不仅仅考虑单个指标对系统的反映,更重要的是通过一定的方法将多个指标的信息进行综合,从而实现对系统的整体刻画反映。如城市经济发展质量评价就包含城镇居民人均可支配收入、全员劳动生产率、人均固定资产投资额、全社会 R&D 经费支出占 GDP 比重、每万人年专利授权数、技术市场交易额占 GDP 比重、服务业增加值占 GDP 比重、规模以上工业增加值率、进出口总额占 GDP 比重等具体观测指标。

(3)评价结果非唯一性。对同一个评价对象,基于同样的数据信息采用不同的评价方法或同一方法采用不同的权重赋值方法,评价结果也可能不同。

(4)评价结果的非绝对性。评价结果以指数或分值表示对象系统"综合状况"的排序,而不是具有具体含义的统计指标。由于评价结果存在非唯一性和非绝对性,合理解释城市发展质量综合评价结果,是评价结果是否有效以及评价活动是否有价值的关键因素。

三、城市发展质量评价的要素

城市发展质量评价的要素主要包括以下一些内容[①]:

(1)评价者。指具体组织实施评价活动的个人或集体,是进行综合评价活动的评价主体。评价者在整体评价过程中需要确定评价目的,建立评价指标,选择评价模型和决定权重等各项重要活动和步骤。

(2)被评价对象。指评价活动所指向的对象系统。最初,城市发展的评价仅用于从经济统计角度对各行各业进行评价。随着城市发展质量相关概念的提出,针对城市质量的评价理论、方法和技术手段的发展,评价领域也逐步拓展到经济、社会、生态、文化、公共服务和城市管理等诸多领域。

(3)评价指标。评价是指对所考察对象系统的各个属性进行量化测度,而各个属性的测度指标构成了度量城市发展质量系统的评价指标体系。评价体系的构建是由具体到抽象,再到具体的辩证逻辑思维的过程。城市发展质量评价体系能够多视角和多层次反映城市发展的质量、数量规模和水平。评价体系的建立是深化、求精、完善、系统化的过程,能够对城

---

① 参考了郭亚军《综合评价理论、方法及应用》(2007)一书的相关内容。

市发展质量的总体特征进行较为深入的认识。

(4)权重。在特定的评价目标下,不同的权重主要用于衡量不同指标对评价目标的重要性程度。对特定评价目标,不同评价指标的重要程度不一样。权重决定综合评价结果的可信程度。

(5)城市发展质量评价模型。将评价函数、权重和评价指标综合到一个函数方程中,运用历史数据对各个指标进行赋值,就可以得到城市发展质量的综合评价值,实现反映城市发展质量状况的目的。不同评价方法的主要区别就在于综合评价模型在构建方式上的差异。

第二节　城市发展质量评价的主要步骤、方法及数据预处理

一、主要步骤

本研究的城市发展质量评价包含七个主要步骤。

1. 确定评价的目的

关于评价的目的,通常主要有两个:一是用于总结性评价,如评价城市在过去一段时期经济发展的总体状况;二是用于发展性评价,如对城市不同的规划方案进行评价,以选择最优的发展方案。不同的评价目的决定了需要搜集什么样的资料、选择什么评价方法等。明确具体目的,评价活动才能取得较好的效果。本研究的主要目的是评价城市在过去一段时期发展质量的总体状况,并对未来做出预测。

2. 确定被评价对象

要实现评价目的,需要选择合理的评价对象。合理的评价对象是时间、空间和系统的有机统一,三者缺一不可。如评价城市发展质量,就需要确定对哪一个城市、什么期间、哪些领域进行评价分析。一般而言,确定被评价对象要遵循普遍性、可比性和可测性的原则。

3. 建立评价指标体系

建立评价指标体系,要依据评价目的要求和评价对象的具体情况来确定具体指标的选定、原始数据的采集、评价指标的预处理等步骤。选择城市发展质量评价指标,应体现评价目的的本质要求,同时遵循导向性、科学性、可持续性、可比性和可操作性等原则。原始数据的采集主要有两种方

式：一是查阅国内外公开的各种统计和非统计资料，如国家和城市统计年鉴等；二是采用现场调查或者实验的方式。评价指标的预处理包括指标的量化、异常值的处理、指标类型的一致化处理以及无量纲化处理等。

4. 确定各指标的权重

指标权重会对最终评价结果的表现形式产生重大影响，而且关系到城市发展质量评价结果的科学性。权重的确定主要通过主观赋权、客观赋权以及主客观组合赋权的方式进行。选用何种赋值方法，需要依据具体问题而定，与指标构成以及数据支持力度都有关系。本研究中，城市发展质量评价指标体系借助层次分析法（AHP 法），首先就城市发展质量评价建立相应的指标体系，并采用主观赋权法，通过专家问卷调查与层次分析法相结合来确定指标权重。

5. 选择或构造综合评价模型

城市发展质量评价模型把权重和具体指标综合到一个方程中，不同的综合模型会得到不同的评价结果。在本研究中，城市发展质量评价主要采用 TOPSIS 法计算综合排名。根据 TOPSIS 法计算被评价城市的综合排名，首先要建立加权规范决策矩阵，对向量进行规范化处理，构成加权规范矩阵；之后进行模型求解，合成城市发展质量评价指数。

6. 计算综合评价值，得到评价结论

把搜集到的数据赋值到综合评价模型，就可以得到评价结果。把评价结果写成报告，即可对外公开发布或移交到专门部门和机构，为机构提供决策参考。本研究利用加权求和法计算城市发展质量综合得分。

7. 评价结果分析与评价过程讨论

在结束一个评价活动之前，需要对整个评价活动进行总结性评价，对评价过程中成功的做法需要进行总结备案，有利于下次开展评价活动时参考和借鉴，对评价过程中存在的问题和不足需要提出解决的方法和改进的方向。

二、主要评价方法

城市发展质量不是由单一的要素指标决定的，而是取决于一系列指标的数值情况。所以，在对城市的发展质量进行对比评价时，需要对指标体系中的多个指标进行整合处理，测算出每个城市具体的发展质量得分，才可以开展进一步的质量对比和分析。通过前四章的理论研究、专家访谈以

及问卷调查,我们发现,影响城市发展质量的要素指标很多。首先,我们要借助一定的方法确定本研究适用的城市发展质量指标评价体系,即层次分析法。其次,在确定指标评价体系后,需要借助一定的方法对各要素指标进行同质化和标准化得分处理,以更直接地体现城市发展各指标的情况,为分析对比提供基础数据,即 TOPSIS 法。最后,有了各指标的得分,就需要计算各维度的综合得分,再对各项进行加权计算得出最终的发展质量得分。

因此,基于城市发展质量评价的复杂性、不规范性、层次性等特征,本研究在具体开展城市发展质量评价时选用了层次分析法、TOPSIS 法与加权和法,如图 5-1 所示。

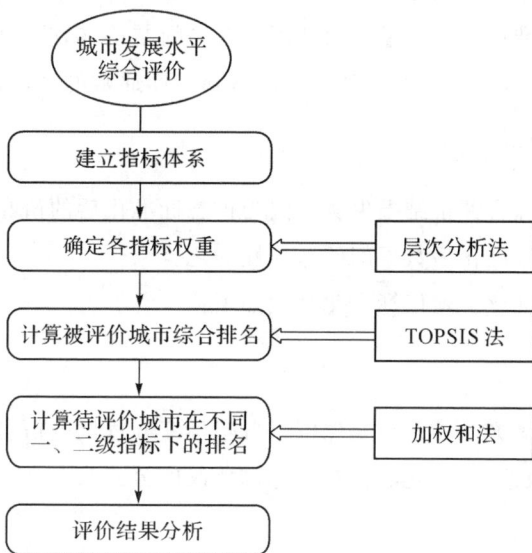

图 5-1　城市发展质量评价方法与步骤

三、数据预处理

获得高质量评价结果的前提是获得高质量的数据,因此,数据预处理是进行城市发展质量评价的关键步骤,是保障数据质量进而提升评价结果科学性的重要手段。

1. 数据搜集和整理

对城市发展质量进行综合评价时,需要搜集评价指标体系中各个具体指标的历史数据。为保证数据的真实性和权威性,本研究采用各城市统计部门正式发布的统计数据,如国家、省级和城市历年的统计年鉴上的数据。

对部分缺少的数据也根据一定的估算办法进行了相应的处理。

2. 各城市/地区三级指标原始数据无量纲化处理

(1)数据无量纲化处理方法

统一量纲是对各个指标进行规范化处理，目的是解决由于量纲不同而导致指标取值在数值上相差悬殊，进而影响评价结果合理性的问题。常用的统一量纲的方法有如下几种[1]。

1)正态标准化。正态标准化的公式如下：

$$x' = \frac{x - \bar{x}}{s} \tag{5-1}$$

其中，x 是原始值，x' 是变换后的指标取值，$\bar{x}$ 是样本均值，s 是样本标准差。但采用正态标准化进行无量纲化处理存在的问题是，标准化后的数据可能会出现负值，导致难以从经济学上加以解释。而通常的处理，如

$$x' = \frac{x - \bar{x}}{s} + 100 \tag{5-2}$$

会导致最后的综合评价结果失真。因为正态标准化后的值在 0 值附近，加上 100 会导致标准化后数据间的差异性弱化。

2)均值标准化。均值标准化公式如下：

$$x' = \frac{x}{\bar{x}} \tag{5-3}$$

均值化处理方法的优点是保留了各指标变异程度的信息。

3)全距(极差)标准化法。全距标准化法的公式为：

$$x' = \frac{x - x_{\min}}{x_{\max} - x_{\min}} \tag{5-4}$$

其中，$x_{\min}$ 为标标准化前指标的最小值，$x_{\max}$ 为标准化前指标的最大值。

4)极值/适中值标准化法。根据指标性质不同选用下述不同公式。

对于指标值越大越好的指标(正向型指标)：

$$x' = \frac{x}{x_{\max}} \tag{5-5}$$

对于指标值越小越好的指标(逆向型指标)：

$$x' = \frac{x_{\min}}{x} \tag{5-6}$$

对于适中型指标：

---

[1] 参考了黄贤金等《区域循环经济发展评价》(2006)一书的相关内容。

当 $x' < x_{mid}$ 时，$x' = \dfrac{x}{x_{mid}}$ 　　　　　　　　　(5-7)

当 $x' \geqslant x_{mid}$ 时，$x' = \dfrac{x_{mid}}{x}$ 　　　　　　　(5-8)

由于不同方法在保留原始数据信息上具有不同的特点，因此，选用何种方法对指标进行规范化处理，需要依据具体问题进行具体分析。

（2）城市发展质量评价数据无量纲化处理

对于城市发展质量评价，结合评价指标选取和数据的特点，使用如下方法对数据进行无量纲化处理：设第 i 个城市某个三级指标为 y_i，而 y_{max}^i 与 y_{min}^i 为所有城市/地区三级指标的最大值与最小值，并记标准化之后的三级指标为 x_i。针对每一单项标准化时，考虑到不同单项指标的价值与特点，将标准化后的评价指标值定义在 $[\alpha, \beta]$ 之间，通常取 $\alpha = 40, \beta = 100$。

对于指标值越大越好的正指标标准化如下：

$$x_i = \frac{y_i - y_{min}^i}{y_{max}^i - y_{min}^i} \times \alpha + \beta - \alpha \qquad\qquad (5-9)$$

对于指标值越小越好的负指标，为了转化为正指标，标准化如下：

$$x_i = \frac{y_{max}^i - y_i}{y_{max}^i - y_{min}^i} \times \alpha + \beta - \alpha \qquad\qquad (5-10)$$

对应适度性指标，需设定最优指数 y_0，其标准化如下：

$$x_i = \beta + \alpha - \frac{|y_i - y_0|}{y_0} \times \alpha \qquad\qquad (5-11)$$

第三节　基于层次分析法的指标及权重计算

层次分析法在 20 世纪 70 年代初由美国运筹学家萨蒂（T. L. Saaty）提出，其主要目的是为了将复杂的问题层次化，以便于决策者分析，主要思想是把与决策有关的因素分解，形成决策的目标、决策的中间要素以及决策的方案等，继而进行定性或者定量的分析，最终得出每个影响要素的权重。权重值越大，影响要素对决策目标的重要性程度越高，反之则重要性程度越低。

本研究在建立城市发展质量评价指标体系时，综合前面确定的相关关键要素和理论模型，以及各维度评价的内部逻辑情况，利用层次分析法确定出 6 个维度，一共 14 个二级指标、42 个三级指标，并确定出各个指标的权重。

一、层次模型

目标层　　　质量发展水平

一级指标层　$x_i, w_i, i = 1, 2, \cdots, 6$

二级指标层　$x_{ij}, y_{ij}, i = 1, 2, \cdots, 6, i = 1, 2$ 时，$j = 1, 2, 3$；
　　　　　　　　　　　　　$i = 3, 4, 5, 6$ 时，$j = 1, 2$

三级指标层　$x_{ijk}, w_{ijk}, i = 1, 2, \cdots, 6, j = 1, 2$ 或 $j = 1, 2, 3, k = 1, 2, 3$

标的层　　　各相关城市 / 地区

二、判断矩阵与一致性检验

建立层次模型后，为了确定每两层之间的关系，首先通过专家问卷调查和调查结果分析处理得到相应的阶判断矩阵，然后利用根式法计算得出权重以及检验参数（最大特征根），通过一致性检验确定结果的可靠性。

下面以 m 阶矩阵为例计算权重和最大特征根：

$$A = \begin{bmatrix} a_{11} & a_{12} & \cdots & a_{1m} \\ a_{21} & a_{22} & \cdots & a_{2m} \\ \vdots & \vdots & & \vdots \\ a_{m1} & a_{m2} & \cdots & a_{mn} \end{bmatrix} \rightarrow \begin{bmatrix} M_1 = a_{11} \cdot a_{12} \cdots a_{1m} \\ M_2 = a_{21} \cdot a_{22} \cdots a_{2m} \\ \vdots \\ M_m = a_{m1} \cdot a_{m2} \cdots a_{mn} \end{bmatrix}$$

$$\rightarrow \begin{bmatrix} a_1 = \sqrt[m]{M_1} \\ a_2 = \sqrt[m]{M_2} \\ \vdots \\ a_m = \sqrt[m]{M_m} \end{bmatrix} \tag{5-12}$$

得出权重为：

$$W = \begin{bmatrix} w_1 = a_1 / \sum_{i=1}^{m} a_i \\ w_2 = a_2 / \sum_{i=1}^{m} a_i \\ \vdots \\ w_m = a_m / \sum_{i=1}^{m} a_i \end{bmatrix} \tag{5-13}$$

最大特征根为：

$$\lambda_{\max} = \frac{1}{m} \sum_{i=1}^{m} \frac{(AW)_i}{w_i} \tag{5-14}$$

一致性检验的过程：

用一致性比率 CR 检验判断矩阵的一致性，当 CR 越小时，判断矩阵的一致性越好。一般认为，当 $CR \leqslant 0.1$ 时，判断矩阵符合一致性标准，层次排序的结果是可以接受的。否则，需要修正判断矩阵，直到检验通过。判断矩阵一致性检验的步骤是：

第一步：求出一致性指标 $CI = \dfrac{\lambda_{\max} - m}{m - 1}$；

第二步：查表得到平均随机一致性指标 RI（表 5.1）；

第三步：计算一致性比率 $CR = \dfrac{CI}{RI}$。

当 $CR \leqslant 0.1$ 时，接受判断矩阵，否则，修改判断矩阵。

表 5.1　不同阶数矩阵对应的检验指标 RI

阶数	1	2	3	4	5	6	7	8
RI	0	0	0.52	0.89	1.12	1.26	1.36	1.41

三、各指标权重的确立

1. 确定目标层和一级指标层的关系

首先通过专家问卷调查和调查结果分析处理得到 4 阶判断矩阵

$$\mathbf{A} = \begin{bmatrix} a_{11} & a_{12} & a_{13} & a_{14} \\ a_{21} & a_{22} & a_{23} & a_{24} \\ a_{31} & a_{32} & a_{33} & a_{34} \\ a_{41} & a_{42} & a_{43} & a_{44} \end{bmatrix} \tag{5-15}$$

然后，通过根式法得到权重 $w = [w_1, w_2, w_3, w_4]$，也即质量基础、质量提升、质量支撑、质量效益这四个因素在城市发展评价体系中所占的权重。

2. 确定一级指标层和二级指标层的关系

首先通过专家问卷调查和调查结果分析处理，得到 4 个一级指标下的阶判断矩阵 $\mathbf{B}_1$、$\mathbf{B}_2$、$\mathbf{B}_3$、$\mathbf{B}_4$，其中，$\mathbf{B}_1$、$\mathbf{B}_4$ 为 3 阶矩阵，$\mathbf{B}_2$、$\mathbf{B}_3$ 为 4 阶矩阵。然后通过根式法分别计算并检验，检验通过后得到相应权重 $w_{ij}(i,j = 1,2,3,4)$。

3. 确定二级指标层和三级指标层的关系

首先通过专家问卷调查和调查结果分析处理，得到 14 个二级指标下的阶判断矩阵 $C_k(k = 1,2,\cdots,14)$。然后通过根式法分别计算并检验，检验通过后得到相应权重 $w_{ijk}(i,j,k = 1,2,3,4)$。

第四节　城市发展质量评价模型建立与求解

一、TOPSIS 法介绍

TOPSIS 法是决策分析中常用的多目标决策和群体决策方法。它的核心思想是构建一套理想的解决方案，并通过测量所有决策方案结果的近似程度和理想的解决方案来比较这些解决方案的优劣。TOPSIS 模型最早由 Hwang 和 Yoon 提出，主要通过构造正理想解和负理想解并利用每个决策单元参数与这两个解之间的实际距离来评价决策单元的优劣，最好的方案应该是最小化与正理想解的距离、最大化与负理想解的距离。

在确定了具体的指标体系后，搜集不同城市不同指标的具体数值。本研究主要借鉴 TOPSIS 法来构造评价各城市发展水平的综合指标，使得不同类型的三级指标同质化，提高分析的准确性。

二、TOPSIS 法步骤

1. 建立加权规范决策矩阵 $X = \{x_{ij}\}$

（1）向量规范化处理

设该问题的决策矩阵为 $Y = \{y_{ij}\}$，规范化决策矩阵 $Z = \{z_{ij}\}$，其中 z_{ij} 为对应 y_{ij} 规范化处理后的数据。

按属性具体含义，指标可被分为 4 类：成本型、效益型、区间型、固定型。其中效益型属性越大越优，成本型属性越小越优，固定型属性越稳定在某一个指定的固定值越优，区间型属性则以数值能够落在某个指定区间内为最优。

本研究涉及的属性除每万人刑事案件立案数、交通事故次数、万元GDP 能耗以及万元 GDP 水耗为成本型，人均道路面积为固定型，其余属性均为效益型。在对效益型和成本型属性进行向量规范化时统一使用公式 5-16 处理，对固定型属性使用公式 5-17 处理。

$$z_{ij} = \frac{y_{ij}}{\sqrt{\sum_{i=1}^{m} y_{ij}^2}}, \ i = 1,2,\cdots,m; \ j = 1,2,\cdots,n \tag{5-16}$$

$$z_{ij} = \frac{y_{ij} - x^*}{\sqrt{\sum_{i=1}^{m} (y_{ij} - x^*)^2}}, \ i = 1,2,\cdots,m; \ j = 1,2,\cdots,n \tag{5-17}$$

其中,x^* 为固定型属性的最优值,此处最优值为 13.5。人均道路面积属性规范化处理后在后续计算中与成本型属性同性质。

这种变换是线性的,最大特点是规范化后各方案的同一属性值的平方和为 1。各城市 2013—2016 年 TOPSIS 法下三级指标规范化处理后的结果如书后附表 1 所示。

(2) 构成加权规范矩阵 $X = \{x_{ij}\}$

本研究中权重值由层次分析法计算得出:
$$w = [w_1, w_2, \cdots, w_n]^{\mathrm{T}}$$
则　　　　$$x_{ij} = w_j \cdot z_{ij}, \quad i = 1, 2, \cdots, m; \ j = 1, 2, \cdots, n \tag{5-18}$$

各城市 2013—2016 年 TOPSIS 法下三级指标加权规范矩阵结果如书后附表 2 所示。

2. 模型求解

TOPSIS 法的最优决策取决于待评项到理想解 x^* 与负理想解 x^0 的距离。为了防止仅采用理想解 x^* 时可能会出现的无法分辨哪个更好的情况(即有两个或两个以上待评项到理想解 x^* 距离相同),因此又加入了负理想解 x^0 来区分。

(1) 确定理想解 x^* 和负理想解 x^0

$$\text{理想解 } x_j^* = \begin{cases} \max_j x_{ij}, \ j \text{ 为效益型属性} \\ \min_j x_{ij}, \ j \text{ 为成本型属性} \end{cases}, \quad j = 1, 2, \cdots, n \tag{5-19}$$

$$\text{负理想解 } x_j^0 = \begin{cases} \min_j x_{ij}, \ j \text{ 为效益型属性} \\ \max_j x_{ij}, \ j \text{ 为成本型属性} \end{cases}, \quad j = 1, 2, \cdots, n \tag{5-20}$$

各城市 2013—2016 年三级指标的理想解和负理想解计算结果如书后附表 3 所示。

(2) 合成城市发展质量评价指数

1) 计算各方案到理想解和负理想解的距离

备选方案 x_i 到理想解的距离为

$$d_i^* = \sqrt{\sum_{j=1}^n (x_{ij} - x_j^*)^2}, \quad i = 1, 2, \cdots, m \tag{5-21}$$

备选方案 x_i 到负理想解的距离为

$$d_i^0 = \sqrt{\sum_{j=1}^n (x_{ij} - x_j^0)^2}, \quad i = 1, 2, \cdots, m \tag{5-22}$$

新时代城市发展质量评价与预测研究

2）计算各方案的排队指示值

排队指示值即城市发展质量评价指数，在 d_i^* 与 d_i^0 的基础上得出。排队指示值的计算结果可以显示出被评价城市的排名次序，计算公式如下：

$$C_i^0 = \frac{d_i^0}{d_i^0 + d_i^*}, \quad i = 1, 2, \cdots, m \tag{5-23}$$

各城市 2013—2016 年排队指示值如书后附表 4 所示。

三、加权和法

加权和法是求解多目标规划问题的一种方法。它将多个目标转化为单个数值目标的评价函数，并将多目标规划问题简化为求解相应评价函数的数值优化问题的方法。具体地说，它将相应的权重分配给每个目标，然后优化线性组合来解决多目标规划问题。本研究利用加权和法是为了首先根据三级指标测算出二级指标得分情况，再根据二级指标得分情况测算出一级指标得分情况，最终得到各城市不同维度下城市发展质量的具体排名，使得彼此之间有所比较，有助于相互学习，取长补短。

四、加权和法求解步骤

1. 向量规范化处理

设该问题的决策矩阵为 $Y = \{y_{ij}\}$，规范化决策矩阵 $Z = \{z_{ij}\}$，其中，z_{ij} 为对应 y_{ij} 规范化处理后的数据。

与 TOPSIS 法中的向量规范化处理步骤相同，不再赘述。

各城市 2013—2016 年加权和法下二级指标向量规范化处理结果如书后附表 5 所示。

2. 确定各指标的权重

本章中所使用的权重值同样由层次分析法计算得出：

$$w = [w_1, w_2, \cdots, w_n]^T$$

3. 计算评价指数 C_i

$$C_i = \sum_{j=1}^{n} w_j z_{ij} \tag{5-24}$$

根据 C_i 的大小可以排出方案 i（$i = 1, 2, \cdots, m$）的优劣，C_i 越大，被评价方案的排名越靠前；反之，被评价方案的排名越靠后。

各城市 2013—2016 年加权和法下一级指标计算结果如书后附表 6 所示。

第五节　城市发展质量预测模型

一、预测分析方法的含义、本质和分类

1. 预测分析方法的含义

预测分析方法是借助研究对象已存在或现有的数据和信息,通过定量与定性相结合的方法对事物未来的基本特征和发展趋势等进行估算和衡量的方法。

2. 预测分析方法的本质

预测的本质就是基于事物过去和现在的实际情况,使用一定方法对其未来发展趋势进行科学的、合理的估算和衡量,即用已知信息来估算未知信息,由过去信息来估算未来信息,从而降低对未来事物的认识盲区。通过对未来的预测,可以更好地进行决策。预测分析方法基于人类社会生产力和科学技术的发展而发展,并已经成为结合了统计学、经济学、系统工程学、电子计算机等众多学科的一门综合性学科。

通过多种学科理论的运用、拓展和进一步研究,预测分析理论得到了更加深入的发展,现如今预测学已经结合了十几种常用学科,并已形成了130多种预测理论。

3. 预测分析方法的分类

常用的预测分析方法有如下三类:

(1)定性预测法。包括专家会议法、特尔菲法、岗位分析法等。

(2)数学模型法。包括回归模型法、趋势外推法、动态需求分析法、时序模型法等。

(3)模拟模型。包括交互影响模拟技术法、数字模拟仿真法等。

根据实际的研究情况,可以选择某种合适的分析方法对实际问题进行科学的预测,也可以选择多种研究方法相结合的方法进行全面综合的分析,从而有效地得出预测的最终结果。

二、基于趋势外推法的城市发展质量预测模型

本研究在进行城市发展质量预测时,采用的是趋势外推法,运用的模型为多项式曲线预测模型,并通过回归分析、误差最小法确定了 15 个副省

级城市的城市发展指标预测模型。

1. 趋势外推法概述

趋势外推法的基本假设是：未来是过去和现在连续发展的结果；研究对象没有因为时间的推移而产生明显的周期变化，但是会随时间的推移出现上升或下降的变化情况。由此，借助合适的函数模型，可以描述变化趋势的发展情况，这时就可以运用趋势外推法进行预测。

趋势外推法的基本理论是：决定事物过去发展的因素，在很大程度上也决定该事物未来的发展，其变化不会太大；事物发展过程一般都是渐进式的变化，而不是跳跃式的变化。掌握事物的发展规律，依据这种规律推导，就可以预测出它的未来趋势和状态。

趋势外推法首先由赖恩（Rhyne）（见：秦勇、李东进，2013）用于科技预测。他认为，应用趋势外推法进行预测，主要包括以下 6 个步骤：

(1)选择预测参数；

(2)收集必要的数据；

(3)拟合曲线；

(4)趋势外推；

(5)预测说明；

(6)预测结果应用。

2. 趋势外推法的增长曲线模型

趋势外推法基于对研究对象过去和现在发展情况的综合分析，通过一定的结构模型，对具体参数的发展变化进行具体的阐述，并做进一步拓展研究。常用的简单函数模型有指数曲线模型、线性模型、多项式模型等。

如果所考察变量的变化趋势具有明显的时间特征，即随着时间的变化，变量的变化规律有迹可循，就可以考虑以时间为自变量构造分析模型。这种以时间为自变量的分析模型称为增长曲线模型。

增长曲线模型的一般形式为

$$y = f(t) \tag{5-25}$$

其中，y 是需要分析的因变量，t 是作为自变量看待的时间要素。$f(t)$ 刻画了变量 y 随时间变化的特征。

增长曲线模型实际隐含着两个重要的假设前提：第一，假设变量 y 的变化过程是连续的；第二，假设过去决定变量 y 变化的因素也决定 y 的未来发展，并且这些因素没有大的变动。

依据 $f(t)$ 的函数形式,增长曲线模型又分可为多项式曲线模型、指数曲线模型、对数曲线模型、龚珀兹(Gompertz)曲线模型以及逻辑曲线模型等。

(1)多项式曲线模型

多项式曲线模型的一般形式为:

$$y = a_0 + a_1 t + a_2 t^2 + \cdots + a_k t^k \tag{5-26}$$

当 $k=1$ 时,为直线模型:

$$y = a_0 + a_1 t \tag{5-27}$$

当 $k=2$ 时,为二次抛物线模型:

$$y = a_0 + a_1 t + a_2 t^2 \tag{5-28}$$

当 $k=3$ 时,为三次抛物线模型:

$$y = a_0 + a_1 t + a_2 t^2 + a_3 t^3 \tag{5-29}$$

(2)指数曲线模型

指数曲线模型的一般形式为:

$$y = a e^{bt} \tag{5-30}$$

对模型进行对数变换即可转化为线性模型:

$$\ln y = \ln a + bt \tag{5-31}$$

(3)对数曲线模型

对数曲线模型包括以下三种基本形式。

左对数曲线模型:

$$\ln y = \ln a + bt \tag{5-32}$$

右对数曲线模型:

$$y = a + b\ln t \tag{5-33}$$

双对数曲线模型:

$$\ln y = a + b\ln t \tag{5-34}$$

(4)龚珀兹曲线模型

龚珀兹曲线模型的一股形式为:

$$y = ka^{bt} \tag{5-35}$$

求解上述模型的参数时,一般先对该模型做对数变换,使之变为线性模型,即:

$$\ln y = \ln k + bt\ln a \tag{5-36}$$

由于方程右边第二项同时含有两个待估计的参数 a 和 b,因此不能使用回归分析常用的最小二乘法。通常的处理方法是将时间序列分成三等分,分别计算和,然后通过求解方程组的方法估计出参数。

(5)逻辑曲线模型

逻辑曲线模型的一般形式为：

$$y = \frac{1}{L + ab'} \tag{5-37}$$

逻辑曲线模型的参数估计方法与龚珀兹曲线模型类似,不再详述。

3. 增长曲线模型选择

在上述增长曲线模型中,每一种增长曲线模型各有特点,要根据所分析变量的变动特征选择合适的曲线模型,主要的方法有图形识别法、差分判断法和误差最小法。

(1)图形识别法。以时间 t 为横轴,以变量为纵轴,把变量随时间变化的散点图绘制在坐标上,通过分析变量序列变化的曲线特征来选择合适的增长模型。

(2)差分判断法。利用变量差分序列的特征选择增长模型类型,一阶差分相等或大致相等,选择一次线性模型;二阶差分相等或大致相等,选择二次线性模型;三阶差分相等或大致相等,选择三次线性模型;阶差分比率相等或大致相等,选择指数曲线模型。

(3)误差最小法。采用多种曲线模型进行拟合,并比较每一种拟合模型的预测误差,选择误差最小的曲线模型作为增长模型。

在实际应用过程中,现在常用的统计分析软件,如 Stata,一般都提供了曲线拟合功能,只需把数据输入系统中,选择需要拟合的曲线类型,系统可以自动进行拟合。分析者可以依据拟合效果选择最优的增长曲线模型。本研究在预测城市发展质量时采用误差最小法,最后选择的是多项式曲线模型,具体的拟合曲线模型预测步骤以及预测数值见本书第七章。

第六章　城市发展质量评价实证

——以副省级城市为例

第一节　各副省级城市发展的基本情况

本研究以副省级城市发展质量为研究对象进行评价。目前,我国有15个副省级城市:广州、深圳、南京、武汉、沈阳、西安、成都、济南、杭州、哈尔滨、长春、大连、青岛、厦门、宁波。其中,青岛、大连、宁波、厦门、深圳等是计划单列市,其他是省会城市。由于我国疆域辽阔,各城市在资源禀赋、经济基础、历史文化背景、地方政府行为等方面存在着不同程度的差异,因此,各个城市的发展质量表现出多层次性和不平衡性,以区域中心城市为基础的省级城市发展,在很大程度上反映了中国城市的最新发展和挑战。

为更好地对我国副省级城市的发展质量得分进行分析,本研究总结了15个副省级城市的"十三五"规划发展目标(见表 6-1),然后进行归类,结果如表 6-2 和表 6-3 所示。

表 6-1　15 个副省级城市"十三五"规划发展目标要点总结①

城市	"十三五"规划发展目标要点总结
厦门	构建"一岛一带多中心"城市框架;建成区域性创新和研发中心、自由贸易试验区、"21 世纪海上丝绸之路"、对台战略支点城市;打造"大海湾"、"大山海"、资源节约型、环境友好型的国际知名花园城市,建成美丽中国典范城市。
宁波	以创新驱动经济强市;形成更具国际影响力的港口经济圈和制造业创新中心、经贸合作交流中心、港航物流服务中心,强化宁波都市区的辐射能力;打造完善的治理体系,实现更高品质的民生幸福城市、特色鲜明的文化强市和全国生态文明先行示范区,全面建成现代化国际港口城市。

---

① 资料来源:15 个副省级城市"十三五"规划纲要。

续表

城市	"十三五"规划发展目标要点总结
青岛	建立健全更加成熟、更加定型的国际化、市场化、法治化制度规范,着力打造国家东部沿海重要的创新中心、国内重要的区域性服务中心和国际先进的海洋发展中心,基本建成具有国际影响力的区域性经济中心城市。
济南	加快打造全国重要的区域性经济中心、金融中心、物流中心、科技创新中心,建设享誉中外的现代泉城。
大连	加快建设先进制造业强省和创新型省份,努力建成体制机制重点突破、经济结构优化提升、创新创业成效显著、民生社会全面进步的国家老工业基地振兴发展先行区。
长春	把握发展和民生两大主题,着力完善体制机制,着力推进结构调整,着力鼓励创新创业,着力保障和改善民生,全面深化改革取得决定性成果,确保老工业基地振兴取得新突破,加快吉林中部创新转型核心区和东北亚区域性中心城市。
深圳	建成更具改革开放引领作用的经济特区、高水平的国家自主创新示范区,具有辐射力带动力的全国经济中心城市、竞争力影响力的国际化城市和更高质量的民生幸福城市。
广州	按照枢纽型网络城市的建设要求,通过5年城市建设,基本将广州建设成为辐射带动能力强的世界级综合交通枢纽,综合承载力高的珠三角世界级城市群核心城市,城市功能完善的国家重要中心城市,宜居宜业、绿色环保的生态文明城市。
哈尔滨	建成经济水平更高,发展动能转换和经济结构取得重大成效,以对俄合作为重点的全方位对外格局基本形成,基础设施得以发展,人们生活水平质量提高的城市。
沈阳	建设居民经济收入水平翻倍,创新能力不断增强,经济结构优化升级,文化和社会全面进步,人民生活和质量普遍提高的城市。加快实现国家中心城市总目标,实现老工业基地全面振兴。
南京	建设经济实力和综合竞争力明显更强,生态环境更好,人们生活质量更高,社会更加文明,各方面体制与机制更加完善的"强富美高"新南京模样。
杭州	建设综合实力更强,发展质效更高,城市功能全,生活环境更优美,治理体系更完善,人民生活更美好的世界名城。
武汉	全民推动城市、经济、民生升级,率先全面建成小康社会,基本形成具有武汉特色的特大中心城市治理体系,基本形成国家中心城市框架体系,巩固综合经济实力全国城市第一方阵地位,力争进入第一梯队,凸显全国中部中心地位。
西安	打造"一带一路"创新高地和内陆型改革开放新高地,全力打造"品质西安",确保率先建成小康社会,初步建成具有历史文化特色的国际大都市。
成都	建设西部经济中心、区域创新创业中心、国家门户城市、美丽中国典范城市、现代化治理先进城市和人民幸福感不断增强的幸福城市。

表 6-2　按城市资源禀赋将全国 15 个副省级城市归类①

资源禀赋	城市
很好	深圳、广州、成都、青岛、西安、济南
较好	武汉、杭州、南京、大连、沈阳、厦门、宁波
一般	哈尔滨、长春

表 6-3　按城市"十三五"规划发展目标将全国 15 个副省级城市归类②

发展目标	城市
侧重于经济发展	大连、长春、哈尔滨、沈阳、深圳
侧重于社会发展	南京、杭州、广州
侧重于生态发展	宁波、青岛、济南、厦门
侧重于文化发展	武汉、西安、成都

　　基于对全国 15 个副省级城市 2016 年的各项指标数据的搜集③、汇总和计算结果,得到 2016 年每个城市的综合城市发展质量水平得分及各分领域发展质量水平得分。在此基础上,对全国 15 个副省级城市发展质量进行总体评价和比较分析,并对各项指标进行具体的比较研究,以了解现状、发现问题,为提升城市发展质量提出对策与建议,明确努力方向。

第二节　城市发展质量总体评价分析

　　根据城市评价指标计算出来的得分可以分析 15 个副省级城市综合发展质量的现状与格局。总体分析按照城市发展质量水平综合分析、城市发展质量水平层次分析、城市发展质量水平地区差异比较分析展开。

一、城市发展质量水平综合分析

　　各个城市发展质量水平的综合评价得分排名可以更为直观、清晰地反映出各个城市的发展质量。全国 15 个副省级城市发展质量水平的综合评

---

① 划分依据:参考 BBIC《中国各省资源禀赋及战略地位》。
② 划分依据:参考全国 15 个副省级城市的"十二五"规划纲要。
③ 本书写作时,2017 年城市统计年鉴尚未发布。本书的相关统计数据均是从各省、市统计年鉴、统计公报中提取的。由于各省、市统计指标不一,部分指标难以找到原始数据,本书中部分数据基于原始数据计算得出(如二元对比系数),部分指标基于增长水平、规模等估算得出(如第三产业从业人员占比等指标)。

价具体得分及排名如表 6-4 所示。

表 6-4　2013—2016 年各城市发展质量水平综合评价得分及排名情况

城市	2013 年		2014 年		2015 年		2016 年	
	综合得分	排名	综合得分	排名	综合得分	排名	综合得分	排名
宁波	0.4091	4	0.3432	10	0.3982	8	0.4109	7
杭州	0.4010	6	0.3969	5	0.4217	5	0.4358	5
南京	0.3827	9	0.3762	8	0.3926	9	0.3826	13
成都	0.3113	14	0.2930	15	0.3228	15	0.4058	8
深圳	0.5998	1	0.5663	1	0.5226	1	0.5654	1
广州	0.4297	3	0.4218	3	0.4509	2	0.4729	2
青岛	0.3163	13	0.3939	6	0.4028	7	0.4028	10
厦门	0.4303	2	0.4338	2	0.4428	3	0.4561	3
西安	0.4075	5	0.4183	4	0.4293	4	0.4212	6
哈尔滨	0.3192	12	0.3368	12	0.3593	12	0.4460	4
长春	0.3002	15	0.3250	13	0.3465	14	0.3706	14
沈阳	0.3887	8	0.3711	9	0.3913	10	0.2861	15
大连	0.3691	10	0.3815	7	0.4037	6	0.4006	11
济南	0.3364	11	0.3381	11	0.3766	11	0.4040	9
武汉	0.3942	7	0.3224	14	0.3583	13	0.3974	12
平均值	0.3864		0.3812		0.4013		0.4172	

　　由表 6-4 可以看出,2013 年,得分高于平均分的有 8 个城市,其中深圳、厦门和广州分别位列前三,宁波以 0.4091 紧跟其后,青岛、成都和长春位列最后三名;2014 年,得分高于平均分的有 7 个城市,其中深圳、厦门和广州分别位列前三,西安以 0.4183 紧跟其后,长春、武汉和成都位列最后三名;2015 年,得分高于平均分的有 7 个城市,其中深圳、厦门和广州分别位列前三,西安以 0.4293 紧跟其后,武汉、长春和成都位列最后三名;2016 年,得分高于平均分有 6 个城市,其中深圳、广州和厦门分别位列前三,哈尔滨以 0.4460 紧跟其后,南京、长春和沈阳位列最后三名。

　　从整体得分来看,15 个副省级城市 2013—2016 年的发展质量水平平均得分在 0.3800—0.4200 之间,四年差距较小且整体呈稳定上升趋势。深圳、广州和厦门 3 个城市基本稳坐前三,发展质量整体显著优于其他 12

个城市。武汉、长春、成都、沈阳总体排在队列的尾端。杭州4年基本保持在第五、第六的位置，发展较为稳定。但从每年高于平均分城市的数量层面上来看，副省级城市之间的得分差距在逐渐拉开，这也就表明副省级城市间的发展也在拉开一定的差距。

二、城市发展质量水平层次分析

1. 2013年各城市发展质量水平层次分析

以2013年城市发展质量均值(0.3638)为分割线，15个副省级城市的发展质量水平总体分为两个层次，如表6-5所示。

表6-5　2013年各城市发展质量水平层次情况

类别	城市	总指数	经济	社会	生态	文化	公共服务	城市管理
高于平均水平	深圳	0.6498	0.4191	0.3215	0.2569	0.3564	0.2396	0.2609
	厦门	0.4651	0.2799	0.2492	0.2741	0.1609	0.2194	0.3048
	广州	0.4033	0.2384	0.2547	0.2644	0.1930	0.2372	0.3997
	宁波	0.4017	0.2152	0.2348	0.2523	0.1680	0.2696	0.2015
	西安	0.3955	0.2084	0.2898	0.2116	0.3113	0.2475	0.2844
	杭州	0.3805	0.2288	0.2180	0.2793	0.1662	0.2412	0.2250
	南京	0.3751	0.2732	0.2213	0.2564	0.2748	0.2578	0.2531
低于平均水平	武汉	0.3535	0.2364	0.2031	0.2446	0.1049	0.2627	0.2492
	沈阳	0.3359	0.2327	0.1399	0.2437	0.1582	0.2524	0.2161
	济南	0.3170	0.1982	0.2327	0.2219	0.1001	0.2278	0.1965
	大连	0.3094	0.2156	0.1458	0.2699	0.1960	0.2217	0.1824
	青岛	0.2946	0.2035	0.1895	0.2667	0.1522	0.2718	0.1670
	成都	0.2916	0.1782	0.2416	0.2496	0.1547	0.2026	0.2510
	哈尔滨	0.2508	0.1359	0.1357	0.2145	0.1728	0.2332	0.1604
	长春	0.2334	0.1520	0.1097	0.2153	0.1281	0.2408	0.1341

由表6-5可以看出，深圳、厦门、广州、宁波、西安、杭州、南京7个城市的发展质量总指数得分高于平均水平，其中，深圳在经济发展、社会发展和文化发展方面均具有明显优势，但其在公共服务及城市管理方面显露出一定的问题。存在类似情况的还有厦门，其在经济和生态方面得分较高，但在文化发展上不占优势。武汉、沈阳、济南、大连、青岛、成都、哈尔滨、长春

8个城市的发展质量总指数得分则低于 15 个城市的平均水平,但从分领域看,武汉和青岛的公共服务水平、青岛和大连的生态发展水平在副省级城市中均居于领先地位。

2. 2014 年各城市发展质量水平层次分析

以 2014 年城市发展质量均值(0.3603)为分割线,15 个副省级城市的发展质量水平总体分为两个层次,如表 6-6 所示。

表 6-6   2014 年各城市发展质量水平层次情况

类别	城市	总指数	经济	社会	生态	文化	公共服务	城市管理
高于平均水平	深圳	0.6157	0.4204	0.2984	0.2655	0.3298	0.2181	0.2606
	厦门	0.4240	0.2381	0.2436	0.2756	0.1404	0.2114	0.3708
	西安	0.4113	0.2128	0.3017	0.2257	0.3064	0.2403	0.2421
	广州	0.3919	0.2400	0.2436	0.2607	0.1682	0.2393	0.3711
	杭州	0.3708	0.2400	0.2268	0.2582	0.1652	0.2479	0.1909
	宁波	0.3685	0.2244	0.2661	0.2546	0.1309	0.2502	0.1863
低于平均水平	大连	0.3578	0.2605	0.1436	0.2578	0.1679	0.2276	0.1561
	南京	0.3546	0.2423	0.2307	0.2509	0.2748	0.2548	0.2223
	青岛	0.3449	0.2098	0.1952	0.2628	0.2512	0.2644	0.1668
	武汉	0.3388	0.2601	0.2614	0.2511	0.1185	0.2652	0.2683
	济南	0.3336	0.1799	0.2705	0.2264	0.1029	0.2637	0.1724
	沈阳	0.3175	0.2235	0.1504	0.2346	0.1624	0.2759	0.1772
	哈尔滨	0.2812	0.1683	0.1619	0.2076	0.1533	0.2414	0.1393
	长春	0.2755	0.1536	0.1661	0.2288	0.1323	0.2404	0.1259
	成都	0.2178	0.1436	0.1965	0.2814	0.1425	0.1864	0.2414

由表 6-6 可以看出,深圳、厦门、西安、广州、杭州、宁波 6 个城市的发展质量总指数得分高于平均水平,其中,深圳在经济发展和文化发展维度排名靠前,但在生态和城市管理方面优势不明显。大连、南京、青岛、武汉、济南、沈阳、哈尔滨、长春、成都 9 个城市的发展质量总指数得分则低于 15 个城市的平均水平,其中,成都的生态发展水平和沈阳的公共服务发展水平排名第一。

3. 2015 年各城市发展质量水平层次分析

以 2015 年城市发展质量均值(0.3958)为分割线,15 个副省级城市的发展质量水平总体分为两个层次,如表 6-7 所示。

表 6-7　2015 年各城市发展质量水平层次情况

类别	城市	总指数	经济	社会	生态	文化	公共服务	城市管理
高于平均水平	深圳	0.5335	0.3138	0.2662	0.2621	0.3274	0.1926	0.2641
	厦门	0.4463	0.2583	0.2301	0.2726	0.1572	0.2200	0.3647
	宁波	0.4459	0.2708	0.2481	0.2538	0.1526	0.2648	0.1853
	杭州	0.4379	0.2656	0.2473	0.2587	0.1852	0.2435	0.1920
	西安	0.4351	0.2220	0.2874	0.2388	0.3184	0.2262	0.2364
	广州	0.4320	0.2623	0.2479	0.2456	0.1788	0.2368	0.3542
	济南	0.4138	0.2096	0.3093	0.2372	0.1047	0.2591	0.1712
	武汉	0.4098	0.2989	0.2760	0.2518	0.1203	0.2543	0.2738
	南京	0.4008	0.2768	0.2466	0.2622	0.2489	0.3054	0.2315
低于平均水平	大连	0.3857	0.2581	0.1598	0.2703	0.1838	0.2277	0.1536
	青岛	0.3765	0.2293	0.1935	0.2628	0.2204	0.2514	0.1806
	沈阳	0.3480	0.2255	0.1609	0.2378	0.1551	0.2907	0.1663
	哈尔滨	0.2936	0.1606	0.1437	0.2031	0.1795	0.2504	0.1438
	成都	0.2926	0.1696	0.2428	0.2702	0.1614	0.1769	0.2511
	长春	0.2854	0.1537	0.1624	0.2261	0.1584	0.2105	0.1328

由表 6-7 可以看出,深圳、厦门、宁波、杭州、西安、广州、济南、武汉、南京 9 个城市的发展质量总指数得分高于平均水平,其中深圳仍然在经济和文化发展维度排名第一,厦门在生态发展维度得分最高。大连、青岛、沈阳、哈尔滨、成都、长春 6 个城市的发展质量总指数得分则低于 15 个城市的平均水平,大连和成都在生态发展维度名列前茅,沈阳在公共服务维度排名靠前。

4. 2016 年各城市发展质量水平层次分析

以 2016 年城市发展质量均值(0.4172)为分割线,15 个副省级城市的发展质量水平总体分为两个层次,如表 6-8 所示。

由表 6-8 可以看出,深圳、广州、厦门、哈尔滨、杭州、西安 6 个城市的发展质量总指数得分高于平均水平,其中深圳仍然在经济发展维度排名第一,厦门在生态发展维度得分最高。宁波、成都、济南、青岛、大连、武汉、南京、长春、沈阳 9 个城市的发展质量总指数得分则低于 15 个城市的平均水

表 6-8　2016 年各城市发展质量水平层次情况

类别	城市	总指数	经济	社会	生态	文化	公共服务	城市管理
高于平均水平	深圳	0.5654	0.3621	0.2664	0.2692	0.3636	0.2165	0.3434
	广州	0.4729	0.2761	0.2265	0.2400	0.3236	0.2555	0.2915
	厦门	0.4561	0.2495	0.2361	0.2786	0.2113	0.2026	0.3715
	哈尔滨	0.4460	0.1516	0.2824	0.2671	0.1660	0.2397	0.1350
	杭州	0.4358	0.2669	0.1913	0.2599	0.2823	0.2770	0.2403
	西安	0.4212	0.2543	0.2674	0.2306	0.2179	0.2271	0.1971
低于平均水平	宁波	0.4109	0.2524	0.1896	0.2676	0.2259	0.2643	0.2218
	成都	0.4058	0.2157	0.2342	0.2461	0.2305	0.2062	0.2633
	济南	0.4040	0.2155	0.2264	0.2557	0.1667	0.1893	0.2024
	青岛	0.4028	0.2199	0.1822	0.2242	0.1538	0.2149	0.2083
	大连	0.4006	0.1971	0.1948	0.2706	0.1829	0.2842	0.1737
	武汉	0.3974	0.2466	0.2552	0.2568	0.2518	0.2653	0.2171
	南京	0.3826	0.2612	0.2080	0.2398	0.2310	0.2787	0.2491
	长春	0.3706	0.1778	0.1887	0.2610	0.2299	0.1745	0.1520
	沈阳	0.2861	0.1228	0.1626	0.2483	0.1518	0.3104	0.2159

平,其中,大连和宁波在生态发展维度得分较高,沈阳和大连在公共服务维度优势明显。

三、城市发展质量水平差异比较分析

本研究分析了各一级指标的最大值、最小值、极差[①]、平均数、标准差[②]、变异系数[③] 6 个统计值(如表 6-9 所示),进一步针对 15 个副省级城市发展质量的地区差异,分别从总体发展水平、不同年份、不同领域和变异程度等角度进行深入分析。通常,标准差和变异系数越小,表明相关指标的数据

---

① 极差:又称范围误差或全距,是相关指标的一组测量值的最大值与最小值之差,以 R 表示。极差标志着相关指标变动的最大范围,是测定指标变动特征的最简单统计指标。

② 标准差:又称均方差,是离均差平方的算术平均数的平方根,用 σ 表示,反映一个数据集的离散程度。

③ 变异系数:反映数据离散程度的绝对值,是衡量指标中各观测值变异程度的一个统计量。具体计算为标准差与指标均值的比值。当两组数据测量尺度相差过大或数据量纲不同时,变异系数可以比标准差更好地反映指标的离散程度。

分布越均匀,对应到城市发展质量测评上则表明相关城市的相关维度的发展质量整体处在一个较为接近的水平,反之则不同城市之间的发展水平存在较大的区域差。

1. 2013—2016年各城市发展质量水平差异分析

2013—2016年的一级指标得分数据情况如表6-9所示。

表6-9 一级指标得分数据分析

指标	年份	最大值	最小值	极差	平均值	标准差	变异系数
经济发展质量	2013	0.4191	0.1359	0.2832	0.2277	0.0657	0.2884
	2014	0.4204	0.1436	0.2768	0.2277	0.0657	0.2885
	2015	0.3138	0.1537	0.1601	0.2383	0.0657	0.2757
	2016	0.3621	0.1228	0.2393	0.2313	0.0551	0.2384
社会发展质量	2013	0.3215	0.1097	0.2119	0.2125	0.0596	0.2803
	2014	0.3017	0.1436	0.1581	0.2238	0.0596	0.2663
	2015	0.3093	0.1437	0.1656	0.2281	0.0596	0.2613
	2016	0.2824	0.1626	0.1199	0.2208	0.0349	0.1582
生态发展质量	2013	0.2793	0.2116	0.0677	0.2481	0.0226	0.0911
	2014	0.2814	0.2076	0.0738	0.2494	0.0226	0.0906
	2015	0.2726	0.2031	0.0695	0.2502	0.0226	0.0903
	2016	0.2786	0.2242	0.0544	0.2544	0.0153	0.0600
文化发展质量	2013	0.3564	0.1001	0.2563	0.1865	0.0729	0.3910
	2014	0.3298	0.1029	0.2269	0.1831	0.0729	0.3981
	2015	0.3274	0.1047	0.2227	0.1901	0.0729	0.3835
	2016	0.3636	0.1518	0.2118	0.2259	0.0591	0.2615
公共服务质量	2013	0.2718	0.2026	0.0692	0.2417	0.0194	0.0801
	2014	0.2759	0.1864	0.0895	0.2418	0.0194	0.0802
	2015	0.3054	0.1769	0.1285	0.2407	0.0194	0.0806
	2016	0.3104	0.1745	0.1359	0.2404	0.0383	0.1593
城市管理质量	2013	0.3997	0.1341	0.2656	0.2324	0.0666	0.2864
	2014	0.3711	0.1259	0.2452	0.2194	0.0666	0.3036
	2015	0.3647	0.1328	0.2319	0.2201	0.0666	0.3026
	2016	0.3715	0.1350	0.2365	0.2322	0.0628	0.2706

（1）2013—2016 年各城市发展质量水平的平均值差异分析（按年份）

15 个副省级城市发展质量水平的差异分析从经济发展质量、社会发展质量、生态发展质量、文化发展质量、公共服务质量和城市管理质量这 6 项指标展开。根据 2013—2016 年统计的 15 个副省级城市 6 项指标的具体数值，计算出每项指标的平均值，并根据年份绘制的各项指标发展的平均值趋势如图 6-1 所示。

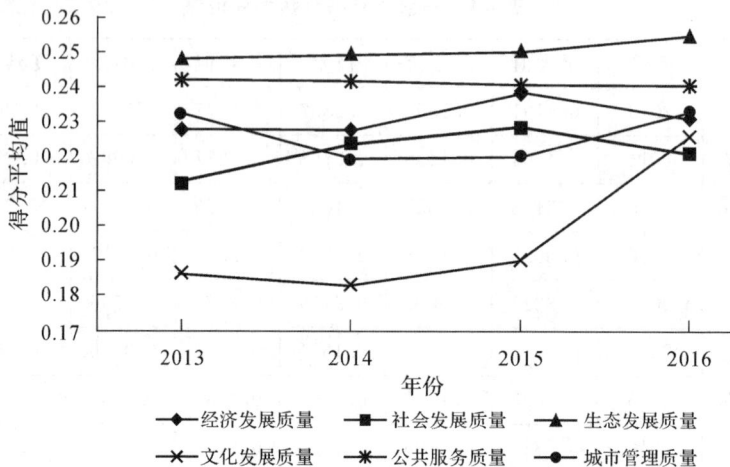

图 6-1　2013—2016 年各城市发展质量水平的平均值趋势（按年份）

从城市发展质量水平分析可知，文化发展质量平均值四年来增长趋势最为明显，从 2013 年的 0.1865 到 2016 年的 0.2259，增幅为 21.13%。不仅文化发展质量平均值得到明显的提升，同时文化发展质量的最小值从 2013 年 0.1001 提升到 2016 年 0.1518，提升幅度为 51.65%。但 2016 年的最大值 0.3636 和最小值 0.1518 之间的差值依然超过 50%，这就意味着，虽然 15 个副省级城市这几年来在文化发展方面取得了巨大的进步，但不同副省级城市之间的文化发展指标数据依然存在不小的差距。根据副省级城市经济发展质量平均数的年份趋势，经济发展质量数据保持平稳增长的步伐。根据各城市的经济发展质量最大值和最小值可以得知，城市经济发展质量数据之间的差距正在不断地缩小。

（2）2013—2016 年各城市发展质量水平的平均值差异分析（按指标）

2013—2016 年各城市发展质量水平的平均值趋势（按指标）如图 6-2 所示。本研究从经济发展质量、社会发展质量、生态发展质量、文化发展质量、公共服务质量和城市管理质量这 6 项指标来进行差异分析。之所以选取 6 项指标的平均数进行分析，是因为各项指标平均数的值更能准确地反应在不同的指标下,随着年份的变化,指标呈现出来的变化趋势。

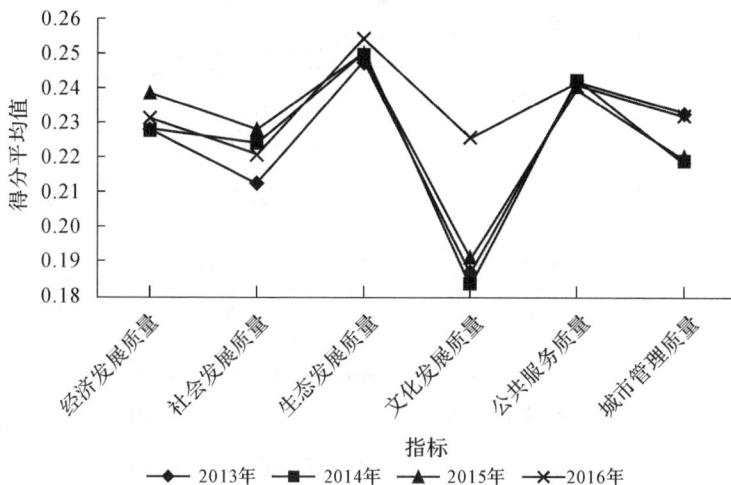

图 6-2　2013—2016 年不同领域下各城市发展质量水平的平均值趋势(按指标)

从图 6-2 可以得到,文化发展质量从 2013 年到 2015 年的平均数一直大幅度低于经济发展质量、社会发展质量、生态发展质量、公共服务质量和城市管理质量 5 项指标。这说明在前几年的城市发展中,文化的发展一直不是 15 个副省级城市发展的中心。从 2016 年各项指标的平均数可以发现,6 项指标的数值基本保持在一定的范围,各项指标的平均数更加接近。这说明,2016 年是城市发展最为平衡的年份,经济发展质量、社会发展质量、生态发展质量、文化发展质量、公共服务质量和城市管理质量这 6 项指标在城市发展评价体系中均占据重要的地位。根据公共服务质量的数据,15 个副省级城市的公共服务质量这四年来一直保持在一个相对稳定的数值,且一直领先于经济发展质量、社会发展质量、文化发展质量和城市管理质量 4 项指标的数值,这说明 15 个副省级城市的公共服务质量建设具有一定的超前意识。

(3)2013—2016 年各城市发展质量水平的极差差异分析

2013—2016 年各城市发展质量水平的极差趋势如图 6-3 所示。

本研究根据不同年份进行了 15 个副省级城市的经济发展质量、社会发展质量、生态发展质量、文化发展质量、公共服务质量和城市管理质量这 6 项指标的极差差异分析。极差可以显著地反映在不同的指标下,15 个副省级城市各年份的各项指标变化的情况。

从图 6-3 可以得到,生态发展质量、社会发展质量、城市管理质量和文化发展质量随着年份的推进,极差变得越来越小。特别是生态发展质量指

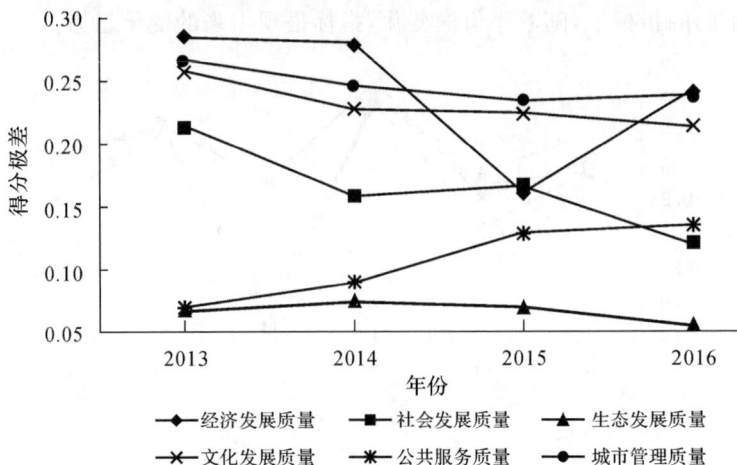

图 6-3　2013—2016 年各城市发展质量水平的极差趋势

标,2016 年的极差降到 0.0544,表明 15 个副省级城市这几年来在生态环保的可持续发展方面取得了巨大进步。而公共服务质量指标的极差从 2013 年的 0.0692 增加到 2016 年的 0.1359,增幅为 96.39%。经济发展质量的极差一直处于波动中,2013 年至 2015 年极差的数值处于缩小趋势,但 2016 年极差又增大,但差值还是略低于 2013 年、2014 年,这从侧面说明,随着年份的推进,15 个副省级城市之间的经济差距并没有进一步扩大,而是保持相对稳定。

(4)2013—2016 年各城市发展质量水平的变异程度差异分析

2013—2016 年各城市发展质量水平的变异程度趋势如图 6-4 所示。

从图 6-4 可以看出,2013 年,15 个副省级城市的发展质量区域变异程度从小到大排序依次为公共服务、生态发展、社会发展、城市管理、经济发展、文化发展。各城市间的公共服务质量、生态发展质量的区域性差异较小,社会发展质量、城市管理质量、经济发展质量、文化发展质量的区域性差异较大。这一方面说明副省级城市在深入贯彻五大发展理念,公共服务理念得到了大部分城市较好的践行,改善民生方面获得了稳步的提升;生态文明建设也得到了普遍的重视,在促进社会协调发展方面取得了一定的成绩。另一方面也说明,社会发展质量、城市管理质量、经济发展质量、文化发展质量还应该是各副省级城市发展的重点。

2014 年,15 个副省级城市的发展质量区域变异程度从小到大排序依次为公共服务、生态发展、社会发展、经济发展、城市管理、文化发展。各城市间的公共服务质量、生态发展质量的区域性差异较小,社会发展质量、经

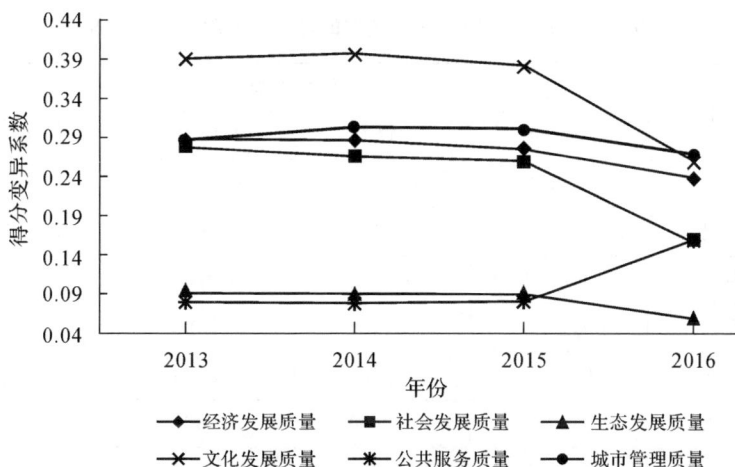

图 6-4　2013—2016 年各城市发展质量水平的变异程度趋势

济发展质量、城市管理质量、文化发展质量的区域性差异较大,但相较于 2013 年,城市管理质量的区域性差距增大,社会发展质量的差异缩小。

2015 年,15 个副省级城市的发展质量区域变异程度从小到大排序依次为公共服务、生态发展、社会发展、经济发展、城市管理、文化发展。各城市间的公共服务质量、生态发展质量的区域性差异较小,社会发展质量、经济发展质量、城市管理质量、文化发展质量的区域性差异较大。

2016 年,15 个副省级城市的发展质量区域变异程度从小到大排序依次为生态发展、社会发展、公共服务、经济发展、文化发展、城市管理。各城市间的生态发展质量差异较小,经济发展质量、文化发展质量、城市管理质量的区域性差异较大。这一年,除了公共服务质量的差异明显变大外,其他各项的差异均有不同程度的缩小,其中社会发展质量、文化发展质量的差异显著缩小。

第三节　各领域发展质量评价分析

一、经济发展质量

1. 总体得分情况

根据指标体系和相关指标数值计算得出的 2013—2016 年 15 个副省级城市的经济发展质量得分情况如表 6-10 所示。

表 6-10 2013—2016 年各城市的经济发展质量得分情况

城市	经济发展质量			
	2013 年	2014 年	2015 年	2016 年
宁波	0.2152	0.2244	0.2708	0.2524
杭州	0.2288	0.2400	0.2656	0.2669
南京	0.2732	0.2423	0.2768	0.2613
成都	0.1782	0.1436	0.1696	0.2157
深圳	0.4191	0.4204	0.3138	0.3621
广州	0.2384	0.2400	0.2623	0.2761
青岛	0.2035	0.2098	0.2293	0.2199
厦门	0.2799	0.2381	0.2583	0.2495
西安	0.2084	0.2128	0.2221	0.2543
哈尔滨	0.1359	0.1683	0.1606	0.1516
长春	0.1520	0.1536	0.1537	0.1778
沈阳	0.2327	0.2235	0.2255	0.1228
大连	0.2156	0.2605	0.2581	0.1971
济南	0.1982	0.1799	0.2096	0.2155
武汉	0.2364	0.2601	0.2989	0.2466

(1)2013—2016 年各城市的经济发展质量水平差异概述

我们可以根据表 6-10 的数据展开 15 个副省级城市的经济发展质量指标差异分析,并根据 2013—2016 年统计 15 个副省级城市经济发展指标的具体数值,分别对每个城市的发展水平进行评估。2013—2016 年,15 个副省级城市的经济发展质量得分呈先上升后下降,或先下降后上升的起伏趋势,表现较为不平稳。从整体得分情况来看,2013 年,所有被评价城市可分为 5 个梯队:第一梯队为深圳,第二梯队为厦门、南京,第三梯队为广州、武汉、沈阳、杭州,第四梯队为大连、宁波、西安、青岛、济南,第五梯队为成都、长春、哈尔滨。2014 年,所有被评价城市可分为 5 个梯队:第一梯队为深圳,第二梯队为大连、武汉,第三梯队为南京、杭州、广州、厦门,第四梯队为宁波、沈阳、西安、青岛,第五梯队为济南、哈尔滨、长春、成都。2015 年,所有被评价城市可分为 4 个梯队:第一梯队为深圳、武汉,第二梯队为南京、宁波、杭州、广州、厦门、大连,第三梯队为青岛、沈阳、西安、济南,第

四梯队为成都、哈尔滨、长春。2016年,所有被评价城市可分为4个梯队:
第一梯队为深圳,第二梯队为广州、杭州、南京、西安、宁波、厦门、武汉,第
三梯队为青岛、成都、济南,第四梯队为大连、长春、哈尔滨、沈阳。

　　(2)2013—2016年各城市的经济发展质量水平差异分析

　　2013—2016年各城市的经济发展质量得分趋势如图6-5所示。

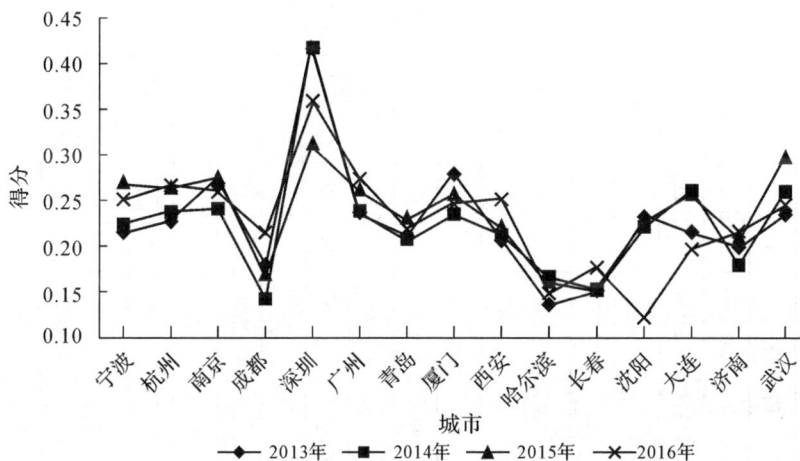

图 6-5　2013—2016年各城市的经济发展质量得分趋势

　　根据表6-10中15个副省级城市的经济发展质量数据绘制成的副省
级城市经济发展质量数据和年份之间的关系图,可以更加直观地分析每一
个城市的经济发展质量水平之间的差异以及各城市的经济发展质量数据
和年份之间的走势。根据图6-5,所有副省级城市中,经济发展质量数值得
分最高的是深圳,但其得分上下波动较大。其他14个副省级城市中,平均
得分最低的城市是哈尔滨和长春,从2013年到2016年,这两个城市的经
济发展质量趋势一直比较平稳。而从2015年到2016年,沈阳的经济发展
质量得分突然大幅度降低。

　　2. 二级指标得分情况

　　2013—2016年各城市的经济发展质量项下二级指标得分如表6-11
所示。

表6-11 2013—2016年各城市的经济发展质量项下二级指标得分

城市	项目	发展效益				科技创新				结构优化			
		2013年	2014年	2015年	2016年	2013年	2014年	2015年	2016年	2013年	2014年	2015年	2016年
宁波	评分	0.2574	0.2815	0.3419	0.2826	0.1649	0.1417	0.2066	0.2241	0.2046	0.2343	0.2190	0.2317
	排名	6	2	1	4	9	10	9	7	11	5	11	8
杭州	评分	0.2307	0.2654	0.2677	0.2836	0.2366	0.2024	0.2751	0.2588	0.2116	0.2460	0.2448	0.2431
	排名	12	5	4	3	4	8	5	5	9	4	5	5
南京	评分	0.2786	0.2586	0.2658	0.2481	0.2833	0.2450	0.3087	0.2935	0.2447	0.2017	0.2482	0.2372
	排名	3	9	5	5	3	4	3	3	4	11	4	6
成都	评分	0.2503	0.1752	0.2183	0.2113	0.0666	0.0604	0.0964	0.2092	0.2023	0.2112	0.1823	0.2361
	排名	8	15	12	11	14	14	13	9	12	10	13	7
深圳	评分	0.2989	0.2699	0.2523	0.3213	0.5590	0.6055	0.3385	0.3642	0.4552	0.4493	0.4099	0.4495
	排名	1	4	9	1	1	1	2	2	1	1	1	1
广州	评分	0.2430	0.2641	0.2869	0.3047	0.2362	0.2127	0.2506	0.2125	0.2319	0.2313	0.2266	0.3178
	排名	10	7	2	2	6	5	8	8	6	7	8	2
青岛	评分	0.2567	0.2608	0.2812	0.2397	0.1120	0.1187	0.1582	0.1737	0.2368	0.2468	0.2316	0.2522
	排名	7	8	3	8	10	11	11	12	5	3	6	4
厦门	评分	0.2422	0.2075	0.2278	0.2473	0.2957	0.2037	0.2522	0.2429	0.3377	0.3636	0.3365	0.2655
	排名	11	14	11	6	2	7	7	6	2	2	2	3

续表

城市	项目	发展效益				科技创新				结构优化			
		2013 年	2014 年	2015 年	2016 年	2013 年	2014 年	2015 年	2016 年	2013 年	2014 年	2015 年	2016 年
西安	评分	0.2280	0.2412	0.1987	0.2042	0.2131	0.2060	0.2670	0.3668	0.1567	0.1605	0.1997	0.1795
	排名	13	10	14	13	7	6	6	1	13	14	12	12
哈尔滨	评分	0.2037	0.2270	0.1893	0.1787	0.0402	0.0866	0.0817	0.1186	0.1434	0.1726	0.2273	0.1459
	排名	15	12	15	14	15	13	14	15	14	13	7	15
长春	评分	0.2263	0.2404	0.2160	0.2057	0.0698	0.0581	0.0631	0.1573	0.1224	0.1182	0.1647	0.1498
	排名	14	11	13	12	13	15	15	13	15	15	15	14
沈阳	评分	0.2600	0.2651	0.2391	0.0517	0.2115	0.1731	0.1892	0.1979	0.2072	0.2140	0.2553	0.1571
	排名	4	6	10	15	8	9	10	10	10	9	3	13
大连	评分	0.2876	0.2946	0.2595	0.2259	0.0869	0.2610	0.3052	0.1545	0.2687	0.1836	0.1771	0.2033
	排名	2	1	7	10	12	2	4	14	3	12	14	11
济南	评分	0.2598	0.2249	0.2618	0.2441	0.1024	0.0881	0.1325	0.1799	0.2196	0.2318	0.2208	0.2105
	排名	5	13	6	7	11	12	12	11	7	6	10	10
武汉	评分	0.2447	0.2783	0.2533	0.2274	0.2363	0.2544	0.4046	0.2935	0.2183	0.2291	0.2256	0.2119
	排名	9	3	8	9	5	3	1	4	8	8	9	9

"发展效益"方面,2013 年,深圳得分最高(0.2989),哈尔滨得分最低(0.2037);2014 年,大连得分最高(0.2946),成都得分最低(0.1752);2015年,宁波得分最高(0.3419),哈尔滨得分最低(0.1893);2016 年,深圳得分最高(0.3213),沈阳得分最低(0.0517)。

"科技创新"方面,2013 年,深圳排名第一(0.5590),厦门、南京则以0.2957、0.2833 分别排名第二和第三,哈尔滨排名最后(0.0402);2014 年,深圳排名第一(0.6055),大连、武汉则以 0.2610、0.2544 分别排名第二和第三,长春排名最后(0.0581);2015 年,武汉排名第一(0.4046),深圳、南京则以 0.3385、0.3087 分别排名第二和第三,长春排名最后(0.0631);2016 年,西安排名第一(0.3668),深圳、南京、武汉则以 0.3642、0.2935、0.2935 分别排名第二和并列第三,哈尔滨排名最后(0.1186)。

"结构优化"方面,2013 年,深圳排名第一(0.4552),长春排名最后(0.1224);2014 年,深圳排名第一(0.4493),长春排名最后(0.1182);2015年,深圳排名第一(0.4099),长春排名最后(0.1647);2016 年,深圳排名第一(0.4495),哈尔滨排名最后(0.1459)。

同时,各城市在 3 项二级指标上的分布不均衡。2013 年,除了杭州、南京、广州、武汉几个城市外,其余城市在 3 项二级指标的分布上不均衡性极为突出;2014 年,除了广州、南京、大连、武汉几个城市外,其余城市在 3项二级指标的分布上不均衡性极为突出;2015 年,除了杭州、南京、沈阳、广州几个城市外,其余城市在 3 项二级指标的分布上不均衡性极为突出;2016 年,除了杭州、南京、成都几个城市外,其余城市在 3 项二级指标的分布上不均衡性极为突出。

二、社会发展质量

1. 总体得分情况

根据指标体系和相关指标数值计算得出的 2013—2016 年 15 个副省级城市的社会发展质量得分情况如表 6-12 所示。

表 6-12　2013—2016 年各城市的社会发展质量得分情况

城市	社会发展质量			
	2013 年	2014 年	2015 年	2016 年
宁波	0.2348	0.2661	0.2481	0.1896
杭州	0.2180	0.2268	0.2473	0.1913
南京	0.2213	0.2307	0.2466	0.2081
成都	0.2416	0.1965	0.2428	0.2342
深圳	0.3215	0.2984	0.2662	0.2664
广州	0.2547	0.2436	0.2479	0.2265
青岛	0.1895	0.1952	0.1935	0.1822
厦门	0.2492	0.2436	0.2301	0.2361
西安	0.2898	0.3017	0.2874	0.2674
哈尔滨	0.1357	0.1619	0.1437	0.2824
长春	0.1097	0.1661	0.1624	0.1887
沈阳	0.1399	0.1504	0.1609	0.1626
大连	0.1458	0.1436	0.1598	0.1948
济南	0.2327	0.2705	0.3093	0.2265
武汉	0.2031	0.2614	0.2760	0.2552

(1)2013—2016 年各城市的社会发展质量水平差异概述

2013—2016 年,15 个副省级城市中,少数城市的得分趋势具有较为明显的起伏,但总体来说表现较为平稳。从整体得分情况来看,2013 年,所有被评价城市可分为 5 个梯队:第一梯队为深圳、西安,第二梯队为广州、厦门、成都、宁波、济南,第三梯队为南京、杭州、武汉、青岛,第四梯队为大连、沈阳、哈尔滨,第五梯队为长春。2014 年,所有被评价城市可分为 5 个梯队:第一梯队为西安、深圳,第二梯队为济南、宁波、武汉,第三梯队为厦门、广州、南京、杭州,第四梯队为成都、青岛,第五梯队为长春、哈尔滨、沈阳、大连。2015 年,所有被评价城市可分为 5 个梯队:第一梯队为济南,第二梯队为西安、武汉、深圳,第三梯队为宁波、广州、杭州、南京、成都、厦门,第四梯队为青岛,第五梯队为长春、沈阳、大连、哈尔滨。2016 年,所有被评价城市可分为 4 个梯队：第一梯队为哈尔滨、西安、深圳、武汉，第二梯队为厦门、成都、广州、济南，第三梯队为南京、大连、杭州、宁波、长春，第四梯队为青岛、沈阳。

（2）2013—2016 年各城市的社会发展质量水平差异分析

2013—2016 年各城市的社会发展质量得分趋势如图 6-6 所示。

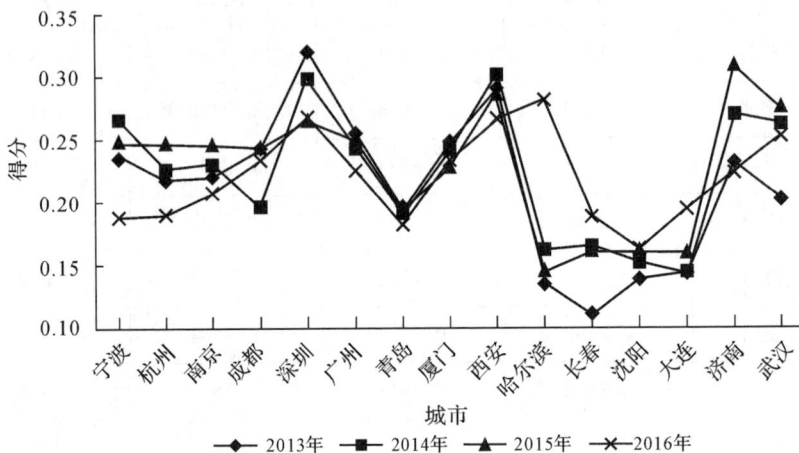

图 6-6　2013—2016 年各城市的社会发展质量得分趋势

从图 6-6 可以看出，2013 年，15 个副省级城市社会发展质量得分中，各个城市间的差距相对较大，深圳得分最高（0.3215），长春得分最低（0.1097）；2014 年，15 个副省级城市社会发展质量得分中，各个城市间的差距较 2013 年有所缩小，西安得分最高（0.3017），大连得分最低（0.1436）；2015 年，15 个副省级城市社会发展质量得分中，各个城市间的差距较 2014 年保持稳定，济南得分最高（0.3093），哈尔滨得分最低（0.1437）；2016 年，15 个副省级城市社会发展质量得分中，各个城市间的差距较 2015 年有所减小，哈尔滨得分最高（0.2824），由 2015 年的最后一名跃居第一，沈阳得分最低（0.1626）。

2. 二级指标得分情况

2013—2016 年各城市的社会发展质量项下二级指标得分如表 6-13 所示。

表 6-13　2013—2016 年各城市的社会发展质量项下二级指标得分

城市	项目	社会结构				人口素质				社会秩序			
		2013 年	2014 年	2015 年	2016 年	2013 年	2014 年	2015 年	2016 年	2013 年	2014 年	2015 年	2016 年
宁波	评分	0.2848	0.2711	0.2993	0.1640	0.2013	0.2298	0.1874	0.2431	0.1569	0.3153	0.2136	0.1668
	排名	2	4	3	12	15	12	15	7	11	3	6	10
杭州	评分	0.2195	0.2338	0.2800	0.1649	0.2509	0.2690	0.2589	0.2642	0.1575	0.1353	0.1388	0.1374
	排名	7	6	4	11	9	4	7	5	10	14	14	14
南京	评分	0.1332	0.1871	0.1926	0.1289	0.2737	0.2536	0.2946	0.2754	0.3701	0.3095	0.3106	0.3070
	排名	10	9	11	14	5	7	2	4	2	4	3	3
成都	评分	0.2209	0.1293	0.2338	0.2275	0.2353	0.2675	0.2397	0.2147	0.3085	0.2564	0.2727	0.2856
	排名	6	12	6	4	10	5	9	13	3	5	4	4
深圳	评分	0.3994	0.3336	0.3048	0.3445	0.2796	0.3307	0.2668	0.1959	0.1827	0.1471	0.1607	0.1756
	排名	1	1	2	2	3	1	5	15	8	12	10	9
广州	评分	0.2178	0.2462	0.2175	0.2233	0.3111	0.2570	0.3193	0.2470	0.2580	0.2134	0.2077	0.2003
	排名	8	5	7	5	1	6	1	6	5	7	7	6
青岛	评分	0.1314	0.1823	0.2007	0.1726	0.2708	0.2404	0.2013	0.2089	0.2077	0.1522	0.1606	0.1625
	排名	11	10	9	10	6	10	14	14	7	7	11	11
厦门	评分	0.2335	0.2224	0.2149	0.2157	0.2581	0.2855	0.2607	0.2895	0.2765	0.2292	0.2187	0.1996
	排名	5	7	8	6	7	2	6	2	4	6	5	7

续表

城市	项目	社会结构				人口素质				社会秩序			
		2013年	2014年	2015年	2016年	2013年	2014年	2015年	2016年	2013年	2014年	2015年	2016年
西安	评分	0.2571	0.3105	0.2738	0.1850	0.2532	0.2766	0.2585	0.3150	0.4412	0.3210	0.3739	0.4089
	排名	3	3	5	8	8	3	8	1	1	2	2	2
哈尔滨	评分	0.0635	0.1224	0.0834	0.3474	0.2024	0.2028	0.2059	0.2274	0.2168	0.1987	0.2001	0.2008
	排名	14	13	15	1	13	15	13	12	6	8	8	5
长春	评分	0.0414	0.1512	0.1393	0.1818	0.2022	0.2151	0.2171	0.2330	0.1359	0.1222	0.1310	0.1312
	排名	15	11	12	9	14	14	11	11	15	15	15	15
沈阳	评分	0.0877	0.1057	0.1308	0.1172	0.2170	0.2281	0.2210	0.2423	0.1487	0.1378	0.1395	0.1485
	排名	13	14	13	15	11	13	10	8	12	13	13	13
大连	评分	0.0939	0.0844	0.1282	0.1861	0.2099	0.2326	0.2134	0.2335	0.1764	0.1507	0.1533	0.1520
	排名	12	15	14	7	12	11	12	10	9	11	12	12
济南	评分	0.2377	0.3159	0.3691	0.2309	0.2773	0.2516	0.2882	0.2412	0.1426	0.1796	0.1836	0.1891
	排名	4	2	1	3	4	8	4	9	14	9	9	8
武汉	评分	0.1750	0.1968	0.1947	0.1637	0.2812	0.2447	0.2917	0.2867	0.1450	0.4653	0.4698	0.4491
	排名	9	8	10	13	2	9	3	3	13	1	1	1

"社会结构"方面,2013 年,深圳得分最高(0.3994),长春得分最低(0.0414);2014 年,深圳得分最高(0.3336),大连得分最低(0.0844);2015 年,济南得分最高(0.3691),哈尔滨得分最低(0.0834);2016 年,哈尔滨得分最高(0.3474),沈阳得分最低(0.1172)。

"人口素质"方面,2013 年,广州排名第一(0.3111),宁波排名最后(0.2013);2014 年,深圳排名第一(0.3307),哈尔滨排名最后(0.2028);2015 年,广州排名第一(0.3193),宁波排名最后(0.1874);2016 年,西安排名第一(0.3150),深圳排名最后(0.1959)。

"社会秩序"方面,2013 年,西安排名第一(0.4412),长春排名最后(0.1359);2014 年,武汉排名第一(0.4653),长春排名最后(0.1222);2015 年,武汉排名第一(0.4698),长春排名最后(0.1310);2016 年,武汉排名第一(0.4491),长春排名最后(0.1312)。

从表 6-13 中还可以发现,各城市在 3 项二级指标上的差距较大。从发展的均衡性来看,2013 年,除了杭州、厦门、成都、广州几个城市外,其余城市在 3 项二级指标的分布上不均衡性极为突出;2014 年,广州、青岛、厦门、西安、长青、沈阳、大连等城市在 3 项二级指标的分布上相对较为均衡;2015 年,除了成都、厦门、青岛几个城市外,其余城市在 3 项二级指标的分布上不均衡性极为突出;2016 年,除了成都、厦门、青岛几个城市外,其余城市在 3 项二级指标的分布上不均衡性极为突出。

三、生态发展质量

1. 总体得分情况

根据指标体系和相关指标数值计算得出的 2013—2016 年 15 个副省级城市的生态发展质量得分情况如表 6-14 所示。

表 6-14　2013—2016 年各城市的生态发展质量得分情况

城市	生态发展质量			
	2013 年	2014 年	2015 年	2016 年
宁波	0.2523	0.2546	0.2538	0.2676
杭州	0.2793	0.2582	0.2588	0.2599
南京	0.2564	0.2509	0.2623	0.2398
成都	0.2496	0.2814	0.2702	0.2461

续表

城市	生态发展质量			
	2013 年	2014 年	2015 年	2016 年
深圳	0.2569	0.2655	0.2621	0.2692
广州	0.2644	0.2607	0.2456	0.2400
青岛	0.2667	0.2628	0.2628	0.2242
厦门	0.2741	0.2756	0.2726	0.2786
西安	0.2116	0.2257	0.2388	0.2306
哈尔滨	0.2145	0.2076	0.2031	0.2671
长春	0.2153	0.2288	0.2261	0.2610
沈阳	0.2437	0.2346	0.2378	0.2483
大连	0.2699	0.2578	0.2703	0.2706
济南	0.2219	0.2264	0.2372	0.2557
武汉	0.2446	0.2511	0.2518	0.2568

(1)2013—2016 年各城市的生态发展质量水平差异概述

2013—2016 年,15 个副省级城市的生态发展质量得分基本上呈上升趋势,四年间的得分稳中有增,表现良好。从整体得分情况来看,2013 年,所有被评价城市可分为 3 个梯队:第一梯队为杭州、厦门、大连、青岛、广州,第二梯队为深圳、南京、宁波、成都、武汉、沈阳,第三梯队为济南、长春、哈尔滨、西安。2014 年,所有被评价城市可分为 4 个梯队:第一梯队为成都、厦门,第二梯队为深圳、青岛、广州、杭州、大连、宁波、武汉、南京,第三梯队为沈阳、长春、济南、西安,第四梯队为哈尔滨。2015 年,所有被评价城市可分为 4 个梯队:第一梯队为厦门、大连、成都,第二梯队为青岛、南京、深圳、杭州、宁波、武汉,第三梯队为广州、西安、沈阳、济南,第四梯队为长春、哈尔滨。2016 年,所有被评价城市可分为 4 个梯队:第一梯队为厦门、大连、深圳、宁波、哈尔滨,第二梯队为长春、杭州、武汉、济南,第三梯队为沈阳、成都、广州、南京,第四梯队为西安、青岛。

(2)2013—2016 年各城市的生态发展质量水平差异分析

2013—2016 年各城市的生态发展质量得分趋势如图 6-7 所示。

从图 6-7 可以看出,2013 年,15 个副省级城市生态发展质量得分中,各城市的得分普遍较高,且城市间的差异相对较小,杭州得分最高(0.2793),西安得分最低(0.2116);2014 年,15 个副省级城市生态发展质

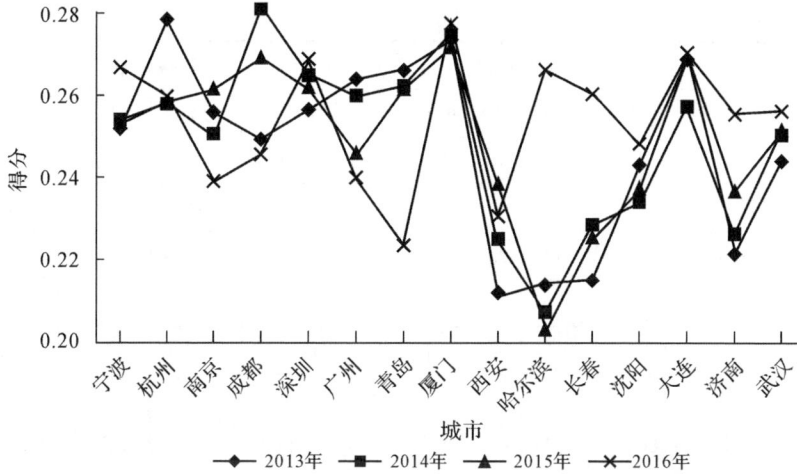

图 6-7　2013—2016 年各城市的生态发展质量得分趋势

量得分中,各城市的得分普遍较高,且城市间的差异相对较小,但较 2013
年差距稍有扩大,其中成都较 2013 年得分提升较多,获得最高得分
(0.2814),厦门依然保持第二位,哈尔滨得分最低(0.2076);2015 年,15 个
副省级城市生态发展质量得分中,各城市的得分普遍较高,且城市间的差
异相对较小,较 2014 年差距稍有缩小,厦门获得最高得分(0.2726),大连
较 2014 年得分提升较多,跃居第二位,哈尔滨得分仍然最低(0.2031);
2016 年,15 个副省级城市生态发展质量得分中,各城市的得分普遍较高,
且城市间的差异相对较小,较 2015 年差距稍有缩小,厦门获得最高得分
(0.2786),大连依旧保持第二位,哈尔滨较 2015 年提升较多,跃居第 5 位,
青岛得分最低(0.2242),名次较往年下降较多。

2. 二级指标得分情况

2013—2016 年各城市的生态发展质量项下二级指标得分如表 6-15 所示。

表 6-15　2013—2016 年各城市的生态发展质量项下二级指标得分

城市	项目	资源节约				环境治理			
		2013 年	2014 年	2015 年	2016 年	2013 年	2014 年	2015 年	2016 年
宁波	评分	0.2065	0.2057	0.2184	0.2770	0.2777	0.2817	0.2734	0.2624
	排名	11	11	10	4	5	3	5	5
杭州	评分	0.3197	0.2662	0.2690	0.2725	0.2568	0.2537	0.2530	0.2529
	排名	2	5	6	6	8	7	8	8

续表

城市	项目	资源节约				环境治理			
		2013 年	2014 年	2015 年	2016 年	2013 年	2014 年	2015 年	2016 年
南京	评分	0.3320	0.3294	0.3334	0.2291	0.2144	0.2073	0.2227	0.2457
	排名	1	2	1	11	13	14	14	11
成都	评分	0.3145	0.3379	0.3272	0.2639	0.2136	0.2500	0.2385	0.2361
	排名	3	1	2	8	14	9	11	14
深圳	评分	0.1693	0.1914	0.1977	0.2268	0.3056	0.3066	0.2979	0.2928
	排名	14	13	12	12	2	1	2	2
广州	评分	0.2601	0.2428	0.1834	0.1814	0.2669	0.2706	0.2802	0.2725
	排名	6	8	14	14	6	5	3	3
青岛	评分	0.2431	0.2462	0.2389	0.1398	0.2799	0.2721	0.2761	0.2710
	排名	8	7	7	15	4	4	4	4
厦门	评分	0.2108	0.2250	0.2247	0.2503	0.3093	0.3037	0.2992	0.2943
	排名	10	10	9	10	1	2	1	1
西安	评分	0.1976	0.1991	0.2067	0.2199	0.2195	0.2405	0.2566	0.2365
	排名	12	12	11	13	12	11	7	13
哈尔滨	评分	0.1439	0.1406	0.1451	0.2985	0.2537	0.2448	0.2354	0.2496
	排名	15	15	15	2	9	10	12	10
长春	评分	0.1803	0.1839	0.1896	0.2763	0.2347	0.2537	0.2463	0.2525
	排名	13	14	13	5	10	8	9	9
沈阳	评分	0.2199	0.2257	0.2365	0.2652	0.2569	0.2396	0.2386	0.2390
	排名	9	9	8	7	7	12	10	12
大连	评分	0.2485	0.2602	0.2821	0.2893	0.2818	0.2565	0.2638	0.2602
	排名	7	6	4	3	3	6	6	6
济南	评分	0.2714	0.2746	0.2753	0.3214	0.1944	0.1996	0.2160	0.2193
	排名	4	4	5	1	15	15	15	15
武汉	评分	0.2704	0.2824	0.2865	0.2530	0.2302	0.2337	0.2326	0.2590
	排名	5	3	3	9	11	13	13	7

"资源节约"方面,2013 年,南京得分最高(0.3320),哈尔滨得分最低(0.1439);2014 年,成都得分最高(0.3379),哈尔滨得分最低(0.1406);

2015 年,南京得分最高(0.3334),哈尔滨得分最低(0.1451);2016 年,济南得分最高(0.3214),青岛得分最低(0.1398)。

"环境治理"方面,2013 年,厦门排名第一(0.3093),济南排名最后(0.1944);2014 年,深圳排名第一(0.3066),济南排名最后(0.1996);2015 年,厦门排名第一(0.2992),济南排名最后(0.2160);2016 年,厦门排名第一(0.2943),济南排名最后(0.2193)。

从城市发展的均衡性来看,2013 年,广州、青岛、沈阳和大连几个城市相对较为均衡,其他城市则表现出明显的不均衡性;2014 年,杭州、广州、青岛、沈阳和大连几个城市相对较为均衡,其他城市则表现出明显的不均衡性;2015 年,杭州、沈阳和大连几个城市相对较为均衡,其他城市则表现出明显的不均衡性;2016 年,杭州、沈阳、宁波、武汉、成都和西安几个城市相对较为均衡,其他城市则表现出明显的不均衡性。

四、文化发展质量

1. 总体得分情况

根据指标体系和相关指标数值计算得出的 2013—2016 年 15 个副省级城市的文化发展质量得分情况如表 6-16 所示。

表 6-16　2013—2016 年各城市的文化发展质量得分情况

城市	文化发展质量			
	2013 年	2014 年	2015 年	2016 年
宁波	0.1645	0.1296	0.1493	0.2260
杭州	0.1623	0.1629	0.1808	0.2823
南京	0.2633	0.2662	0.2400	0.2310
成都	0.1486	0.1406	0.1580	0.2305
深圳	0.3541	0.3292	0.3262	0.3636
广州	0.1896	0.1661	0.1744	0.3236
青岛	0.1478	0.2423	0.2098	0.1538
厦门	0.1585	0.1392	0.1550	0.2113
西安	0.3085	0.3048	0.3154	0.2179
哈尔滨	0.1667	0.1503	0.1736	0.1660
长春	0.1269	0.1312	0.1549	0.2299

续表

城市	文化发展质量			
	2013 年	2014 年	2015 年	2016 年
沈阳	0.1507	0.1599	0.1520	0.1518
大连	0.1882	0.1640	0.1769	0.1829
济南	0.1001	0.1029	0.1047	0.1667
武汉	0.1049	0.1185	0.1203	0.2518

(1)2013—2016 年各城市的文化发展质量水平差异概述

2013—2016 年,15 个副省级城市的文化发展质量得分大部分呈上升的趋势,少数存在大幅下降的趋势,表现较为不平稳。从整体得分情况来看,2013 年,所有被评价城市可分为 4 个梯队:第一梯队为深圳、西安、南京,第二梯队为广州、大连,第三梯队为哈尔滨、宁波、杭州、厦门、沈阳、成都、青岛,第四梯队为长春、武汉、济南。2014 年,所有被评价城市可分为 4 个梯队:第一梯队为深圳、西安、南京、青岛,第二梯队为广州、大连、杭州、沈阳、哈尔滨,第三梯队为成都、厦门、长春、宁波,第四梯队为武汉和济南。2015 年,所有被评价城市可分为 5 个梯队:第一梯队为深圳、西安,第二梯队为南京、青岛,第三梯队为杭州、大连、广州、哈尔滨,第四梯队为成都、厦门、长春、沈阳、宁波,第五梯队为武汉、济南。2016 年,所有被评价城市可分为 5 个梯队:第一梯队为深圳、广州、杭州、武汉,第二梯队为南京、成都、长春,第三梯队为宁波、西安、厦门,第四梯队为大连、济南、哈尔滨,第五梯队为青岛、沈阳。

(2)2013—2016 年各城市的文化发展质量水平差异分析

2013—2016 年各城市的文化发展质量得分趋势如图 6-8 所示。

从图 6-8 可以看出,2013 年,15 个副省级城市文化发展质量得分中,所有城市的平均分为 0.1823,其中深圳得分最高(0.3541),济南(0.1001)和武汉(0.1049)得分处于最末两位,低于平均水平的城市数量达 10 个,占比2/3;2014 年,15 个副省级城市文化发展质量得分中,所有城市的平均分为 0.1805,其中深圳得分最高(0.3292),济南(0.1029)和武汉(0.1185)得分处于最末两位,青岛由 2013 年 0.1478 迅速提升至 2014 年的 0.2423,低于平均水平的城市数量增加至 11 个,文化发展差距进一步拉大,逐步形成了两大阵营,除了深圳、西安、南京、青岛得分高于 0.2400 以外,其他城市得分均不超过 0.1700;2015 年,15 个副省级城市文化发展质量得分中,所

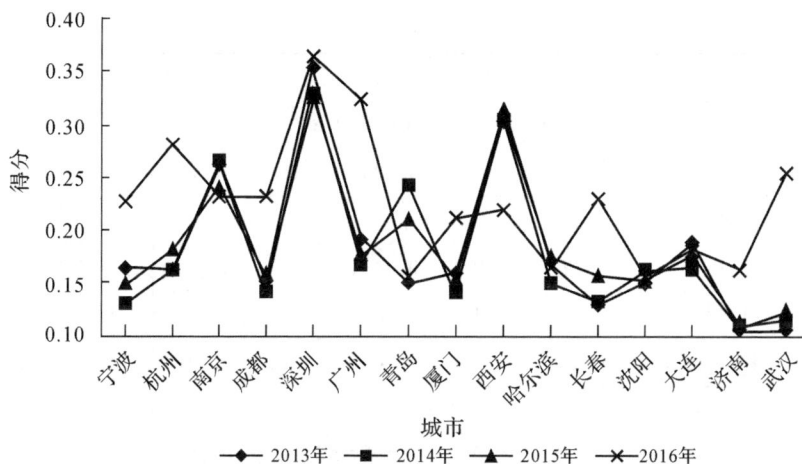

图 6-8 2013—2016 年各城市的文化发展质量得分趋势

有城市的平均分为 0.1743,其中深圳得分依旧最高(0.3262),济南(0.1047)和武汉(0.1203)得分依旧处于最末两位,深圳、西安得分及排名较上年保持稳定,南京、青岛虽然仍处于第 3 和第 4 名,得分较 2014 年却有所降低,城市间文化发展差距仍较为显著;2016 年,15 个副省级城市文化发展质量得分中,所有城市的平均分为 0.2259,较往年有小幅提升,其中深圳得分依旧最高(0.3636),广州得分(0.3236)较往年大幅提升,沈阳得分(0.1518)处于最末位,城市间文化发展差距仍较为显著,但文化发展整体水平有所提升。

2. 二级指标得分情况

2013—2016 年各城市的文化发展质量项下二级指标得分如表 6-17 所示。

表 6-17 2013—2016 年各城市的生态发展质量项下二级指标得分

城市	项目	文化资源				文化产业			
		2013 年	2014 年	2015 年	2016 年	2013 年	2014 年	2015 年	2016 年
宁波	评分	0.1244	0.0950	0.1373	0.2585	0.2092	0.1647	0.1670	0.1952
	排名	10	11	8	6	4	13	12	9
杭州	评分	0.1658	0.1530	0.1875	0.3065	0.1666	0.1766	0.1829	0.2593
	排名	6	5	5	2	10	9	6	3
南京	评分	0.3420	0.3259	0.2588	0.2098	0.2113	0.2266	0.2396	0.2511
	排名	2	3	3	10	3	2	2	4

续表

城市	项目	文化资源				文化产业			
		2013 年	2014 年	2015 年	2016 年	2013 年	2014 年	2015 年	2016 年
成都	评分	0.1567	0.1053	0.1270	0.2259	0.1528	0.1777	0.1939	0.2349
	排名	7	9	10	7	12	8	3	6
深圳	评分	0.5246	0.4865	0.4923	0.3461	0.1978	0.1820	0.1717	0.3801
	排名	1	1	1	1	6	6	11	1
广州	评分	0.1410	0.1334	0.1791	0.3052	0.2420	0.2010	0.1785	0.3410
	排名	8	7	7	3	2	3	8	2
青岛	评分	0.1322	0.3289	0.2927	0.1287	0.1712	0.1779	0.1522	0.1774
	排名	9	2	2	14	8	7	14	12
厦门	评分	0.1202	0.1050	0.1216	0.1734	0.1993	0.1737	0.1908	0.2470
	排名	11	10	12	12	5	12	4	5
西安	评分	0.0946	0.0872	0.1131	0.2219	0.5156	0.5132	0.5121	0.2141
	排名	12	12	13	8	1	1	1	7
哈尔滨	评分	0.1773	0.1311	0.1797	0.1685	0.1686	0.1743	0.1793	0.1636
	排名	5	8	6	13	9	11	7	13
长春	评分	0.0603	0.0698	0.1245	0.2668	0.192	0.1912	0.1904	0.1951
	排名	13	13	11	5	7	4	5	10
沈阳	评分	0.2309	0.1384	0.1334	0.1163	0.0896	0.1850	0.1756	0.1853
	排名	4	6	9	15	15	5	10	11
大连	评分	0.2471	0.1917	0.2313	0.2131	0.1478	0.1454	0.1391	0.1544
	排名	3	4	4	9	14	15	15	15
济南	评分	0.0463	0.0506	0.0527	0.1760	0.1508	0.1523	0.1538	0.1580
	排名	15	15	15	11	13	14	13	14
武汉	评分	0.0539	0.0580	0.0606	0.2969	0.1531	0.1756	0.1767	0.2092
	排名	14	14	14	4	11	10	9	8

"文化资源"方面,2013 年,深圳排名第一(0.5246),其他城市的得分大多分布在 0.1000 到 0.3000 之间,得分最低的是济南(0.0463);2014 年,深圳排名第一(0.4865),其他城市的得分大多分布在 0.1000 到 0.2000 之间,得分最低的是济南(0.0506);2015 年,深圳排名第一(0.4923),其他城

市的得分大多分布在 0.1000 到 0.2000 之间,得分最低的是济南(0.0527);2016 年,深圳排名第一(0.3461),其他城市的得分大多分布在0.1000 到 0.3000 之间,得分最低的是沈阳(0.1163)。

"文化产业"方面,2013 年,各城市得分的地区差异相对较为分散,西安排名第一(0.5156),沈阳排名最后(0.0896);2014 年,各城市得分的地区差异相对较为分散,西安排名第一(0.5132),大连排名最后(0.1454);2015 年,各城市得分的地区差异相对较为分散,西安排名第一(0.5121),大连排名最后(0.1391);2016 年,各城市得分的地区差异相对较为分散,深圳排名第一(0.3801),大连排名最后(0.1544)。

从城市发展的均衡性来看,2013 年,哈尔滨、成都和杭州几个城市在 2个指标上的差距相对较小,处于较为均衡的发展状态,西安、深圳、南京等则表现出较为明显的不均衡性;2014 年,哈尔滨、成都和沈阳几个城市在 2个指标上的差距相对较小,处于较为均衡的发展状态,西安、深圳、青岛等则表现出较为明显的不均衡性;2015 年,哈尔滨、南京、广州和杭州几个城市在 2 个指标上的差距相对较小,处于较为均衡的发展状态,西安、深圳、大连等则表现出较为明显的不均衡性;2016 年,哈尔滨、成都和西安几个城市在 2 个指标上的差距相对较小,处于较为均衡的发展状态,武汉、长春等则表现出较为明显的不均衡性。

五、公共服务质量

1. 总体得分情况

根据指标体系和相关指标数值计算得出的 2013—2016 年 15 个副省级城市的公共服务质量得分情况如表 6-18 所示。

表 6-18　2013—2016 年各城市的公共服务质量得分情况

城市	公共服务质量			
	2013 年	2014 年	2015 年	2016 年
宁波	0.2696	0.2502	0.2648	0.2643
杭州	0.2412	0.2479	0.2435	0.2770
南京	0.2578	0.2548	0.3054	0.2787
成都	0.2026	0.1864	0.1769	0.2062
深圳	0.2396	0.2181	0.1926	0.2166

续表

城市	公共服务质量			
	2013 年	2014 年	2015 年	2016 年
广州	0.2372	0.2393	0.2368	0.2555
青岛	0.2718	0.2644	0.2514	0.2149
厦门	0.2194	0.2114	0.2200	0.2026
西安	0.2475	0.2403	0.2262	0.2271
哈尔滨	0.2332	0.2414	0.2504	0.2397
长春	0.2408	0.2404	0.2105	0.1745
沈阳	0.2524	0.2759	0.2907	0.3104
大连	0.2217	0.2276	0.2277	0.2842
济南	0.2278	0.2637	0.2592	0.1893
武汉	0.2627	0.2652	0.2543	0.2653

(1)2013—2016 年各城市的公共服务质量水平差异概述

2013—2016 年,15 个副省级城市的公共服务质量得分呈先上升后下降,或先下降后上升的起伏趋势,4 年间的得分存在一定程度的变化,表现较为不平稳。从整体得分情况来看,2013 年,所有被评价城市可分为 4 个梯队:第一梯队为青岛、宁波、武汉、南京、沈阳,第二梯队为西安、杭州、长春、深圳、广州、哈尔滨,第三梯队为济南、大连、厦门,第四梯队为成都。2014 年,所有被评价城市可分为 4 个梯队:第一梯队为沈阳、武汉、青岛、济南,第二梯队为南京、宁波、杭州、哈尔滨、长春、西安、广州,第三梯队为大连、深圳、厦门,第四梯队为成都。2015 年,所有被评价城市可分为 4 个梯队:第一梯队为南京、沈阳,第二梯队为宁波、济南、武汉、青岛、哈尔滨,第三梯队为杭州、广州、大连、西安、厦门,第四梯队为长春、深圳、成都。2016 年,所有被评价城市可分为 5 个梯队:第一梯队为沈阳,第二梯队为大连、南京、杭州、武汉、宁波,第三梯队为广州、哈尔滨、西安,第四梯队为深圳、青岛、成都、厦门,第五梯队为济南和长春。

(2)2013—2016 年各城市的公共服务质量水平差异分析

2013—2016 年各城市的公共服务质量得分趋势如图 6-9 所示。

从图 6-9 可以看出,2013 年,15 个副省级城市公共服务质量得分中,各城市的得分普遍较高,且差异不大,青岛得分最高(0.2718),成都得分最低(0.2026);2014 年,15 个副省级城市公共服务质量得分中,各城市的得分普遍较高,但差距较 2013 年有所拉大,沈阳得分最高(0.2759),成都得

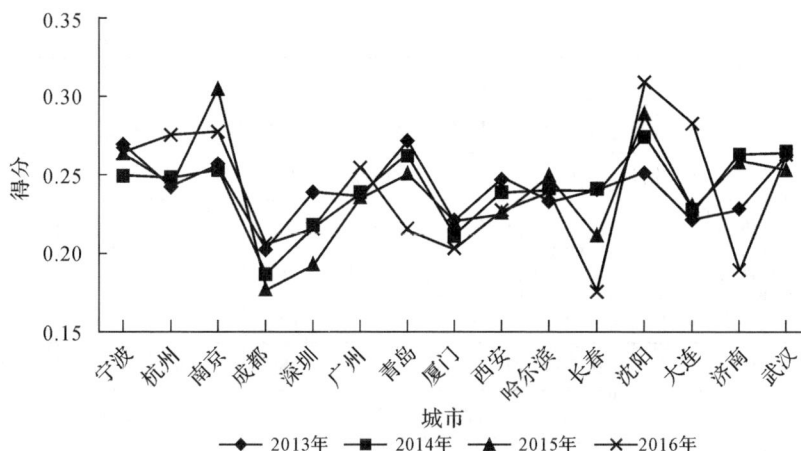

图 6-9　2013—2016 年各城市的公共服务质量得分趋势

分最低(0.1864),且较前一年得分有所下降;2015 年,15 个副省级城市公共服务质量得分中,各城市的得分普遍较高,但差距进一步拉大,南京得分最高(0.3054),南京和沈阳得分均较前两年显著提升,成都得分最低(0.1769),且较前一年得分继续下降;2016 年,15 个副省级城市公共服务质量得分中,各城市的得分普遍较高,且差距较 2015 年保持稳定,沈阳得分最高(0.3104),长春得分最低(0.1745),且较前一年得分下降较多。

2.二级指标得分情况

2013—2016 年各城市的公共服务质量项下二级指标得分如表 6-19 所示。

表 6-19　2013—2016 年各城市的公共服务质量项下二级指标得分

城市	项目	社会事业				市政设施			
		2013 年	2014 年	2015 年	2016 年	2013 年	2014 年	2015 年	2016 年
宁波	评分	0.2728	0.2497	0.2409	0.2263	0.2640	0.2512	0.3065	0.3308
	排名	4	6	9	8	4	7	3	2
杭州	评分	0.2769	0.2809	0.2540	0.3083	0.1788	0.1900	0.2251	0.2222
	排名	3	3	6	3	12	12	9	10
南京	评分	0.2384	0.2284	0.2480	0.2461	0.2917	0.3010	0.4057	0.3357
	排名	11	12	8	6	2	3	1	1
成都	评分	0.1872	0.1763	0.1693	0.2051	0.2295	0.2043	0.1902	0.2081
	排名	15	15	14	12	9	10	12	12

续表

城市	项目	社会事业				市政设施			
		2013 年	2014 年	2015 年	2016 年	2013 年	2014 年	2015 年	2016 年
深圳	评分	0.2275	0.1982	0.1660	0.1820	0.2607	0.2530	0.2390	0.2771
	排名	12	14	15	14	5	5	6	4
广州	评分	0.2463	0.2468	0.2581	0.2620	0.2214	0.2261	0.1995	0.2441
	排名	8	7	4	4	10	9	11	6
青岛	评分	0.2097	0.2061	0.2112	0.2219	0.3806	0.3665	0.3218	0.2025
	排名	13	13	12	9	1	1	2	13
厦门	评分	0.2415	0.2307	0.2386	0.1980	0.1806	0.1776	0.1873	0.2106
	排名	10	11	10	13	11	13	13	11
西安	评分	0.2532	0.2426	0.2212	0.2196	0.2375	0.2363	0.2349	0.2401
	排名	7	8	11	10	8	8	7	7
哈尔滨	评分	0.2858	0.1431	0.3017	0.2414	0.1410	0.1431	0.1605	0.2367
	排名	2	2	2	7	15	15	14	8
长春	评分	0.2419	0.2333	0.2010	0.2367	0.2390	0.2527	0.2272	0.2755
	排名	9	10	13	15	7	6	8	5
沈阳	评分	0.3031	0.3195	0.3427	0.3579	0.1636	0.1995	0.1998	0.2271
	排名	1	1	1	1	13	11	10	9
大连	评分	0.2668	0.2753	0.2779	0.3310	0.1427	0.1442	0.1397	0.2024
	排名	6	4	3	2	14	14	15	14
济南	评分	0.1943	0.2413	0.2514	0.2192	0.2864	0.3030	0.2727	0.1369
	排名	14	9	7	11	3	2	4	15
武汉	评分	0.2693	0.2704	0.2575	0.2517	0.2510	0.2560	0.2489	0.2893
	排名	5	5	5	5	6	4	5	3

"社会事业"方面,2013 年,沈阳位列第一(0.3031),成都位居末尾(0.1872);2014 年,沈阳位列第一(0.3195),成都位居末尾(0.1763);2015年,沈阳位列第一(0.3427),深圳位居末尾(0.1660);2016 年,沈阳位列第一(0.3579),长春位居末尾(0.2367)。

"市政设施"方面,2013 年,青岛位列第一(0.3806),哈尔滨位列末尾(0.1410);2014 年,青岛位列第一(0.3665),哈尔滨位列末尾(0.1431);

2015 年,南京位列第一(0.4057),大连位列末尾(0.1397);2016 年,南京位列第一(0.3357),济南位列末尾(0.1369)。

各城市在相关领域的发展存在一定的区域差异性,2013 年,宁波、广州、西安、长春和武汉几个城市在 2 个指标上的差距相对较小,处于较为均衡的发展状态,其余城市的不均衡性较为突出;2014 年,宁波、成都、广州、武汉、西安和长春几个城市在 2 个指标上的差距相对较小,处于较为均衡的发展状态,青岛、南京、哈尔滨等则表现出较为明显的不均衡性;2015 年,除了杭州、成都、西安、长春、济南和武汉几个城市外,其余城市在 2 个指标上的不均衡性较为突出;2016 年,除了成都、西安、厦门和哈尔滨几个城市外,其余城市在 2 个指标上的不均衡性较为突出。

六、城市管理质量

1. 总体得分情况

根据指标体系和相关指标数值计算得出的 2013—2016 年 15 个副省级城市的城市管理质量得分情况如表 6-20 所示。

表 6-20　2013—2016 年各城市的城市管理质量得分情况

城市	城市管理质量			
	2013 年	2014 年	2015 年	2016 年
宁波	0.2015	0.1863	0.1853	0.2218
杭州	0.2250	0.1909	0.1920	0.2403
南京	0.2531	0.2223	0.2315	0.2492
成都	0.2510	0.2414	0.2511	0.2633
深圳	0.2609	0.2606	0.2641	0.3434
广州	0.3997	0.3711	0.3542	0.2915
青岛	0.1670	0.1668	0.1806	0.2083
厦门	0.3048	0.3708	0.3647	0.3715
西安	0.2844	0.2421	0.2364	0.1972
哈尔滨	0.1604	0.1393	0.1438	0.1350
长春	0.1341	0.1259	0.1328	0.1520
沈阳	0.2161	0.1772	0.1663	0.2159
大连	0.1824	0.1561	0.1536	0.1737
济南	0.1965	0.1724	0.1712	0.2025
武汉	0.2492	0.2683	0.2739	0.2171

(1)2013—2016 年各城市的城市管理质量水平差异概述

2013—2016 年,15 个副省级城市的城市管理质量得分大部分呈平稳上升的趋势,但城市之间得分的差距较大。从整体得分情况来看,2013年,所有被评价城市可分为 5 个梯队:第一梯队为广州,第二梯队为厦门、西安,第三梯队为深圳、南京、成都、武汉,第四梯队为杭州、沈阳、宁波、济南,第五梯队为大连、青岛、哈尔滨、长春。2014 年,所有被评价城市可分为 4 个梯队:第一梯队为广州、厦门,第二梯队为武汉、深圳、西安、成都、南京,第三梯队为杭州、宁波、沈阳、济南、青岛、大连,第四梯队为哈尔滨、长春。2015 年,所有被评价城市可分为 3 个梯队:第一梯队为厦门、广州,第二梯队为武汉、深圳、成都、西安、南京,第三梯队为杭州、宁波、青岛、济南、沈阳、大连、哈尔滨、长春。2016 年,所有被评价城市可分为 4 个梯队:第一梯队为厦门、深圳,第二梯队为广州、成都、南京、杭州,第三梯队为宁波、武汉、沈阳、青岛、济南,第四梯队为西安、大连、长春、哈尔滨。

(2)2013—2016 年各城市的城市管理质量水平差异分析

2013—2016 年各城市的城市管理质量得分趋势如图 6-10 所示。

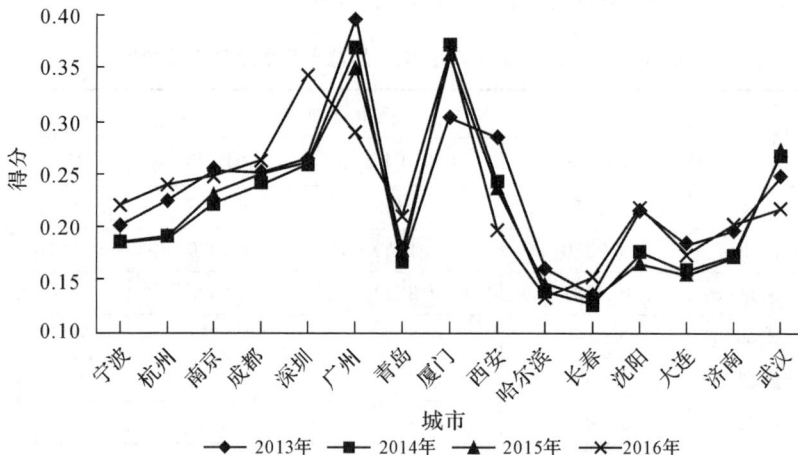

图 6-10　2013—2016 年各城市的城市管理质量得分趋势

从图 6-10 可以看出,2013 年,15 个副省级城市的城市管理质量得分中,各城市的得分差距较大,广州得分最高(0.3997),长春得分最低(0.1341);2014 年,15 个副省级城市的城市管理质量得分中,广州得分最高(0.3711),长春得分最低(0.1259);2015 年,15 个副省级城市管理质量得分中,厦门得分最高(0.3647),长春得分最低(0.1328);2016 年,15 个副省级城市管理质量得分中,厦门得分最高(0.3715),哈尔滨得分最低

（0.1350）。

2．二级指标得分情况

2013—2016 年各城市的城市管理质量项下二级指标得分如表 6-21
所示。

表 6-21　2013—2016 年各城市的城市管理质量项下二级指标得分

城市	项目	城乡建设				持续发展			
		2013 年	2014 年	2015 年	2016 年	2013 年	2014 年	2015 年	2016 年
宁波	评分	0.2089	0.1817	0.1815	0.2067	0.1922	0.1921	0.1899	0.2406
	排名	10	9	9	7	9	9	9	7
杭州	评分	0.2343	0.1788	0.1771	0.1965	0.2133	0.2061	0.2106	0.2951
	排名	8	11	11	11	7	7	6	4
南京	评分	0.2869	0.2368	0.2539	0.2678	0.2108	0.2041	0.2036	0.2258
	排名	3	5	3	3	8	8	8	9
成都	评分	0.2671	0.2041	0.2288	0.2164	0.2309	0.2333	0.2790	0.3219
	排名	6	3	6	5	5	3	3	3
深圳	评分	0.2061	0.1812	0.1753	0.3466	0.3295	0.3599	0.3751	0.3395
	排名	11	10	12	2	2	2	2	1
广州	评分	0.2867	0.2427	0.2398	0.2580	0.5411	0.5318	0.4972	0.3334
	排名	4	4	4	4	1	1	1	2
青岛	评分	0.1957	0.1788	0.1783	0.1881	0.1310	0.1518	0.1835	0.2335
	排名	12	12	10	12	14	13	10	8
厦门	评分	0.3308	0.4447	0.4341	0.4446	0.2724	0.2784	0.2779	0.2801
	排名	1	1	1	1	3	3	4	5
西安	评分	0.3060	0.2341	0.2362	0.2013	0.2574	0.2522	0.2366	0.1920
	排名	2	6	5	9	4	4	5	12
哈尔滨	评分	0.1569	0.1321	0.1356	0.1066	0.1647	0.1482	0.1541	0.1704
	排名	14	14	14	15	12	14	12	14
长春	评分	0.1416	0.1282	0.1288	0.1368	0.1248	0.1231	0.1379	0.1709
	排名	15	15	15	14	15	15	15	13
沈阳	评分	0.2484	0.1853	0.1816	0.2146	0.2484	0.1670	0.1472	0.2176
	排名	7	7	8	6	10	10	14	10

续表

城市	项目	城乡建设				持续发展			
		2013 年	2014 年	2015 年	2016 年	2013 年	2014 年	2015 年	2016 年
大连	评分	0.1915	0.1558	0.1530	0.1791	0.1711	0.1565	0.1543	0.1669
	排名	13	13	13	13	11	11	11	15
济南	评分	0.2277	0.1851	0.1901	0.2033	0.1575	0.1564	0.1477	0.2014
	排名	9	8	7	8	13	12	13	11
武汉	评分	0.2775	0.3129	0.3260	0.1971	0.2137	0.2125	0.2086	0.2421
	排名	5	2	2	10	6	6	7	6

　　"城乡建设"方面,2013 年,厦门位列第一(0.3308),紧随其后的是西安(0.3060),长春位列末尾(0.1416);2014 年,厦门位列第一(0.4447),紧随其后的是武汉(0.3129),长春位列末尾(0.1282);2015 年,厦门位列第一(0.4341),紧随其后的是武汉(0.3260),长春位列末尾(0.1288);2016 年,厦门位列第一(0.4446),紧随其后的是深圳(0.3466),哈尔滨位列末尾(0.1066)。

　　"持续发展"方面,2013 年,广州最高(0.5411),深圳、厦门、西安处于第二梯队,长春位列最后(0.1248);2014 年,广州最高(0.5318),深圳、厦门、西安处于第二梯队,长春位列最后(0.1231);2015 年,广州最高(0.4972),深圳、成都、厦门处于第二梯队,长春位列最后(0.1379);2016 年,深圳最高(0.3395),广州、成都、杭州处于第二梯队,大连位列最后(0.1669)。

　　在均衡性方面,2013 年,除了杭州、宁波、哈尔滨和大连几个城市外,其余城市在 2 个指标的分布上不均衡性较为突出;2014 年,除了杭州、宁波、哈尔滨和大连几个城市外,其余城市在 2 个指标的分布上不均衡性较为突出;2015 年,除了青岛、宁波、长春和大连几个城市外,其余城市在 2 个指标的分布上不均衡性较为突出;2016 年,除了西安、深圳、沈阳和大连济南几个城市外,其余城市在 2 个指标的分布上不均衡性较为突出。

第七章　城市发展质量预测研究

——以副省级城市为例

本研究在进行城市发展质量预测时，采用的是趋势外推预测法，运用的模型为多项式曲线预测模型。通过误差最小法确定了 15 个副省级城市的城市发展指标预测模型。趋势外推预测法假设影响过去事物发展的因素在很大程度上也会影响该事物未来的发展，并且事物发展变化的过程一般是渐进式的而非跳跃式的。在此理论基础上，对过去和现在的数据资料进行分析，找出事物发展的规律，即可依据这种规律预测其未来趋势和状态。

预测过程主要包括以下六个步骤：

一是选择预测参数。本研究针对想要预测的对象，出于对稳健性方面的考量，从子系统和综合指标这两个角度分别对城市的发展质量进行了预测。前者选取的为经济发展质量、社会发展质量、生态发展质量、文化发展质量、公共服务质量、城市管理质量这 6 个参数，后者则直接选取了城市综合质量指标作为预测参数。

二是搜集必要的数据。数据主要从 15 个副省级城市 2013—2016 年的年鉴上通过手工采集而来。鉴于城市发展质量在中国还是一个新兴的引入概念，早年的原始数据有着严重的缺失，因此各个城市之间的预测参数存在不可比的隐患。为避免预测结果失效，仅选取了 2013 年以后的原始数据作为观测值。

三是拟合曲线。在趋势外推模型中，每一种增长曲线模型各有特点，需要根据所分析变量的变动特征选择合适的曲线。在本研究中，研究者选用的是误差最小法，即采用多种曲线模型进行拟合，并比较每一种拟合模型的预测误差，选择误差最小的曲线模型作为增长模型。而这一选择主要是靠 Stata 软件来实现的。实际操作中，只要将数据输入系统中，选择需要拟合的曲线类型,系统就会自动进行拟合。最后,依据拟合效果选择最好的增长曲线模型。

四是趋势外推。根据上一步骤得到的预测估计模型,将时间变量代入,即可得到预测对象的估计值。

五是预测分析。在得出预测结果后,研究者主要从纵向内部比较和横向外部比较这两个方面进行了分析,以综观同一城市不同时间上的发展程度,明晰自身在发展过程中的得失,以及不同城市同一时间的质量差异。

六是研究预测结果在制定规划和决策中的应用。对城市质量从系统和整体两个方面进行分析后,得出各个城市在未来综合发展的水平以及自身发展在以上六个方面的不足与优势,以便于政府在今后发展城市时出台更加贴合自身发展的政策。

城市发展质量评价指标分别从系统论和整体论的角度出发。前者将城市质量系统分解为经济发展、文化发展、社会发展、生态发展、公共服务和城市管理六个子系统,通过评价子系统间的协调发展状况来刻画城市系统的协调发展水平。在测算完15个副省级城市经济发展、文化发展、社会发展、生态发展、公共服务和城市管理等子系统的综合质量水平的基础上,对15个副省级城市经济发展、文化发展、社会发展、生态发展、公共服务和城市管理间的协调发展状况进行评价分析,然后对六个子系统的综合协调发展水平进行评价分析。后者直接在综合指标的层面上对各个城市的城市发展质量做出预测,继而进行了总体分析。通过预测各个协调指数的未来发展趋势,对15个副省级城市"十三五"期间城市系统的协调发展趋势做出判断,进而为相关部门推进城市发展的决策提供支撑。预测部分的分析框架如图7-1所示。

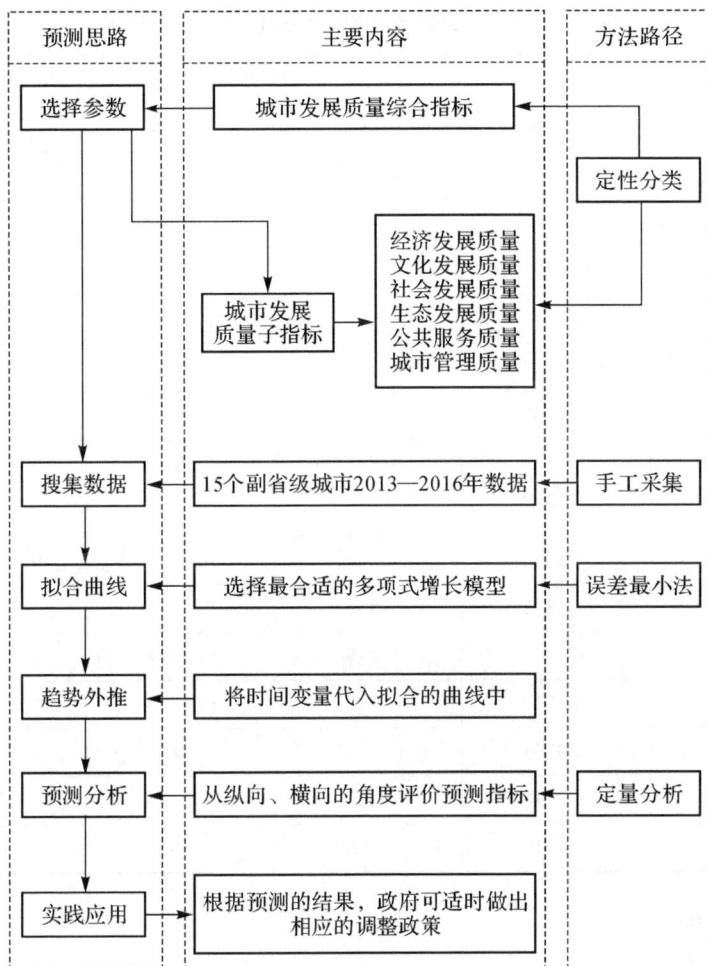

图 7-1　预测框架

第一节　子系统城市发展质量预测结果

以下图表中的数据是以宁波、杭州等 15 个副省级城市 2013—2016 年的数据为基础,建立简单一元模型后得到的 2017—2020 年的预测值。

一、经济发展质量预测

2017—2020 年各城市的经济发展质量预测情况如表 7-1、图 7-2 所示。

表 7-1　2017—2020 年各城市的经济发展质量预测

城市	经济发展质量			
	2017 年	2018 年	2019 年	2020 年
宁波	0.2860	0.3035	0.3211	0.3386
杭州	0.2960	0.3132	0.3304	0.3476
南京	0.3123	0.3511	0.4054	0.4776
成都	0.2476	0.3307	0.4399	0.5750
深圳	0.3044	0.2751	0.2459	0.2166
广州	0.3003	0.3294	0.3638	0.4035
青岛	0.2465	0.2574	0.2684	0.2794
厦门	0.2974	0.3538	0.4305	0.5275
西安	0.2918	0.3538	0.4404	0.5556
哈尔滨	0.2941	0.3631	0.4446	0.5387
长春	0.2044	0.2450	0.3017	0.3771
沈阳	0.2313	0.2357	0.2408	0.2466
大连	0.3861	0.4283	0.4705	0.5127
济南	0.2578	0.3073	0.3704	0.4469
武汉	0.4015	0.4759	0.5637	0.6650

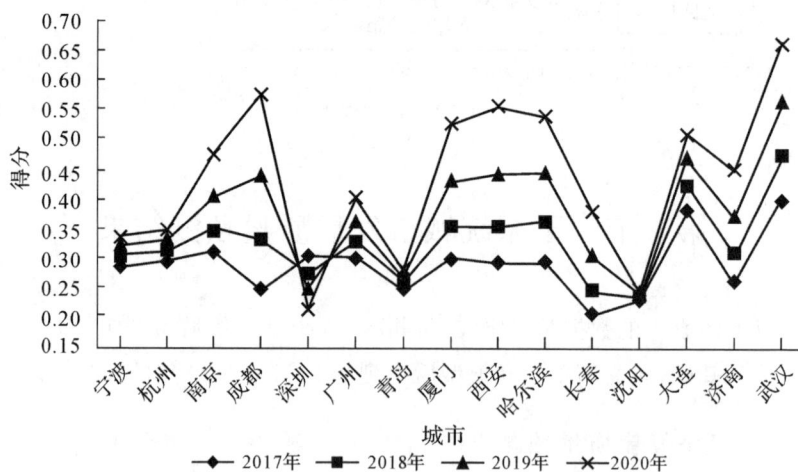

图 7-2　2017—2020 年各城市的经济发展质量预测

经济发展质量的内涵包括经济效益和社会效益两方面的内容,经济效益考察的是一定时期经济活动投入与产出的数量关系,以及经济活动所包含的质量的内容;社会效益即经济活动结果对其他领域的作用或影响。基于前 4 年的得分趋势,以及随着城市经济更加注重"高质量"发展,通过科技创新驱动产业结构的进一步调整转型,15 个副省级城市未来 4 年的经济发展质量预计将普遍逐步提高,到 2020 年大部分城市得分将位于 0.3000—0.6000 之间。

其中,南京、成都、武汉基于区域优势,以及当前城市经济较大的发展空间,城市发展质量预计在未来将提升得尤为显著。长期以来,中部地区是我国重要的工业、农业和能源基地,更是全国重要的交通枢纽和物流中心,而且国家的中部崛起政策为中部地区的发展带来了重要的政策机遇。国家推动国民经济增长的重点由过去过分依赖出口转向扩大内需,使得居于内地中心的中部地区重新获得了市场优势,为广大中部地区的经济增长提供了重要的发展机遇。

青岛和沈阳由于前 4 年的城市经济质量得分一直处于低位且有下降的趋势,尤其是沈阳在 2016 年得分下降为 0.1228(见表 6-8),位居最后一名,因此根据预测,如果这两个城市不在经济发展方面采取进一步的举措,城市的经济发展质量将不会有较大提升,得分预计不超过 0.3000。东北地区作为中国老工业基地,在中国具有非常重要的地位。在传统的计划经济时期,东北地区在全国产业分工体系中,被赋予能源、原材料生产基地的职能,但把矿产能源作为初级产品销往全国,价格十分低廉,回报率低,因此,经济发展质量较低。

总而言之,城市的经济规模大、产出多、实力强,其经济发展质量不一定就很高,而一些规模较小的城市,经济发展质量却有可能位居大城市之前。提高城市经济发展质量的途径有:调整城市经济发展战略,从注重速度、数量转变到注重质量上来;加快经济发展,培育和壮大城市主导经济、主导产业;坚持公共财政的改革方向,加大社会事业投入,促进经济与社会协调发展;在经济发展过程中加强对环境的治理和保护,实现经济和环境的协调发展;等等。

二、社会发展质量预测

2017—2020 年各城市的社会发展质量预测情况如表 7-2、图 7-3 所示。

表 7-2 2017—2020 年各城市的社会发展质量预测

城市	社会发展质量			
	2017 年	2018 年	2019 年	2020 年
宁波	0.3753	0.4109	0.4466	0.4823
杭州	0.2651	0.2828	0.3005	0.3181
南京	0.2719	0.2849	0.2978	0.3108
成都	0.2804	0.3375	0.4129	0.5065
深圳	0.2387	0.2190	0.1992	0.1794
广州	0.2045	0.1694	0.1203	0.0549
青岛	0.1937	0.1895	0.1824	0.1725
厦门	0.2570	0.3049	0.3872	0.5119
西安	0.2263	0.1704	0.0985	0.0107
哈尔滨	0.2142	0.2673	0.3414	0.4399
长春	0.2150	0.2384	0.2617	0.2850
沈阳	0.1620	0.1565	0.1465	0.1321
大连	0.2610	0.3639	0.5112	0.7103
济南	0.4210	0.5032	0.6003	0.7124
武汉	0.2726	0.2349	0.1754	0.0940

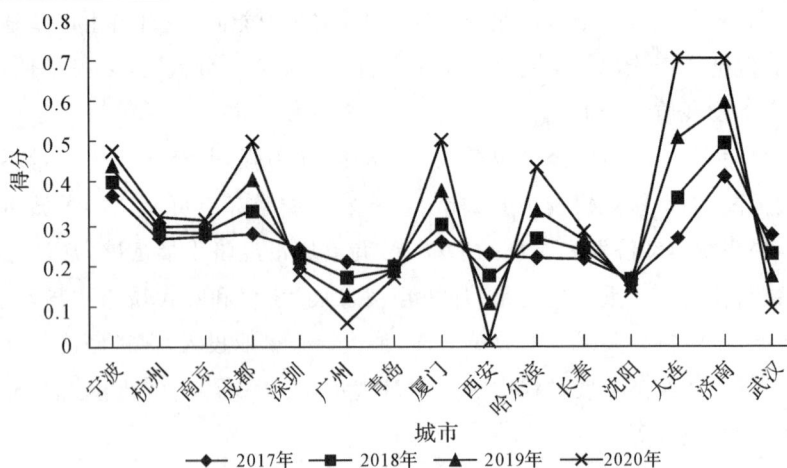

图 7-3 2017—2020 年各城市的社会发展质量预测

　　基于前 4 年的得分趋势,以及人口继续老龄化、二胎政策的放开尚未带来人口红利的增加等因素,且社会发展是与经济、政治、科技、文化等方面的发展相辅相成的,社会发展的负担也逐渐加重,城市社会发展质量预计未来 4 年总体来说小幅提升。成都、厦门、大连、济南在未来 4 年的社会质量得分均稳步提升,城市居民教育素质水平总体较高,且由于城乡义务教育经费保障机制的全面实施,以及高中阶段教育在中心城市的逐步普及,到 2020 年得分预计位于 0.5000—0.7000 之间。杭州、南京、长春在未来 4 年的得分较为稳定,基本位于 0.2500—0.3000 之间。深圳、广州、青岛、西安、武汉在未来 4 年的得分预计会小幅下降。城市人口规模膨胀考验的是城市的承载能力,通过提高基础设施水平和城市管理水平,城市能够大幅提升对人口密度和人口规模的承载能力。

就东、中、西的整体发展状况而言,东部地区社会发展质量的态势明显高于中部和西部地区,且大都有发展的优势;除中部地区的武汉发展态势相对较高外,中部和西部社会发展质量的态势高低分界线并不明显。从预测的排名来看,未来我国社会发展质量排名前五名基本为济南、大连、成都、厦门和宁波,排名最后三名基本上是沈阳、西安和广州。

提高城市社会发展质量的途径有:在规划设计上,注重愿景与动力的匹配;在提升方式上,注重经验与创新的并举;在外部关系上,注重人口与产业的平衡;等等。各城市在人口发展领域的差距较小,特点比较一致和集中,人口适度增长,但结构问题较为普遍;城市从业人员就业结构较为合理。这说明,第三产业在带动城市经济、社会快速发展和扩大就业方面的作用逐渐显现。各城市间的城乡居民收入差距比值相近,城市居民消费价格水平有一定上升,但相对稳定。

三、生态发展质量预测

2017—2020 年各城市的生态发展质量预测情况如表 7-3、图 7-4 所示。

表 7-3　2017—2020 年各城市的生态发展质量预测

城市	生态发展质量			
	2017 年	2018 年	2019 年	2020 年
宁波	0.2806	0.3020	0.3318	0.3716
杭州	0.2774	0.3051	0.3438	0.3936
南京	0.2707	0.2769	0.2842	0.2926
成都	0.2999	0.3218	0.3478	0.3776
深圳	0.2718	0.2752	0.2785	0.2819

续表

城市	生态发展质量			
	2017 年	2018 年	2019 年	2020 年
广州	0.2306	0.2217	0.2129	0.2040
青岛	0.2427	0.2034	0.1467	0.0727
厦门	0.2884	0.3065	0.3349	0.3756
西安	0.2482	0.2569	0.2655	0.2741
哈尔滨	0.2340	0.2824	0.3622	0.4801
长春	0.2987	0.3587	0.4424	0.5538
沈阳	0.2699	0.3010	0.3419	0.3926
大连	0.2862	0.3062	0.3324	0.3647
济南	0.2848	0.3264	0.3828	0.4563
武汉	0.2605	0.2642	0.2680	0.2717

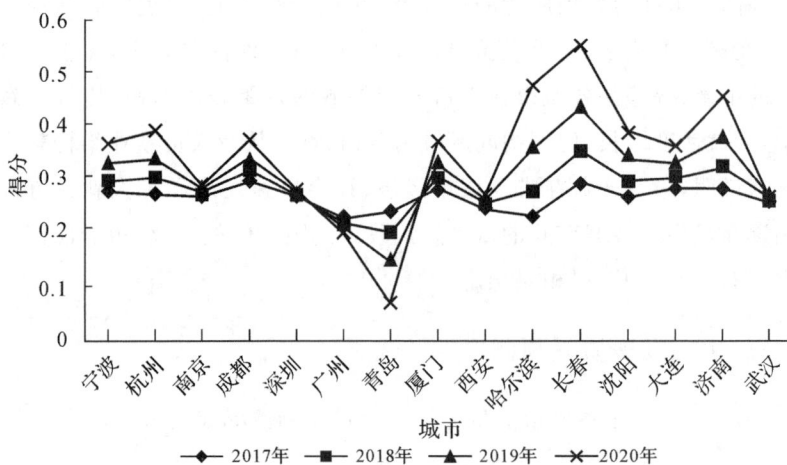

图 7-4　2017—2020 年各城市的生态发展质量预测

　　基于前 4 年的得分趋势,以及随着城市对环境治理和资源节约的重视,15 个副省级城市在未来 4 年的生态发展质量预计将较前 4 年普遍逐步提高,到 2020 年大部分城市的得分将位于 0.3000—0.6000 之间。深圳在 15 个副省级城市中的发展质量综合排名蝉联第一(见表 6-4),从一级指标得分来看,深圳 6 项指标得分均高于平均分,城市整体发展质量表现较为均衡,发展质量优势依然明显,这为其在今后较长一段时间内继续高速、可持续发展奠定了坚实的基础。根据城市生态发展质量现状的评价与分析,结合城市社会发展、经济建设、环境保护等各方面所面临的问题,由于广州前 4 年的城市生态发展得分一直处于下滑趋势,如果未来在生态保护上不实行新的政策举措,预计未来 4 年的得分将进一步下滑,至 2020 年为 0.2000 左右。而青岛由于 2016 年名次较往年下降较多,预计未来得分将有明显的下滑趋势,并与其他城市产生较大差距。

城市生态发展质量评价是协调城市发展与环境保护关系的需要,是进行城市生态环境综合整治、促进城市生态系统良性循环的需要,同时也是制定城市经济、社会发展计划和城市环境规划的基础。

提高城市生态发展质量的途径有:优化产业结构,大力发展第三产业;加强城市生态环境建设,提高城市环境质量;大力发展循环经济,促进生态经济协调发展;加强城市生态环境建设,提高人民生活质量和水平;加强环保宣传教育,引导公众积极参与;等等。

四、文化发展质量预测

2017—2020 年各城市的文化发展质量预测情况如表 7-4、图 7-5 所示。

表 7-4　2017—2020 年各城市的文化发展质量预测

城市	文化发展质量			
	2017 年	2018 年	2019 年	2020 年
宁波	0.3572	0.5432	0.7846	1.0815
杭州	0.5347	0.9274	1.5199	2.3515
南京	0.2052	0.1720	0.1328	0.0875
成都	0.3995	0.6794	1.1056	1.7075
深圳	0.3893	0.4548	0.5432	0.6545
广州	0.5929	1.0998	1.8838	3.0016
青岛	0.3183	0.3937	0.4829	0.5858
厦门	0.3924	0.6485	1.0236	1.5375
西安	0.3287	0.3364	0.3454	0.3558
哈尔滨	0.1591	0.1450	0.1222	0.0887
长春	0.3370	0.4951	0.7156	1.0091
沈阳	0.1571	0.1585	0.1616	0.1669
大连	0.2109	0.2494	0.3015	0.3672
济南	0.2036	0.2498	0.3085	0.3799
武汉	0.3230	0.4434	0.6159	0.8492

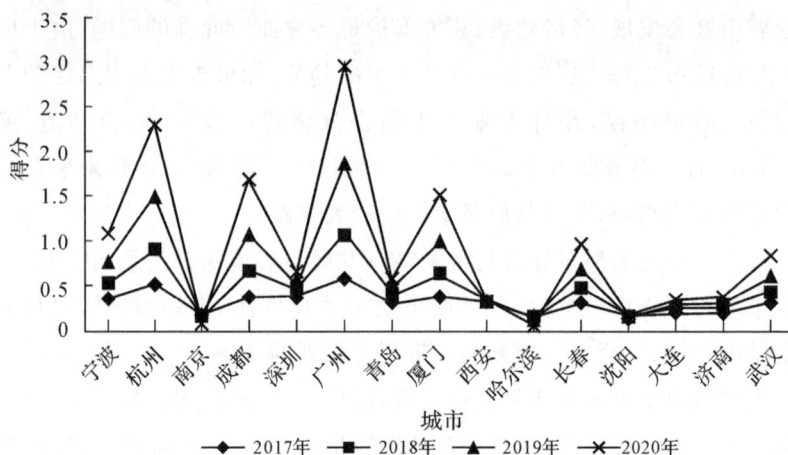

图 7-5　2017—2020 年各城市的文化发展质量预测

　　从城市文化的角度对城市发展的若干属性和内涵进行挖掘,是将复杂的都市体系抽象成可以定量研究的指标,并不是对城市发展进行全面评价。基于前 4 年的得分趋势选取典型性的评价指标和易度量的评价因子,以及随着城市发展过程中对文化、体育、教育等软实力的重视,15 个副省级城市在未来 4 年的文化发展质量预计将较前 4 年普遍大幅提升,到 2020 年大部分城市的得分将位于 0.5000—1.7000 之间。其中,广州和杭州由于具有较为优质的文化资源发展基础,预计在未来 4 年将保持城市文化发展质量的领先地位,且显著优于其他 13 个城市。此外,成都和厦门由于自身的城市文化发展特色,预计在未来 4 年的文化发展质量得分也将保持较快且基本一致的增长趋势,位于 15 个城市的第二梯队。而沈阳和哈尔滨位于东北,文化发展比其他城市要慢,若不加大力度发展城市文化,预计到 2020 年,城市文化发展质量得分仍将处于 0.1600 以下,与其他城市的文化发展质量水平差距进一步拉大。

　　评价的最终目的并不是得到一个孰优孰劣的结果,而是将评价结果应用到实际中去。基于城市文化视角建立城市发展质量评价体系的主要目的是指导城市政策的制定、引导城市财政的投入等,最终的目的是实现城市发展质量的整体提升。评价体系很难具有普适性,重要的是具有可操作性。从城市的整体发展质量上来看,杭州的发展质量表现出了较好的均衡性。2016 年,其经济发展、文化发展和公共服务质量排名分别为第三、三、四位,生态发展水平稍显不足,排名第七,但也处于中等偏上水平,这表明杭州的城市发展已经领先全国绝大多数城市,也意味着杭州在未来发展中蕴含了巨大潜力。深圳、广州、杭州等城市的发展,应以全面、协调提升为重点;而武汉、青岛、西安等不均衡性突出的城市,则应着力优先解决质量发展的短板问题,再谋求城市发展质量的全面提升。

五、公共服务质量预测

2017—2020 年各城市的公共服务质量预测情况如表 7-5、图 7-6 所示。

表 7-5　2017—2020 年各城市的公共服务质量预测

城市	公共服务质量			
	2017 年	2018 年	2019 年	2020 年
宁波	0.2855	0.3136	0.3512	0.3982
杭州	0.3062	0.3551	0.4235	0.5144
南京	0.3630	0.3965	0.4329	0.4722
成都	0.2878	0.4450	0.6983	1.0684
深圳	0.2965	0.4639	0.7428	1.1582
广州	0.2704	0.2961	0.3320	0.3798
青岛	0.2602	0.2349	0.1950	0.1405
厦门	0.1916	0.1718	0.1443	0.1075
西安	0.2404	0.2764	0.3416	0.4431
哈尔滨	0.2596	0.2712	0.2849	0.3007
长春	0.2293	0.1988	0.1505	0.0844
沈阳	0.3295	0.3484	0.3673	0.3862
大连	0.3386	0.4281	0.5530	0.7192
济南	0.4036	0.4802	0.5707	0.6752
武汉	0.2840	0.3221	0.3839	0.4745

城市公共服务这项由政府部门承担、向市民提供的服务,包括义务教育、公共卫生和基本医疗、基本社会保障、公共就业服务等内容。随着城市公共服务更加重视社会事业,以及市政设施的进一步建设和完善,这部分评价和预测借鉴了全球先进的指标系统,设立了多维度的指标体系,聚焦公用设施服务、信息化服务等领域的重点监测指标。基于前 4 年的得分趋势,15 个副省级城市在未来 4 年的公共服务质量预计将普遍逐步提高,到 2020 年,大部分城市得分将位于 0.3000—0.8000 之间。其中,成都、深圳

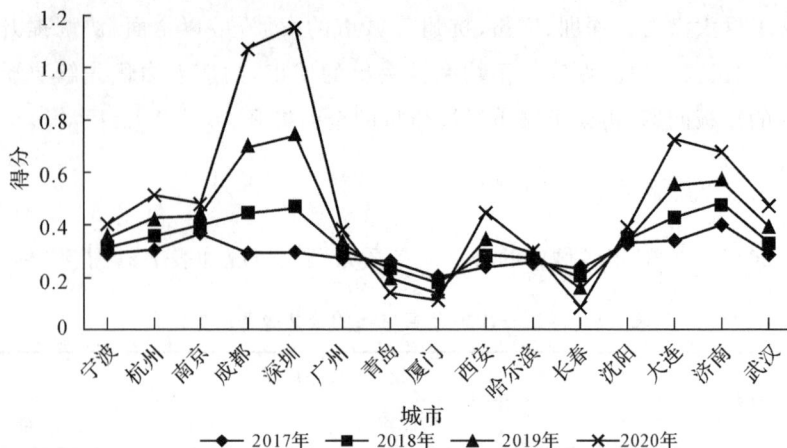

图 7-6　2017—2020 年各城市的公共服务质量预测

基于区域优势,以及当前城市公共服务较大的发展空间,城市公共服务发展质量预计在未来将提升得尤为显著。而长春、厦门和青岛由于前4年的城市公共服务质量得分一直处于低位且有下降的趋势,尤其是长春在2020年得分下降为0.0844,位居最后一名,因此根据预计,如果这3个城市不在公共服务发展方面采取进一步的举措,城市的公共服务发展质量将不会有较大提升,得分预计不会超过0.2000。基于对华东地区公共服务质量的评价和分析结果,该地区虽整体呈现不断进步的良好发展态势,但在养老保障、环境保护和公共设施等方面仍然存在着一定问题。

提升公共服务质量既要加快政府购买公共服务的改革进程,夯实质量提升的制度基础,又要进一步完善监督评价机制。公共服务质量的评价是提高政府监督力度和公共服务质量的有效方式,更是推动政府职能转变的新手段,在检测城市公共服务质量过程中有着不可忽视的重要作用。从具体指标来看,居民健康水平相对较高,社会保障和社会福利水平地区间发展不均衡;地方财政对教育、卫生、文化等领域投入力度的差异较大;城乡社会信息化程度较高,农村居民居住条件总体较好,信息技术的快速发展推动着城市现代化的不断进步。

六、城市管理质量预测

2017—2020 年各城市的城市管理质量预测情况如表 7-6、图 7-7 所示。

表 7-6　2017—2020 年各城市的城市管理质量预测

城市	城市管理质量			
	2017 年	2018 年	2019 年	2020 年
宁波	0.3155	0.4882	0.7609	1.1548
杭州	0.3555	0.5527	0.8486	1.2596
南京	0.2989	0.3712	0.4678	0.5885
成都	0.2905	0.3277	0.3758	0.4347
深圳	0.4174	0.5404	0.7120	0.9404
广州	0.4395	0.4737	0.5079	0.5420
青岛	0.2494	0.3120	0.3993	0.5155
厦门	0.3274	0.2580	0.1591	0.0305
西安	0.1731	0.1464	0.1196	0.0929
哈尔滨	0.1421	0.1534	0.1708	0.1944
长春	0.1854	0.2324	0.2931	0.3673
沈阳	0.3707	0.6689	1.1506	1.8557
大连	0.2173	0.2841	0.3741	0.4873
济南	0.2782	0.4092	0.6065	0.8812
武汉	0.2747	0.2639	0.2463	0.2219

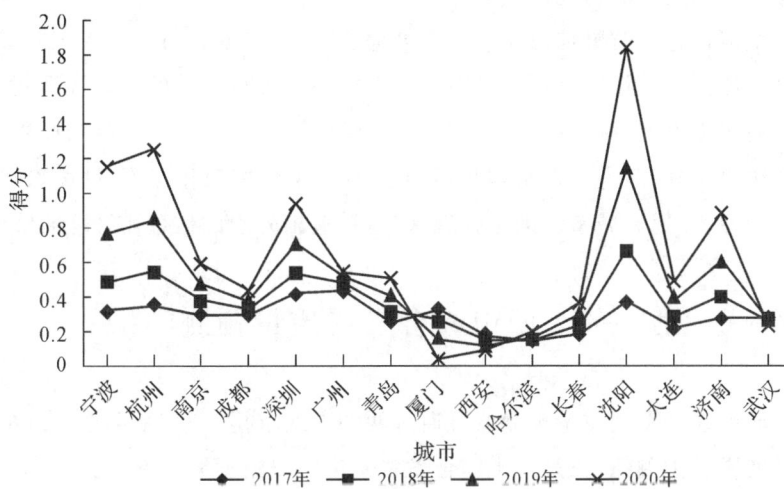

图 7-7　2017—2020 年各城市的城市管理质量预测

随着城市对城乡建设和城市持续发展的重视,城市管理者要继续以建设美好城市并满足居民生活需求为根本出发点,在"建设精品化、管理精细化"原则指导下,规划好城市的未来发展,并落实相关政策,对城市发展建设情况进行有效的监督和管理,进而提升城市的发展质量,并同步加强城市管理的效率,建成更高质量的城市。基于前4年的得分趋势,15个副省级城市在未来4年的城市管理质量预计将较前4年普遍逐步提高,到2020年,大部分城市得分将位于0.2000—1.0000之间。其中由于2016年沈阳得分较前一年提升较多,2017年跃升到第3位,全面提升了城市品质,城市功能进一步完善,因此预计未来4年沈阳将继续保持该趋势,得分迅速提高。由于哈尔滨前4年的城市管理质量得分一直处于下滑趋势,如果未来在城市管理上不实行新的政策举措,预计未来4年的得分也不会有太明显的提高。作为东北老工业城市的哈尔滨,在早期阶段的发展是建立在资源的过度消耗的基础上的,其环境受到了严重的污染,因此,其城市化的发展进程受到了严重影响。哈尔滨早期享有"共和国之子"的美誉,在新中国成立初期,其经济总量在全国占有较高的比重,但由于我国当时实行的是计划经济政策,因此,国有企业存在能耗和污染远高于经济效益的问题。作为我国经济体制的历史遗留问题,哈尔滨在城市发展的现阶段也存在着如单位GDP能耗大、固定成本高、回收利用率低等问题。以上问题给哈尔滨的城市管理造成了巨大的压力,若不及时解决上述问题,质量发展政策未能有效落实,城市经济结构未能完成健康转型,哈尔滨的城市发展将会出现不尽如人意的情况。

城市各管理监督部门应借助大数据、移动互联网、云计算、人工智能等信息管理技术,对城市建设、管理和监督等环节进行有效的互联互通;按照科学的城市发展理论,明确城市管理的各项条例,包括管理范围、职能、程序和法律法规等,为打造精细化城市提供有效的帮助和借鉴,助力城市精细化管理,并提高城市精细化管理水平,打造出先进的信息化管理的城市。

第二节　城市综合发展质量预测结果

城市综合发展质量预测值可通过两种方式求得,一是基于子系统的城市发展质量预测值,二是基于综合发展质量历史数据的预测值。

一、基于子系统的城市发展质量预测值

基于子系统的城市发展质量预测值是将上一节的各子系统预测值通

过调整过的权重,计算得出城市综合发展质量水平得分,预测结果如表7-7、图7-8所示。

表 7-7　2017—2020 年各城市的综合发展质量预测值(间接法)

城市	综合发展质量			
	2017 年	2018 年	2019 年	2020 年
宁波	0.3146	0.3695	0.4418	0.5337
杭州	0.3169	0.3945	0.5056	0.6563
南京	0.2888	0.3113	0.3405	0.3774
成都	0.2878	0.3777	0.5059	0.6777
深圳	0.3025	0.3248	0.3653	0.4272
广州	0.3066	0.3640	0.4494	0.5684
青岛	0.2432	0.2495	0.2543	0.2580
厦门	0.2887	0.3376	0.4107	0.5121
西安	0.2572	0.2674	0.2846	0.3108
哈尔滨	0.2344	0.2765	0.3325	0.4044
长春	0.2381	0.2839	0.3447	0.4231
沈阳	0.2382	0.2735	0.3269	0.4022
大连	0.3023	0.3605	0.4367	0.5330
济南	0.3095	0.3747	0.4587	0.5631
武汉	0.3162	0.3465	0.3832	0.4278

　　表 7-7 和图 7-8 呈现了本研究对我国 15 个副省级城市进行全方位和系统性的预测后的结果,直观地反映了中国城市的发展现状,昭示了我国下一步城市化进程和实现高发展质量的道路和方向。从区域分布上看,东部沿海地区以 8 个城市遥遥领先;中西部地区只有 3 个,即武汉、成都和西安;东北地区则有 4 个,分别是东北三省的省会以及大连。从表 7-7、图 7-8 可以看出,由间接预测法测算出来的各个城市的发展水平比较均衡,城市之间没有特别大的差距,到 2020 年,成都和杭州居于第一梯队,广州、济南和宁波等位居第二梯队,青岛和西安居于最后。其中,成都和杭州由于 2016 年的城市综合发展得分大幅提升而跃居第一梯队,因此,预计未来 4 年成都和杭州会借助优势,进一步大幅提升城市综合发展质量。大连、宁波、厦门、广州和济南在未来的 4 年,城市综合得分均稳步提升,到 2020 年得分位于 0.5000—0.6000 之间。武汉、深圳、南京和长春在未来 4 年的得

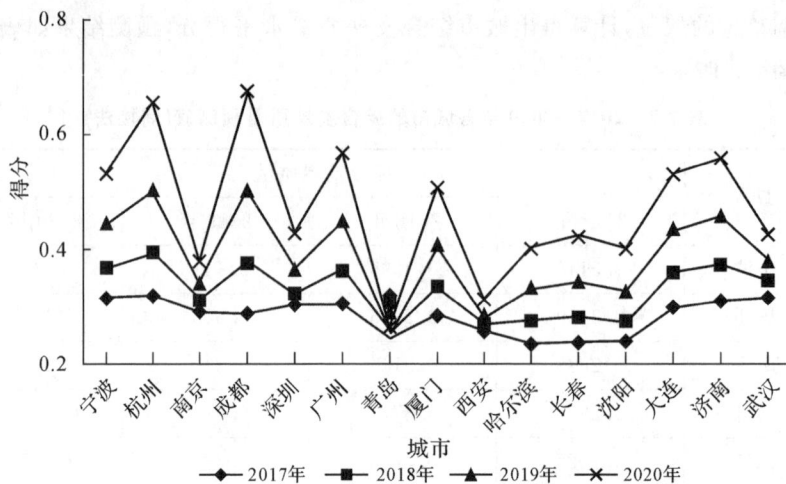

图 7-8　2017—2020 年各城市的综合发展质量预测（间接法）

分较为稳定,基本位于 0.3000—0.5000 之间。

　　本研究对生态、社会、经济等六个方面的各项指标以文字和图片的形式分门别类地清晰列明,使用定量与定性分析相结合的方法对城市发展中的各类问题进行分析研究,并分析讨论了这些城市微观层面的发展现状。在城市发展的宏观层面,通过数据的比较分析也能够充分地表现出各城市发展的不同之处。各城市管理者应在城市发展排行报告的基础上,归纳总结出城市发展的现状及问题,进而制定出具有针对性的城市发展规划。任何用指标体系进行评价的方式,都不是完美的,要边评边议边完善,作为一项研究坚持下去,这样,既有利于形成城市发展质量的系统性观测评价,也使我们能够得到按观测时间序列的完整的历史记录。副省级城市在其所属省份中拥有着引领经济发展的重要作用和地位。如东北三省的发展离不开哈尔滨、长春、沈阳和大连这 4 个副省级城市的帮助,4 个副省级城市在东北三省的发展中发挥着核心作用和关键作用,能通过由点到面、由局部到整体的引领,对东北地区的城市发展质量起到高效的拉动作用。哈尔滨、长春、沈阳和大连这 4 个关键点的高效联动发展,将不断提高东北三省内的各城市发展质量水平。国家发改委东北振兴司副司长杨荫凯指出:"这四个城市占到东北整个经济比重的 45.3%,它们发展得好不好,直接关系到东北振兴能不能实现。东北可以考虑跨省区联动,结合三省的国家级新区,来创建新的经济贸易增长区。"①

①　引自:"四手联弹"解困局.(2016-09-19)[2017-05-01].https://www.sohu.com/a/114626334-112101.

二、基于综合发展质量历史数据的预测值

基于综合发展质量历史数据的预测值是直接通过综合发展指数的历史数据,构建恰当的预测模型进行预测,预测结果如表7-8、图7-9所示。

表7-8　2017—2020年各城市的综合发展质量预测值(直接法)

城市	综合发展质量			
	2017 年	2018 年	2019 年	2020 年
宁波	0.4516	0.4668	0.4820	0.4972
杭州	0.4644	0.4879	0.5114	0.5349
南京	0.4051	0.4252	0.4490	0.4764
成都	0.5207	0.7640	1.0807	1.4709
深圳	0.5072	0.4731	0.4391	0.4050
广州	0.5490	0.6623	0.8203	1.0305
青岛	0.4405	0.4766	0.5127	0.5489
厦门	0.5095	0.5841	0.6838	0.8086
西安	0.4780	0.4991	0.5202	0.5414
哈尔滨	0.3274	0.3463	0.3651	0.3840
长春	0.4747	0.6325	0.8499	1.1366
沈阳	0.4348	0.4995	0.5760	0.6643
大连	0.3982	0.3803	0.3460	0.2953
济南	0.6215	0.7623	0.9288	1.1208
武汉	0.6437	0.8551	1.1502	1.5429

从表7-8和图7-9的预测值可以看出,各个城市的发展水平较不均衡,城市之间有较大的差距,武汉和成都的城市发展质量水平得分在2019年甚至超过1.00,处于第一梯队。武汉和成都拥有庞大的人口规模和经济体量,是长江上游地区的经济中心和西南地区的综合交通枢纽。这两个城市的发展势头强劲,极具发展潜力,预计未来4年,武汉、成都会借助优势,进一步大幅提升城市综合发展水平。武汉通过建设城市圈为手段来实现中部崛起,在未来的城市发展中,将会充分发挥市场、政府、民间组织三大机制的作用。而成都既得益于其巴蜀文化发祥地的背景,又是典型的大城市和大农村的结构,其发展模式是典型的大城市带动大农村;在推进城乡

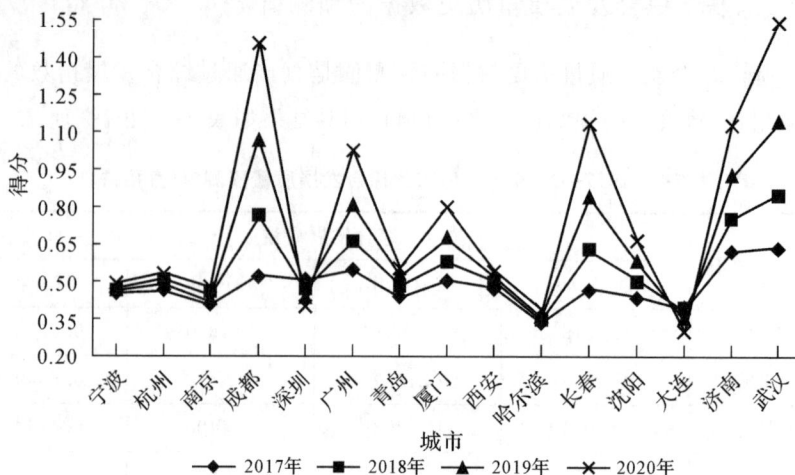

图 7-9 2017—2020 年各城市的综合发展质量预测(直接法)

一体化建设工作中,成都高度重视规划作用,从城乡一体化整体规划着手,制定统筹发展的整体思路,形成社会合力。总体来看,这两个城市的发展方向主要体现为以下五点:一是基础建设一体化,完善公路、水路、铁路、航空、信息网等基建网络的建设;二是产业布局一体化,发挥产业集聚功能,提高经济辐射效应,加强城市分工协作,实现差异发展,形成各具特色的行业群;三是公共服务趋于均等化发展,提高人均享有的服务设施水平;四是城乡建设一体化,使社会发展质量稳步提高;五是循序渐进开展资源利用,关注生态园建设,优化生态发展质量。

根据研究分析,长春、济南、广州和厦门在未来的 4 年里城市综合得分均稳步提升,到 2020 年,得分位于 0.8000—1.2000 之间,处于第二梯队。

大连和哈尔滨等城市位于最末梯队,得分基本位于 0.2000—0.5000之间。城市发展质量是一个十分综合的概念,需要从多方面加以考量和评价,不断提高大规模高密度人口城市的管理能力和相关基础设施水平,为知识经济和服务经济发展提供优良的土壤。这也是城市转型升级的关键所在。

对于东北地区,需要做一些特别的分析。《东北地区振兴"十二五规划"》等一系列文件已明确指出:预计发展到"十二五规划"末期,东北三省城镇化水平将达到 60%,预计到 2020 年城镇化水平达到 65%。沈阳、哈尔滨、长春和大连这四大核心副省级城市的经济实力将会进一步发展壮大,由资源消耗型城市成功转向环保节能的资源节约型城市;通过新型城镇化和农业现代化的不断融合发展,基本实现东北三省的城镇化发展目标。其发展趋势大致可以归纳为以下三点:一是解决城市发展中存在的数据不真实问题。理智地看待城镇化发展速度,提升城镇化发展质量;进一步加快城乡一体化发展进程,始终坚持走可持续发展之路,加快解决城乡二元结构的差异,提高城乡经济、社会的发展总体水平。二是提高城市的集聚程度,打造高质量城市群。东北三省的城市群发展战略现已发展成为国家层面的重要的战略目标,这一战略从国家层面给东北地区的发展提供了有力的条件和极大的支持。三是新兴工业与新型战略性产业实现协调发展。在对东北三省已有的工业产业结构优化升级的基础上,大力鼓励和支持如新型工业、信息产业、高新服务业等新型产业;颁布出台相关政策给予新型战略性产业以一定的优惠政策,并促进其与新型工业的融合协调发展,共同为东北三省城市的发展提供产业支撑。

　　在当前中国城镇化和城市发展的进程中,出现了许多不容忽视的问题,值得高度关注并加以解决。比如,大量城市常住人口不能市民化,造成了城市内部的二元结构。此外,无序扩张的城市空间和低效利用,基础设施网络建设进程缓慢、布局不够合理,城市的开放性和包容性不够,城市规划缺乏科学性和前瞻性,城市产业结构趋于老化、转型升级偏慢等问题,都降低了我国城市发展的质量。下一步,中国应采取一系列措施提高城市发展质量,包括加快农村人口转移市民化、强化城市产业支撑、改善城市治理和管理、科学规划城镇化空间格局、创新城市基础设施融资模式,以及更加注重提高城市发展质量等。

第八章　提升城市发展质量的对策与建议

　　高质量发展不仅能很好地满足人民日益增长的美好生活的需要,也能驱动城市形成良好的发展定位。城市是经济、社会发展的重要空间载体,因此,对城市发展质量的研究有助于进一步贯彻高质量发展的基本理念,全方位地推动城市建设的现代化、国际化;对城市发展质量进行评价与预测,有助于贯彻"以提高发展质量和效益为中心"的要求,以顶层设计统领各项工作,促进城市发展质量比较研究和城市标杆管理研究,建立健全城市发展质量提升机制及实施措施,最终使评价、预测的过程成为推动社会高质量、可持续发展的过程,探索具有中国特色的城市高质量发展之路。

　　本研究全面贯彻创新、协调、绿色、开放、共享的发展理念,基于科学构建的经济发展、社会发展、生态发展、文化发展、公共服务、城市管理质量指标体系对全国 15 个副省级城市的发展质量进行了综合测评。评价结果显示,在六大发展质量维度中,生态发展和公共服务质量整体明显优于文化发展与城市管理质量;"治国理政新理念新思想新战略"和"绿水青山就是金山银山"的科学论述在城市质量发展中得到了全面有效的贯彻落实,但各城市在不同的发展质量维度上存在明显的均衡性差异。城市发展质量的评价与预测是对中央"高质量发展"要求的实质性贯彻,其意义不仅在于评比排名,更在于找出差距、短板,指导发展实践。因此,为全面协调地提升城市发展质量,着力解决城市质量发展中的短板问题,谋求城市发展质量的全面提升,本研究进一步提出了提升城市发展质量的对策与建议。

第一节　问题与挑战

一、城市发展质量区域差异化明显

　　此次城市发展质量水平评价的整体结果与 2015 年的评价较为一致,即城市发展质量表现出明显的区域差异化特征:东南地区城市不仅在城市发展规模方面普遍领先于其他区域的城市,在城市发展质量方面也体现出了较大的优势。在此次评价中,深圳、南京、广州、杭州、宁波、厦门等城市的发展质量综合排名整体靠前,而哈尔滨、长春、大连等东北地区城市的排名则普遍靠后。这种城市发展质量区域差异化的原因是多方面的,包括国家的宏观经济发展战略、城市本身的资源禀赋,以及一些历史遗留问题。从产业经济学的视角来看,经济的发展具有极强的集聚效应,因此可以预见,当前的这种发展区域差异化将继续存在较长的时间。

二、城市发展质量内在不均衡显著

在全国 15 个副省级城市中,除了深圳、杭州等个别城市在城市发展质量方面较为均衡外,其他城市均表现出了明显的发展不均衡性。不均衡性的一个重要体现便是城市发展质量水平的各项指标得分及在全国副省级城市中的排名的巨大差异性。如 2016 年,综合排名第二的广州,虽然有着排名第二的经济发展质量和文化发展质量、排名第三的城市管理质量,但同时也有位列第十二的生态发展质量;综合排名第十四的长春,在经济发展、社会发展、公共服务、城市管理等方面都处于下游位置,生态发展质量却排在第六名;等等。从系统论的观点来看,城市的发展质量是一个系统工程,短期内通过强有力的措施,是能够带动某些特定领域的突飞猛进的,但从长期来看,这种不均衡发展必将成为制约城市快速可持续发展的重要因素。

三、城市经济发展与生态发展不协调

城市经济发展与生态发展不协调主要体现在:城市经济发展质量得分高的,生态发展质量得分普遍较低。如 2016 年,南京的经济发展质量、公共服务质量分别排名第四和第三,但生态发展质量排名只有第十三;广州的经济发展质量、文化发展质量排名均为第二,但生态发展质量仅仅排名第十二。与之相对的是,如大连和长春,在经济发展、社会发展方面明显落后,排名中等偏下,但是生态发展质量却分别排名第二和第六。城市的经济发展需要以大量的资源投入、能源消耗为支撑,这是经济发展的必然阶段和内在规律。如何处理好资源利用、资源节约和环境保护的问题是每个城市在发展过程中需要思考的。在提升经济发展效益的同时,要注重资源的节约、废弃物的适当处理和环境的有效保护。

四、城市经济发展、城市管理质量差距过大

各副省级城市发展质量在经济发展与城市管理两个方面的差异表现得尤为突出。在 6 项一级评价指标中,城市经济发展质量和城市管理质量的变异系数最大,远远高于其他指标的变异系数。从二级指标、三级指标的分析也可以明显观察到,城市之间在这些维度上存在明显的差异。城市是人类文明发展的产物,城市在形成、发展、成熟的过程中会经历不同的阶段,每个城市又因为在地理位置、文化传统等方面存在差异,所以自然会表现出一定的差异性。但是,从国家整体的发展战略角度来看,过大的差异对于经济、社会的和谐、快速、可持续发展是不利的。城市发展不仅要努力结合城市自身的特色,发挥自身的优势,还需要积极采取各种有效措施,努力缩小不同地区、城市之间的这种不平衡现象,消除存在的过大差异。

第二节 提升策略

新时代标明新方位,新征程提出新任务。学习贯彻党的十九大精神,要深刻认识、明确新时代这个历史方位的重大意义和丰富内涵,深刻认识"我国社会主要矛盾已经转化为人民日益增长的美好生活需要和不平衡不充分的发展之间的矛盾"的重大论断,要继续在实践中统筹推进"五位一体"总体布局、协调推进"四个全面"战略布局。我国经济、社会发展已经稳步迈入一个全新的阶段,对发展质量的追求是这个阶段的核心特征。当前,城市发展需重点关注以下六个方面。

一、强化创新支撑机制,推动经济发展质量提升

在经济发展日益全球化、精益化,我国经济发展已跨过了低起点、奋起直追的高速发展阶段的当下,创新无疑是经济发展的核心动力。面临当前我国经济发展存在的高端领域难突破、产业化应用难拓展、创新基础支撑弱、生态环境改善慢等突出问题,我们必须深刻把握国内外创新创业发展趋势,通过机制创新、模式创新,加快构建创新创业良好环境;营造良好的创新创业环境,充分发挥企业创新主体地位的作用,激发全社会的创新创业热情,推动区域创新创业向纵深发展,进而推动我国实体经济转型升级发展;积极开展国家科技金融结合试点,鼓励各地及高新园区和科技企业孵化器设立引导基金,通过银行信贷、创业投资、科技担保等多种方式,改

善科技企业融资环境;完善专利交易、运用、转化机制,积极开展专利保险试点,深入推进专利权质押融资;加强知识产权运用和保护,健全技术创新激励机制;实行激励高校毕业生自主创业政策,实施离校未就业高校毕业生就业促进计划。

二、完善社会治理体系,促进社会发展质量和谐

随着经济、社会的不断发展,随着人民对美好生活的追求意愿更加强烈,长期以来被遗留、遮蔽的一些深层次的社会矛盾和问题开始凸显,成为影响社会发展质量提升的重要因素。社会发展质量的提升,需要通过完善社会治理、推进社会治理体系现代化来实现,这也是完善和发展中国特色社会主义制度、推进国家治理体系和治理能力现代化的重要内容。习近平总书记于 2016 年 10 月就加强和创新社会治理作出的指示中强调:"要继续加强和创新社会治理,完善中国特色社会主义社会治理体系,努力建设更高水平的平安中国,进一步增强人民群众安全感。"应通过统筹协调、综合施策和源头治理,加快形成科学有效的社会治理体制,最大限度消除社会不和谐因素,增加和谐因素,在改善民生和创新管理中加强社会建设;积极推进收入分配制度改革,完善收入分配调控体制机制和政策体系,继续深入实施"低收入农户收入倍增计划",进一步扶持低收入群体持续普遍较快增收。

三、秉持科学发展理念,推动生态质量发展改善

当前我国生态文明建设正处于压力叠加、负重前行的关键期,已进入提供更多优质生态产品以满足人民日益增长的优美生态环境需要的攻坚期,也到了有条件有能力解决生态环境突出问题的窗口期。经济增长与污染物排放增加尚未脱钩、产业结构偏重、能源结构偏煤、产业布局偏乱、生态环境压力巨大是我们当前面临的现实困难。对所有生态问题的思考必须基于以上现实,科学地调研问题、分析问题并找到科学的解决方案,科学地推进生态文明建设,推动生态质量改善;全方位推进绿色城市建设,实施绿色建筑行动计划,推进建筑工业化,大力发展绿色建材,推进太阳能等可再生能源建筑一体化应用,推动建筑节能,实现从节能建筑到绿色建筑的跨越式发展,加快现有高耗能建筑节能改造;实施清洁能源专项行动计划,加大清洁能源开发利用力度;大力推广使用天然气,加快发展风电、太阳能光伏等可再生能源;积极倡导低碳生活方式,在全社会营造绿色低碳生活

氛围,引导"衣食住行游"向简约适度、绿色低碳、文明节约方式转变;推进机场、车站、码头节能节水改造,开展低碳(绿色)机关、社区、学校、医院、饭店、家庭等创建活动;完善废旧商品回收体系和垃圾分类处理系统,加强城市固体废弃物循环利用和无害化处置。

四、实施文化创新战略,加快文化发展质量提升

创新不仅包括技术创新,也包括观念创新。观念创新是提升文化质量的关键。观念创新将带来新观念、新思想、新理论,这些都将作为文化的内涵而扩散并积淀,并进一步为社会进步与文化昌盛提供更文明、更富有绩效的制度安排,推动文化发展质量的可持续提升。对于现有的传统文化遗产,也应该以创新的思维去考虑其发展,而不是一味地保护。应以保护国家级、省级历史文化名城(镇)为依托,进一步挖掘、保护、传承、弘扬优秀历史文化元素;推动历史文化与城市功能的完善、品牌特色的打造、人居环境的改善相结合;科学布局城市教育、医疗、商业、娱乐文化、体育和休闲等配套设施,让每一位新城区居民都能享受到便利的生活休闲配套服务和免费开放的公共设施,加快形成多元、开放、包容、生态、人文的现代化新城区;深入开展农村环境综合整治与美丽乡村建设,保持和弘扬乡土文化,建设一批就地城市化的新乡村。

五、坚持民生普惠原则,加快公共服务质量提升

应不断优化基本公共服务体系布局,加强区域公共服务资源整合,加大基本公共服务向农村、欠发达地区和困难群体的倾斜力度;积极推进政府购买公共服务,鼓励和引导民间资本进入公共服务领域,提高公共服务供给的质量和效率;合理配置公共服务资源,优化中心城市高端公共服务资源的配置,增强其对高端产业、高端人才、高端要素的集聚能力;推动中心城市优质公共服务资源向周边区域延伸,有效实现服务功能下沉;深入实施"民主民生"战略,健全完善层次丰富、发展均衡、配置公平的基本公共服务体系和布局合理、城乡共享、以改善民生为重点的公用设施体系,提高政府保障能力,推进基本公共服务向农村延伸,缩小城乡、区域、群体之间的基本公共服务差距,推进基本公共服务均等化,维护社会和谐稳定,让人民群众学有优教、劳有多得、病有良医、老有善养、住有宜居,提高人民群众的幸福指数。

六、依托智慧城市建设，推动城市管理质量跃升

应深入实施智慧城市战略，有序推进智慧城市建设，以"普及光纤、提升速度、扩大应用、调降资费、惠及民生"为总要求，统筹城市发展的物资资源、信息资源和智力资源利用，加快发展新一代移动互联网络，在全国范围实现"三网融合"；深化智慧城市示范试点建设，以云服务推动智慧城市应用模式创新；加快信息化、自动化等技术在交通组织与控制、公共交通线网优化和交通公共服务等方面的应用，加强交通诱导、指挥控制、调度管理、安全监控、应急处置、公共停车位自动计费、公众出行信息和停车诱导等管理和服务系统的建设，提高城市交通管理和服务的科学化水平；构建便捷共享的智慧医疗体系，加快推广数字卫生系统，完善公共卫生服务系统、医疗服务系统、医疗保障系统、药品监管系统、综合管理系统等五大系统；加快社会管理信息化，充分运用云计算、物联网等新型信息技术和理念，在市场监管、环境监管、信息服务、应急保障、治安防控、公共安全等社会管理领域加快信息化应用；加大城市安防系统投入力度，推动传统平安城市向智慧安防城市转变；建设和维护数字城市地理空间框架，推动城市规划管理信息化，实现数字化城市管理。

参考文献

安中涛,崔援民,2005. 从系统论角度构建企业绩效评价的理论框架[J]. 哈尔滨工业大学学报(社会科学版)(2):81-85.

白先春,凌亢,郭存芝,2004a. 城市发展质量的综合评价——以江苏省13个省辖市为例[J]. 中国人口·资源与环境(6):93-97.

白先春,凌亢,郭存芝,2004b. 我国人口城市化水平的统计分析[J]. 统计研究(11):24-26.

鲍悦华,陈强,2011. 基于城市功能的城市发展质量指标体系构建[J]. 同济大学学报(自然科学版),39(5):778-784.

蔡建明,郭华,汪德根,2012. 国外弹性城市研究述评[J]. 地理科学进展,31(10):1245-1255.

曹广忠,2008. 中国省区城镇化进程的分异与趋同[A]. 中国地理学会、中国科学院东北地理与农业生态研究所、东北师范大学、中国科学院地理科学与资源研究所. 地理学与生态文明建设——中国地理学会2008年学术年会论文摘要集[C]:2.

曹亚平,2014. 城市化质量的评价体系构建及空间计量分析[D]. 长春:吉林大学.

蔡俊豪,陈兴渝,1999. "城市化"本质含义的再认识[J]. 城市发展研究(5):22-23.

柴清玉,2007. 宜居——现代城市发展的方向[J]. 科学决策(8):48-49.

柴彦冲,2017. 基于Pignistic区间长度的城市路网多模式交通拥堵预测方法研究[D]. 重庆:重庆交通大学.

陈春林,2011. 地理学视角下的我国城市化理论构架与实证探究[D]. 长春:东北师范大学.

陈鸿彬,2003. 农村城镇化质量评价指标体系的构建[J]. 经济经纬(5):90-92.

陈明星,陆大道,张华,2009. 中国城市化水平的综合测度及其动力因子分析[J]. 地理学报,64(4):387-398.

陈牧川,2005. 论创建理想的人居环境[J]. 江西教育学院学报(综合)(6):
　　86-87.

陈强,鲍悦华,2006. 城市发展质量评价:视角与指标体系[J]. 同济大学学
　　报(社会科学版)(6):40-46.

陈强,鲍悦华,2007. 大型公共项目的受益者满意度评价[J]. 投资研究
　　(10):13-16.

陈世平,乐国安,2001. 城市居民生活满意度及其影响因素研究[J]. 心理
　　科学(6):664-666,765.

陈媛,2012. 基于数据挖掘的软件缺陷预测技术研究[D]. 长春:中国科学
　　院研究生院(长春光学精密机械与物理研究所).

陈自然,2012. 基于预测理论的精密角位移动态测量及其实验研究[D].
　　合肥:合肥工业大学.

党耀国,等,2004. 灰色斜率关联度的改进[J]. 中国工程科学(3):41-44.

董守华,庄益明,董守华,李东会,2007. 多元回归分析在开采工作面内中
　　小构造预测研究[J]. 能源与环境(6):95-97.

董宪军,2000. 生态城市研究[D]. 北京:中国社会科学院研究生院.

杜兰英,余道先,2004. 政府行政部门引入 ISO 9000 标准提高工作质量初
　　探[J]. 现代管理科学(7):11-12.

杜志宏,2008. 系统论指导下的课堂教学质量评价体系创新[J]. 现代教育
　　科学(9):136-139.

范柏乃,徐伟红,2005. 中国地区科技竞争力的评价体系与实际测度研究
　　[J]. 自然辩证法通讯(6):58-69,114.

方创琳,2011. 《长江三角洲地区的城市合作与管治》书评[J]. 人文地理,
　　26(6):160.

甘晖,叶文虎,2008. 生态文明建设的基本关系:环境社会系统中的四种关
　　系论[J]. 中国人口·资源与环境,18(6):7-11.

苟建林,张吉军,2012. 系统论视野下的天然气勘探开发项目综合环境影
　　响评价分析框架探析[J]. 科技管理研究,32(17):76-81.

顾朝林,2008. 生态城市规划与建设[J]. 城市发展研究(S1):105-
　　108,122.

顾益康,潘伟光,沈月琴,2014. 推进城乡发展一体化体制机制改革[J]. 浙
　　江经济(5):40-41.

郭亚军,2007. 综合评价理论、方法及应用[M]. 北京:科学出版社.

国家城调总队福建省城调队课题组,2005. 建立中国城市化质量评价体系及应用研究[J]. 统计研究(7):15-19.

国家发展和改革委员会发展规划司、云河都市研究院,2016. 中国城市综合发展指标 2016:大城市群发展战略[M]. 北京:人民出版社.

国家统计局城市社会经济调查总队,2005. 中国城市发展报告[M]. 北京:中国统计出版社.

韩士元,2005. 城市经济发展质量探析[J]. 天津社会科学(5):83-85.

韩雪冰,等,2010. 水平式光电望远镜目标定位误差的预测[J]. 光学精密工程,18(7):1595-1604.

韩增林,刘天宝,2009. 中国地级以上城市城市化质量特征及空间差异[J]. 地理研究,28(6):1508-1515.

何文举,邓柏盛,阳志梅,2009. 基于"两型社会"视角的城市化质量研究——以湖南为例[J]. 财经理论与实践,30(6):118-121.

亨廷顿,1998. 文明的冲突与世界秩序的重建[M]. 周琪,等译. 北京:新华出版社.

胡秀芳,等,2013. 基于 Fuzzy 与熵权法的南通城市生态安全评价与预测研究[J]. 江苏科技大学学报(自然科学版),27(3):281-288.

胡彧,王红征,2007. 论农村城镇化进程中的生态增殖效应[J]. 特区经济(5):133-134.

华希,2011. 上海市市长质量奖评价体系研究[D]. 上海:上海交通大学.

黄光宇,杨培峰,2002. 城乡空间生态规划理论框架试析[J]. 规划师(4):5-9.

黄晗,李娟,肖志雄,2014. 城乡一体化评价指标体系的构建与应用——以武汉城市圈为例[J]. 湖北农业科学,53(6):1442-1446.

黄贤金,等,2006. 区域循环经济发展评价[M]. 北京:社会科学文献出版社.

霍擎,宁小莉,同丽嘎,2011. 包头市城市生态支持系统质量预测[J]. 干旱区资源与环境,25(2):58-61.

冀振松,王金金,田玉辉,2013. 基于系统论思想的山西省资源环境承载力综合评价研究[J]. 湖北农业科学,52(15):3537-3543.

金水英,2012. 基于知识资本的城市核心竞争力评价体系研究[J]. 中国集体经济(25):78-79.

柯崴,2010. 京津沪三地生活满意度及其影响因素研究[J]. 重庆交通大学学报(社会科学版),10(3):55-60.

孔凡文,2006. 中国城镇化发展速度与质量问题研究[D]. 北京:中国农业科学院.

雷鸣,石森昌,雷盯函,2017. 基于"五位一体"的城市发展质量综合评价体系研究[J]. 城市(1):49-54.

李成群,2007. 南北钦防沿海城市群城市化质量分析[J]. 改革与战略(8):107-110.

李春友,古家军,2014. 国外智慧城市研究综述[J]. 软件产业与工程(3):50-56.

李贵鲜,2002. 公共行政概论[M]. 北京:人民出版社.

李国敏,等,2015. 基于耦合协调度的城镇化质量评价:以珠三角城市群为例[J]. 现代城市研究(6):93-100.

李建明,2014. 智慧城市发展综述[J]. 中国电子科学研究院学报,9(3):221-225,233.

李娟娟,徐小明,2011. 基于 SOM 网络的江苏省城市现代化水平分类[J]. 山东建筑大学学报,26(1):50-54.

李磊,2015. 公共服务视域下的广场文化建设研究[D]. 衡阳:南华大学.

李丽萍,郭宝华,2006. 关于宜居城市的理论探讨[J]. 城市发展研究(2):76-80.

李林,2008. 中国城市化质量差异与其影响因素研究[M]. 北京:中国农业出版社.

李明秋,郎学彬,2010. 城市化质量的内涵及其评价指标体系的构建[J]. 中国软科学(12):182-186.

李琪,2012. 城市化质量研究:理论框架与中国经验[D]. 西安:西北大学.

李爽,贾士靖,2009. 河北省城市化质量评价及其障碍度诊断[J]. 网络财富(24):124-127.

李伟,董伟栋,袁亚南,2012. 基于组合函数和遗传算法最优化离散灰色模型的电力负荷预测[J]. 电力自动化设备,32(4):76-79.

李翔宇,张晓春,1999. 浅议城市生态规划及其在中国的发展方向[J]. 现代城市研究(2):3-5.

李彦斌,李存斌,宋晓华,2008. 改进的人工智能神经网络预测模型及其应用[J]. 中南大学学报(自然科学版)(5):1054-1058.

李正权,2006. 论质量管理体系方法[J]. 电子质量(4):55-58.

廉婕,马民涛,刘洁,2013. 区域声环境质量污染水平预测方法评价与对比研究[J]. 四川环境,32(6):66-72.

梁昊光,方方,2014. 生态城市建设的国际经验及其启示[J]. 北京规划建设(2):65-68.

梁振民,2013. 我国东北地区城市化质量测度与评价——基于社会—经济—空间三维视角[J]. 北华大学学报(社会科学版),14(4):33-39.

林尚立,1998. 国内政府间关系[M]. 杭州:浙江人民出版社.

刘大同,等,2010. 一种分段在线支持向量回归算法[J]. 仪器仪表学报,31(8):1732-1737.

刘芳,2008. 辽宁再造秀美山川实现可持续发展[J]. 中国水利(24):64-67.

刘吉双,陈殿美,2014. 黑龙江省城乡一体化进程评估与分析[J]. 中国农学通报,30(5):107-113.

刘建国,刘宇,2012. 中国城市化质量的省际差异及其影响因素[J]. 现代城市研究,27(11):49-55.

刘素冬,2006. 对我国城市化质量的深度思考[J]. 苏州科技学院学报(社会科学版)(1):21-23.

刘晓红,李国平,2006. 区域经济增长的固定资产投资、储蓄效应研究——关于西安市的实证分析[J]. 经济地理(2):203-206.

卢洪靖,2013. 我国城市化质量评估体系研究——以安徽省为例[J]. 赤峰学院学报(自然科学版),29(5):37-40.

卢丽文,等,2014. 长江中游城市群发展质量评价研究[J]. 长江流域资源与环境,23(10):1337-1343.

罗腾飞,2016. 长江经济带城镇化发展质量研究[D]. 武汉:中国地质大学.

吕斌,陈睿,2006. 实现健康城镇化的空间规划途径[J]. 城市规划(S1):65-68,74.

马道明,张鸿雁,左玉辉,2007. 城市空间结构生态调控研究——以常州生态城市规划为例[J]. 城市发展研究(3):110-115.

马世骏,王如松,1984. 社会—经济—自然复合生态系统[J]. 生态学报(1):1-9.

马涛,2016. 高等教育办学规模预测与调控研究[D]. 重庆:西南大学.

芒福德,2005. 城市发展史:起源、演变和前景[M]. 倪文彦,宋俊岭,译. 北京:中国建筑工业出版社.

毛汉英,1996. 山东省可持续发展指标体系初步研究[J]. 地理研究(4): 16-23.

倪鹏飞,2005. 当前中国城市竞争力的若干问题分析——兼评福建省主要中心城市竞争力[J]. 福建金融(8):4-9.

欧向军,等,2012. 江苏省城市化质量的区域差异时空分析[J]. 人文地理, 27(5):76-82.

齐成喜,陈柳钦,陆文龙,2005. 我国农业产业化与农村城镇化的互动发展研究[J]. 安徽农业科学(12):2446-2449.

秦勇,李东进,2013. 管理学:理论、方法与实践[M]. 北京:清华大学出版社,北京交通大学出版社.

沈玲媛,邓宏兵,2008. 武汉城市圈和长株潭城市群城市发展质量比较研究[J]. 地域研究与开发,27(6):7-10.

沈清基,2000. 论城市规划的生态学化——兼论城市规划与城市生态规划的关系[J]. 规划师(3):5-9.

沈伟民,2012. 上海通用:造车先造人! 绩效考核目的,是为了人员发展,上海通用不搞末位淘汰制[J]. 经理人(9):102-103.

宋俊岭,2009. 城市学的讲授与普及:一项刻不容缓的学科建设任务[J]. 北京城市学院学报(6):1-4.

谈绪祥,2006. 落实城市总体规划科学编制新城规划[J]. 北京规划建设(6):11-12.

汪婷,2014. 上海城乡一体化指标体系构建与实证分析[J]. 西安电子科技大学学报(社会科学版),24(1):33-40.

王桂新,沈建法,2002. 中国地级以上城市综合竞争力研究[J]. 复旦学报(社会科学版)(3):69-77.

王国光,2016. 系统论视域下高职院校校本质量评价标准构建[J]. 河北大学成人教育学院学报,18(2):72-76.

王家合,2006. 城市政府质量管理研究[D]. 上海:同济大学.

王磊,2012. 光伏发电系统输出功率短期预测技术研究[D]. 合肥:合肥工业大学.

王平涛,2010. 抵债资产保管中存在的问题及对策[J]. 中国农村金融(1):72-73.

王青,伍书剑,李明树,2008. 软件缺陷预测技术[J]. 软件学报(7):1565-1580.

王如松,徐洪喜,2005. 扬州生态市建设规划方法研究[M]. 北京:中国科学技术出版社.

王威,2010. 城市特色公共设施设计的探索[J]. 生态经济(11):196-199.

王祥荣,2004. 生态建设论[M]. 南京:东南大学出版社.

王祥荣,张静,1995. 试论上海建设生态城市的若干问题及对策[J]. 上海建设科技(4):36-37.

王志燕,2009. 山东省城镇化质量区域比较研究[J]. 山东经济,25(6):143-148.

王忠诚,2008. 城市化质量测度指标体系研究——以我国直辖市为例[J]. 特区经济(6):32-33.

魏后凯,2016. 微调产业布局 加快攀枝花全面转型[J]. 当代县域经济(12):12-13.

温江,熊黑钢,常春华,2006. 新疆主要城市城市化水平及其发展对策[J]. 干旱区资源与环境(4):102-107.

温婷,等,2016. 城市舒适性:中国城市竞争力评估的新视角及实证研判[J]. 地理研究,35(2):214-226.

邬华强,2015. 江西省城市发展质量指标体系构建及评价[D]. 武汉:华中师范大学.

吴海波,员锡涛,2011. 海事部门引入质量管理体系的思考[J]. 品牌(理论月刊)(1):9-12.

吴剑,2011. 公共服务视野下公安执法全面质量管理的构建[J]. 公安研究(11):56-61.

吴永保,2001. 城市现代化及其指标体系的构建与应用[J]. 城市发展研究(1):9-14.

吴忠民,1990. 论社会质量[J]. 社会学研究(4):12-21.

熊婷燕,2006. 城市化质量综合评价与实证分析[D]. 南昌:江西财经大学.

徐兰芹,2017. 基于ARIMA组合模型的济南市空气质量指数(AQI)研究[D]. 济南:山东大学.

徐素,于涛,巫强,2011. 区域视角下中国县级市城市化质量评估体系研究——以长三角地区为例[J]. 国际城市规划,26(1):53-58.

闫能能,2012. 中部六省城镇化进程比较研究[D]. 郑州:郑州大学.

杨皓天,2016. 安徽省城市发展质量评价与研究[D]. 呼和浩特:内蒙古农业大学.

杨钧,2014. 河南省城乡一体化评价指标体系及量化分析[J]. 河南农业大学学报,48(3):380-385.

姚士谋,1999. 推进城市化进程 城市化概念与发展模式[J]. 宁波经济(10):18-19.

姚士谋,陈振光,2006. 我国城市化健康发展策略的综合分析[J]. 城市规划(S1):60-64.

叶立梅,2012. 生态城市的建设理念[J]. 城市观察(1):125-131.

叶裕民,2001. 中国城市化质量研究[J]. 中国软科学(7):28-32.

衣华亮,王培刚,2009. 中国城市居民主观休闲生活质量分析[J]. 统计与信息论坛,24(1):81-86.

余晖,2010. 我国城市化质量问题的反思[J]. 开放导报(1):96-100.

袁晓玲,等,2008. 对城市化质量的综合评价分析——以陕西省为例[J]. 城市发展研究(2):38-41,45.

袁晓玲,班斓,杨万平,2013. 陕西省 CO_2 排放强度的变动趋势及影响因素分析[J]. 地域研究与开发,32(4):165-170.

查晓鸣,杨剑,2012. 宜居城市的内涵分析[J]. 农业科技与信息:现代园林(Z2):24-27.

翟吉昌,1994. 把城市质量作为战略问题来抓[J]. 城市问题(3):58-60.

张成福,党秀云,2001. 公共管理学[M]. 北京:中国人民大学出版社.

张国勤,王满平,2006. 深圳市市长质量奖解析[J]. 中国质量与品牌(8):78-79.

张坤民,温宗国,2001. 城市生态可持续发展指标的进展[J]. 城市环境与城市生态(6):1-4.

张强,李明清,2013. 科学布局 合理规划 彭山县发展现代畜牧业的对策[J]. 四川畜牧兽医,40(9):11,13.

张仁桥,2004. 当前我国城市化的六大误区[J]. 中国建设信息(1):28-31.

张生丛,王蔚,张玉桃,2011. 永州市城乡一体化评价的指标体系及实证分析[A]. 湖湘三农论坛(00):212-217.

张士明,2005. 转换经营机制加快改革发展为建设现代金融企业而努力奋斗[J]. 华北金融(2):16-17.

张文忠,2007. 宜居城市的内涵及评价指标体系探讨[J]. 城市规划学刊
　　(3):30-34.

张振安,等,2014. 基于系统论的电网企业技改项目评价指标体系构建
　　[J]. 科技和产业,14(7):81-87.

章寿荣,2005. 城市可持续发展的能力评价与机制建设[J]. 科技与经济
　　(1):43-46.

赵海燕,王吉恒,王喆,2007. 黑龙江省城市化质量问题研究[J]. 商业研究
　　(2):86-88.

郑慧玲,谢元态,林孝丽,2011. 中部六省城市化水平比较研究[J]. 中国城
　　市经济(14):10-11.

仲鑫,2008. 对二战后发展理论及官方发展援助关系的思考[J]. 南京财经
　　大学学报(2):56-59,72.

诸大建,2004. 上海建设循环经济型国际大都市的思考[J]. 中国人口·资
　　源与环境(1):69-74.

Alberti, M., Marzluff, J. M., Shulenberger, E. et al., 2003. Integrating
　　humans into ecology: opportunities and challenges for studying urban
　　ecosystems[J]. *BioScience*, 53(12): 1169-1179.

Batty, M., 2007. *Cities and Complexity: Understanding Cities with Cellular
　　Automata, Agent-based Models, and Fractals*[M]. Cambridge, MA:
　　MIT Press.

Batty, M., Axhausen, K. W., Giannotti, F. et al., 2012. Smart cities
　　of the future[J]. *The European Physical Journal Special Topics*,
　　214(1): 481-518.

Berkes, F., Colding, J. and Folke, C. (eds.), 2002. *Navigating
　　Social-Ecological Systems: Building Resilience for Complexity and
　　Change*[M]. Cambridge: Cambridge University Press.

Domar, E., 1946. Capital expansion, rate of growth, and employment
　　[J]. *Econometrica*(14): 137-147.

Douglass, M., 2000. Globalization and the Pacific Asia crisis—toward
　　economic resilience through livable cities [J]. *Asian Geographer*, 19
　　(1-2): 119-137.

Evans, P., 2002. *Livable Cities? Urban Struggles for Livelihood and
　　Sustainability*[M]. Berkeley: University of California Press.

Faria, J. R. and Mollick, A. V., 1996. Urbanization, economic growth, and welfare[J]. *Economics Letters*, 52(1): 109-115.

Feigenbaum, A. V., 1961. *Total Quality Control* [M]. New York: McGraw Hill.

Ghosh, S. and Kanjilal, K., 2014. Long-term equilibrium relationship between urbanization, energy consumption and economic activity: Empirical evidence from India [J]. *Energy*, 66(3): 324-331.

Glaser, B. G. and Strauss, A. L., 1967. *The Discovery of Grounded Theory: Strategies for Qualitative Research* [M]. Chicago: Aldine Publishing Company.

Harrod, R. F., 1939. An essay in dynamic theory [J]. *The Economic Journal*, 49(193): 14-33.

Howard, E., 2013. *Garden Cities of To-Morrow* [M]. New York: Routledge.

Ishikawa, K., 1990. *Introduction to Quality Control* [M]. Tokyo: 3A Corporation.

Juran, J. M., 2003. *Juran on Leadership for Quality* [M]. New York: Simon and Schuster.

Keynes, J. M., 1936. The general theory of employment, interest and money [J]. *Limnology & Oceanography*, 12(1-2): 28-36.

Maclaren, V. W., 1996. Urban sustainability reporting [J]. *Journal of the American Planning Association*, 62(2): 184-202.

Mcdonald, R. I., Marcotullio, P. J. and Güneralp, B., 2013. *Urbanization, Biodiversity and Ecosystem Services: Challenges and Opportunities* [M]. Berlin: Springer-Verlag.

Moomaw, R. L. and Shatter, A. M., 1996. Urbanization and economic development: a bias toward large cities? [J]. *Journal of Urban Economics*, 40(1): 13-37.

Mumford, L., 1961. *The City in History: Its Origins, Its Transformations, and Its Prospects* [M]. New York: Harcourt, Brace and World.

Peterson, P., 1981. *City Limits* [M]. Chicago: University of Chicago Press.

Rieper, O. and Mayne, J., 2007. Evaluation and public service quality [J]. *International Journal of Social Welfare*, 7(2): 118-125.

Romer, P. M., 1986. Increasing returns and long-run growth [J]. *Journal of Political Economy*, 94(5): 1002-1037.

Sadorsky, P., 2014. The effect of urbanization on CO_2 emissions in emerging economies [J]. *Energy Economics*, 41(1): 147-153.

Smith, A., 1776. *An Inquiry into the Nature and Causes of the Wealth of Nations*[M]. New York: The Modern Library.

Solow, R. M., 1956. A contribution to the theory of economic growth [J]. *The Quarterly Journal of Economics*, 70(1): 65-94.

Syrquin, M. and Chenery, H. B., 1989. *Patterns of Development, 1950 to 1983*[M]. Washington: World Bank.

Uemura, R., Xu, M., Ahmad, N. et al., 2006. Bone marrow stem cells prevent left ventricular remodeling of ischemic heart through paracrine signaling [J]. *Circulation Research*, 98(11): 1414-1421.

Yanitsky, O., 1987. Social problem of man's environment [J]. *The City and Ecology*(1): 174.

Zhong, C., Arisona, S. M., Huang, X. et al., 2014. Detecting the dynamics of urban structure through spatial network analysis [J]. *International Journal of Geographical Information Science*, 28 (11): 2178-2199.

附录、附表

附录 1 全国副省级城市发展质量评价体系及解释

一级指标	二级指标	三级指标	指标方向	数据来源
经济发展质量	发展效益	城镇居民人均可支配收入 / 元	正指标	各省、市统计年鉴
		全员劳动生产率 / 万元/人	正指标	各省、市统计年鉴
		人均固定资产投资额 / 元	正指标	各省、市统计年鉴
	科技创新	全社会 R&D 经费支出占 GDP 比重 / %	正指标	各省、市统计年鉴
		每万人年专利授权数 / 项	正指标	各省、市统计年鉴
		技术市场交易额占 GDP 比重 / %	正指标	各省、市统计年鉴,科技部门
	结构优化	服务业增加值占 GDP 比重 / %	正指标	各省、市统计年鉴
		规模以上工业增加值 / 亿元	正指标	各省、市统计年鉴
		进出口总额占 GDP 比重 / %	正指标	各省、市统计年鉴
社会发展质量	社会结构	二元对比系数	正指标	各省、市统计年鉴
		人口自然增长率 / ‰	正指标	各省、市统计年鉴
		第三产业从业人员比重 / %	正指标	各省、市统计年鉴
	人口素质	平均预期寿命 / 岁	正指标	各省、市统计年鉴
		每万人在校大学生数 / 人	正指标	各省、市统计年鉴
		每万人拥有专业技术人员数 / 人	正指标	各省、市统计年鉴
	社会秩序	两项产品抽检合格率 / %	正指标	各省市市场监管部门,农业部门
		法治政府建设水平指数 / 分	正指标	第三方数据(中国政法大学)
		每万人交通事故死亡人数 / 人	逆指标	各省、市统计年鉴

续表

一级指标	二级指标	三级指标	指标方向	数据来源
生态发展质量	资源节约	万元 GDP 能耗 / 吨标准煤	逆指标	各省、市统计年鉴
		万元 GDP 水耗 / 立方米	逆指标	行业部门统计年鉴(中国城市建设统计年鉴)
		一般工业固体废物综合利用率 / %	正指标	各省、市统计年鉴,环保部门
	环境治理	污水处理厂集中处理率 / %	正指标	行业部门统计年鉴(中国城市建设统计年鉴)
		生活垃圾无害化处理率 / %	正指标	行业部门统计年鉴(中国城市建设统计年鉴)
		空气质量优良天数比率 / %	正指标	各省、市统计年鉴;环保部门
文化发展质量	文化资源	每万人公共文化设施拥有量 / 个	正指标	各省、市统计年鉴
		文化体育娱乐固定资产投资额 / 万元	正指标	各省、市统计年鉴
		人均公共图书馆藏书量 / 册	正指标	各省、市统计年鉴
	文化产业	文化及相关特色产业增加值占 GDP 比重 / %	正指标	各省、市统计部门
		居民文化教育娱乐消费支出占消费总支出比重 / %	正指标	各省、市统计年鉴
		入境游客人次 / 次	正指标	各省、市统计年鉴
公共服务质量	社会事业	教育支出占 GDP 比重 / %	正指标	各省、市统计年鉴
		社会保障和就业支出占一般公共预算支出比重 / %	正指标	各省、市统计年鉴
		城镇基本养老医疗保险覆盖率 / %	正指标	各省、市统计年鉴,统计公报
	市政设施	建成区排水管道密度 / 千米/平方千米	正指标	行业部门统计年鉴(中国城市建设统计年鉴)
		人均道路面积 / 平方米	适度指标	行业部门统计年鉴(中国城市建设统计年鉴)
		建成区绿化覆盖率 / %	正指标	行业部门统计年鉴(中国城市建设统计年鉴)

续表

一级 指标	二级 指标	三级指标	指标方向	数据来源
城市 管理 质量	城乡 建设	常住人口城镇化率 / ％	正指标	各省、市统计年鉴
		人均城市市政公用设施建设维护 管理财政性资金支出 / 元	正指标	行业部门统计年鉴(中 国城市建设统计年鉴)
		城市建设用地占市区面积比重 / ％	正指标	行业部门统计年鉴(中 国城市建设统计年鉴)
	持续 发展	IT与电信基础设施指数 / 万户	正指标	各省、市统计年鉴
		国际通航城市数 / 个	正指标	第三方数据(各市机场 航班信息)
		城市经营率 / ％	正指标	各省、市统计年鉴

一、经济发展质量指标解释

经济发展质量是对地区在经济发展领域中的科技创新能力、产业结构协调程度、成果效益共享水平的综合判断,是地区经济发展潜力和水平的综合反映。

1. 城镇居民人均可支配收入(元)

城镇居民人均可支配收入是指将家庭总收入扣除交纳的个人所得税和个人交纳的各项社会保障支出之后,按照居民家庭人口平均的收入水平。

$$城镇居民人均可支配收入 = \frac{家庭总收入 - 交纳的所得税 - 个人交纳的社会保障支出 - 记账补贴}{家庭人口}$$

其中,家庭总收入是指该家庭中生活在一起的所有家庭人员从各种渠道得到的所有收入之和,包括工资性收入、经营净收入、财产性收入、转移性收入。城镇居民人均可支配收入标志着居民的购买力,用以衡量城镇居民的收入水平和生活水平。

注:数据来源于各省、市统计年鉴。

2. 全员劳动生产率(万元/人)

全员劳动生产率指根据产品的价值量指标计算的平均每一个从业人员在单位时间内的产品生产量,是考核企业经济活动的重要指标,是企业生产技术水平、经营管理水平、职工技术熟练程度和劳动积极性的综合表现。全员劳动生产率是将工业企业的工业增加值除以同一时期全部从业人员的平均人数来计算的。

$$全员劳动生产率 = \frac{工业增加值}{全部从业人员平均人数}$$

注:数据来源于各省、市统计年鉴。

3. 人均固定资产投资额(元)

固定资产投资额是以货币表现的建造和购置固定资产活动的工作量,它是反映固定资产投资规模、速度、比例关系和使用方向的综合性指标。

$$人均固定资产投资额 = \frac{当年固定资产投资额}{地区长住人口数}$$

注:数据来源于各省、市统计年鉴。

4. 全社会 R&D 经费支出占 GDP 比重(%)

全社会 R&D 经费支出占当年地区生产总值的比重反映区域研发投入力度和科技创新水平。全社会 R&D 经费支出指用于研究与发展课题活动(基础研究、应用研究、实验发展)的全部实际支出,包括用于研究与发展课题活动的直接支出和间接用于研究与发展活动的支出(如研究院、所管理费,维持研究院、所正常运转的必需费用和与研究发展有关的基本建设支出)。

$$\frac{全社会 R\&D 经费支出}{占 GDP 比重} = \frac{全社会 R\&D 经费支出额}{GDP} \times 100\%$$

注:数据来源于各省、市统计年鉴。

5. 每万人年专利授权数(项)

每万人年专利授权数指已获授权专利的万人拥有量。已获授专利数量指截至当年年末累计拥有的已获授权专利的总数,专利包括发明、实用新型和外观设计,反映城市拥有自主知识产权的科技和设计成果情况。城市中居民或公司获得的专利授权数量是衡量商业和技术创新的一项指标。

$$每万人年专利授权数 = \frac{年专利授权数}{地区常住人口} \times 10000$$

注:数据来源于各省、市统计年鉴。

6. 技术市场交易额占 GDP 比重(%)

技术市场交易额是指城市技术市场管理办公室认定登记的技术合同(技术开发、技术转让、技术咨询、技术服务)的合同标的金额的总和。

$$技术市场交易额占 GDP 比重 = \frac{技术市场交易额}{GDP} \times 100\%$$

注:数据来源于各省、市统计年鉴,科技部门。

7. 服务业增加值占 GDP 比重(%)

服务业增加值是指服务行业在一个周期内(一般以年计)比上个清算周期的增长值,是国民经济产业分类中除农林牧渔业、工业和建筑业以外的常住单位(即第三产业)在一定时期内(通常指一年)生产活动的最终成果,即常住单位在生产过程中创造的新增价值和固定资产的转移价值。

$$服务业增加值占 GDP 比重 = \frac{服务业增加值}{GDP} \times 100\%$$

注:数据来源于各省、市统计年鉴。

8. 规模以上工业增加值(亿元)

规模以上工业增加值是指规模以上工业企业在报告期内以货币形式表现的工业生产活动的最终成果,是企业全部生产活动的总成果扣除了在生产过程中消耗或转移的物质产品和劳务价值后的余额,是企业生产过程中新增加的价值。

注:数据来源于各省、市统计年鉴。

9. 进出口总额占 GDP 比重(%)

进出口总额是指实际进出关境的货物总金额。我国规定出口货物按离岸价格统计,进口货物按到岸价格统计。

$$进出口总额占 GDP 比重 = \frac{进出口总额}{GDP} \times 100\%$$

注:数据来源于各省、市统计年鉴。

二、社会发展质量指标解释

社会发展质量是对构成社会系统的各种关键要素在社会发展过程中的成长和适应能力以及要素之间协调、有序、共生发展能力的客观判断,是一个地区社会发展水平的综合反映。

1. 二元对比系数

$$二元对比系数 = \frac{农业比较劳动生产率}{非农业比较劳动生产率}$$

$$农业比较劳动劳动率 = \frac{农业产值的相对比重}{农业劳动力的相对比重}$$

$$非农业比较劳动生产率 = \frac{非农业产值的相对比重}{非农业劳动力的相对比重}$$

选取第一产业产值与第二、三产业产值分别作为农业、非农业产值,并分别以第一产业与第二、三产业从业人数作为农业与非农业劳动力的衡量标准。

注:数据来源于各省、市统计年鉴。

2. 人口自然增长率(‰)

人口自然增长率指在一定时期内(通常为一年)人口自然增加数(出生人数减死亡人数)与该时期内平均人数(或期中人数)之比,一般用千分率表示。

$$人口自然增长率 = \frac{本年出生人数 - 本年死亡人数}{年平均人数} \times 1000‰$$

注:数据来源于各省、市统计年鉴。

3. 第三产业从业人员比重(%)

第三产业是指除第一、二产业以外的其他行业。从业人员指在一定年龄以上,有劳动能力,为取得劳动报酬或经营收入而从事一定社会劳动的人员。

$$第三产业从业人数比重 = \frac{第三产业从业人员数}{第一、二、三产业从业人员总数} \times 100\%$$

注:数据来源于各省、市统计年鉴。

4. 平均预期寿命(岁)

平均预期寿命,也称人口平均期望寿命,指假设一个国家或地区同时出生的一代人,根据当时的社会、经济、文化和卫生条件,从出生开始到全部死去为止,平均每个人预期可以活多少岁。一般用"岁"表示。

注:数据来源于各省、市统计年鉴。

5. 每万人在校大学生数(人)

在校大学生数指本学年初具有学籍的注册专科生、本科生、研究生的人数。

$$每万人在校大学生数 = \frac{当年具有学籍的注册专科生、本科生、研究生数量}{地区常住人口} \times 10000$$

注:数据来源于各省、市统计年鉴。

6. 每万人拥有专业技术人员数(人)

专业技术人员是指已取得科学技术职称,或大学、中专的理、工、农、医科系毕业,以及国民经济各部门从工作实践中提拔,从事理、工、农、医等自然科学技术的研究、教学、生产的专业人员和在机关、企业、事业中从事科学技术业务管理工作的专业人员。

每万人拥有专业技术人员数是反映一个地区人力资源水平的指标,是指每万人口(户籍)拥有的专业技术人员数量。

$$每万人拥有专业技术人员数 = \frac{当年年末专业技术人员数}{户籍人口数} \times 10000$$

注:数据来源于各省、市统计年鉴。

7. 两项产品抽检合格率(%)

产品抽检合格率是指产品抽检合格数在抽检样本总数中的比例,反映产品安全状况。两项产品抽检合格率包括食品抽检合格率和药品抽检合格率。依据国家食药总局下发的《2015 年食品安全抽样检验管理办法》、2006 年《药品质量监督抽验管理规定》执行。

$$两项产品抽检合格率 = 食品抽检合格率 \times 50\% + 药品抽检合格率 \times 50\%$$

注:数据来源于各省市市场监管部门,农业部门。

8. 法治政府建设水平指数(分)

法治政府建设涵盖机构职能和组织领导、制度建设和行政决策、行政执法、政府信息公开、监督和问责、社会矛盾化解和行政争议解决等主要方面和重点领域。法治政府建设水平指数反映了地方政府法治政府建设的整体水平。

注:数据来源于第三方数据(中国政法大学)。

9. 每万人交通事故死亡人数(人)

交通事故死亡人数是表达一定时期内,国家或某地区交通事故中死亡的人数。它既表示综合治理道路交通的水平,又是交通安全度的评价指标。

$$每万人交通事故死亡人数 = \frac{当年年末交通事故死亡人数}{户籍人口数} \times 10000$$

注:数据来源于各省、市统计年鉴。

三、生态发展质量指标解释

生态发展质量是指在特定的时空范围内生态系统的整体或部分生态环境因子及其组合对人类的生存及社会经济持续发展的适宜程度。

1. 万元 GDP 能耗（吨标准煤）

每万元 GDP 产值所消耗的综合能源反映经济发展的能源消耗规模及综合利用效率。综合能源消耗总量是指一定时期、一定地域内工业企业、农业等生产活动中实际消费的各种能源的总和净值，具体包括原煤和原油及其制品、天然气、电力、其他燃料的消耗总量（不包括低热值燃料、生物质能和太阳能等的利用）。计算综合能源消费量时，应先将使用的各种能源折算成标准燃料后再进行计算。

$$万元\,GDP\,能耗 = \frac{当年能源消耗总量}{当年\,GDP} \times 10000$$

注：数据来源于各省、市统计年鉴。

2. 万元 GDP 水耗（立方米）

万元 GDP 水耗是指城市用水总量与城市国内生产总值之比。

$$万元\,GDP\,水耗 = \frac{城市用水总量}{当年\,GDP} \times 10000$$

注：数据来源于行业部门统计年鉴（中国城市建设统计年鉴）。

3. 一般工业固体废物综合利用率（％）

一般工业固体废物综合利用量指报告期内企业通过回收、加工、循环、交换等方式，从固体废物中提取或者使其转化为可以利用的资源、能源和其他原材料的固体废物量（包括当年利用的往年工业固体废物累计贮存量），如用作农业肥料、生产建筑材料、筑路等。综合利用量由原产生固体废物的单位统计。

$$\frac{一般工业固体}{废物综合利用率} = \frac{一般工业固体废物综合利用量}{一般工业固体 + 综合利用}{废物产生量 \quad 往年贮存量} \times 100\%$$

注：数据来源于各省、市统计年鉴，环保部门。

4. 污水处理厂集中处理率（％）

污水处理厂处理的污水量与污水排放总量的比率，反映污水处理及环境治理状况。污水处理厂集中处理量是指污水处理厂实际处理的污水量，以抽升泵站的抽升量计算，包括物理处理量、生物处理量和化学处理量。

$$污水处理厂集中处理率 = \frac{污水处理厂集中处理量}{污水排放总量} \times 100\%$$

注：数据来源于行业部门统计年鉴（中国城市建设统计年鉴）。

5. 生活垃圾无害化处理率（％）

生活垃圾无害化处理率是指无害化处理的城市市区垃圾数量占市区

生活垃圾产生总量的百分比。一般要求生活垃圾无害化处理率≥85%。为提高城镇生活垃圾无害化处理水平,切实改善人居环境,根据我国城镇生活垃圾处理设施建设工作现状,2012 年 4 月 19 日,国务院办公厅以国办发〔2012〕23 号印发《"十二五"全国城镇生活垃圾无害化处理设施建设规划》。《规划》分指导思想、基本原则和主要目标,主要任务,投资估算和资金筹措,规划实施 4 部分。规划范围包括全国所有设市城市、县城(港澳台除外),并通过以城带乡、设施共享等多种方式服务于常住人口 3 万人以上的建制镇。

$$生活垃圾无害化处理率 = \frac{生活垃圾无害化处理的垃圾量}{总处理垃圾量} \times 100\%$$

注:数据来源于行业部门统计年鉴(中国城市建设统计年鉴)。

6. 空气质量优良天数比率(%)

根据《环境空气质量指数(AQI)技术规定(试行)》(HJ 633—2012):空气污染指数划分为 0—50、51—100、101—150、151—200、201—300 和大于 300 六档,对应于空气质量的六个级别,指数越大,级别越高,说明污染越严重,对人体健康的影响也越明显。如果空气污染指数小于等于 50,说明空气质量为优。空气污染指数大于 50 且小于等于 100 时,说明空气质量为良好。按照国家统一规定,空气质量达到优良标准即达到国家质量二级标准是指空气污染指数小于等于 100。

$$空气质量优良天数比率 = \frac{空气质量优良天数}{365} \times 100\%$$

注:数据来源于各省、市统计年鉴,环保部门。

四、文化发展质量指标解释

文化发展质量反映一个城市在文化资源方面的存量、城市在满足精神需求方面的能力以及将文化资源转化为经济价值的能力和吸引力。

1. 每万人公共文化设施拥有量(个)

公共文化设施的人均拥有量是指当年城市剧场个数、影剧院个数、公共图书馆数、体育场馆数等的人均拥有量,反映地区文化设施的建设和配备状况。剧场、影剧院是指独立核算的专用剧场和属文化部门主管的能演出戏剧的影剧院、兼映电影的剧场,以及附属在剧院、剧团公开营业的非独立核算的剧场、排演场。公共图书馆是指由国家中央或地方政府管理、资助和支持的、免费为社会公众服务的图书馆。体育场馆是指对社会公众开放并提供各类服务的体育场、体育馆、游泳馆等设施。

$$\frac{每万人公共文化}{设施的拥有量}=\frac{当年拥有剧场个数+影剧院个数+公共图书馆数+体育场馆数}{地区常住人口数}\times10000$$

注:数据来源于各省、市统计年鉴。

2. 文化体育娱乐固定资产投资额(万元)

文化体育娱乐固定资产投资是社会固定资产再生产的主要手段。它通过建造和购置文化体育娱乐固定资产的活动,进一步调整经济结构和生产力的地区分布,增强经济实力,为改善人民精神文化生活创造条件。

文化体育娱乐固定资产投资额是以货币表现的建造和购置文化体育娱乐固定资产活动的工作量,是反映文化体育娱乐固定资产投资规模、速度、比例关系和使用方向的综合性指标。

注:数据来源于各省、市统计年鉴。

3. 人均公共图书馆藏书量(册)

公共图书馆藏书的人均拥有量反映文化资源配备的充足性。公共图书馆指由国家中央或地方政府管理、资助和支持的、免费为社会公众服务的图书馆。图书馆藏书一般包括普通图书、期刊报纸合订本、古籍线装书、磁带、录像带、光盘、磁盘、硬盘等(计量单位为册或件),通常不包括未装订的期刊报纸、电子图书期刊等。

$$人均公共图书馆藏书量=\frac{公共图书馆藏书总量}{地区常住人口}$$

注:数据来源于各省、市统计年鉴。

4. 文化及相关特色产业增加值占 GDP 比重(%)

文化及相关特色产业增加值是指一个地区所有常住单位一定时期内进行文化及相关特色产业生产活动的最终成果。常住单位指在我国的经济领土上具有经济利益中心的经济单位。生产是指在机构单位的控制和组织下,利用劳动、资本、货物和服务投入,创造新的货物和服务产出的活动。

$$\frac{文化及相关特色产业}{增加值占 GDP 比重}=\frac{当年文化及相关特色产业增加值}{GDP}\times100\%$$

注:数据来源于各省、市统计部门。

5. 居民文化教育娱乐消费支出占消费总支出比重(%)

该指标即城镇居民文化教育娱乐消费支出占消费总支出中的比重,指本地区一定时期(通常为一年)内居民人均用于文教娱乐产品或劳务方面消费支出与总消费支出的比率。该指标从消费支出角度反映文化产业服务于社会的情况,是评价文化发展程度的重要指标。

$$居民文化教育娱乐消费支出占消费总支出比重 = \frac{人均用于文化教育娱乐产品或劳务方面消费支出}{消费总支出} \times 100\%$$

注:数据来源于各省、市统计年鉴。

6. 入境游客人次(次)

入境游客人次是指报告期内来中国(大陆)观光、度假、探亲访友、就医疗养、购物、参加会议或从事经济、文化、体育、宗教活动的外国人、港澳台同胞等游客(即入境旅游)人数。统计时,入境游客按每入境一次统计 1 人次。入境旅游人数包括入境过夜游客和入境一日游游客。

注:数据来源于各省、市统计年鉴。

五、公共服务质量指标解释

公共服务质量是行政主体利用公共资源、公共权力、公共财政提供社会事业、市政设施的服务过程和结果的特性总和。

公共服务质量由社会事业、市政设施两个维度构成。社会事业是指中央和各级地方政府领导的社会建设和社会服务事业,是与行政部门和企业(包括金融机构)行为相并列的活动。具体而言,社会事业是指国家为了社会公益目的,由国家机关或其他组织举办的从事教育、科技、文化、卫生等活动的社会服务。在我国各级政府发布的相关文件中,社会事业包括教育、医疗卫生、劳动就业、社会保障、养老等方面。市政设施是指市政基础设施建设,是城市政府根据市政规划的总体部署实施的各种公共性设施和事业的建设,如道路、排水、绿化等,目的在于繁荣城市经济,方便市民生产生活环境,促进城市物质文明和精神文明的发展。

1. 教育支出占 GDP 比重(%)

教育支出占 GDP 比重是衡量政府对教育事业投入力度和重视程度的指标。教育支出是指一个国家用于教育方面的全部开支,包括教育的基本建设投资、教育的经常费用、国家的财政拨款、社会团体和个人用于教育方面的支出等。

$$教育支出占 GDP 比重 = \frac{教育支出}{GDP} \times 100\%$$

注:数据来源于各省、市统计年鉴。

2. 社会保障和就业支出占一般公共预算支出比重(%)

一般公共预算支出中,社会保障、就业财政支出额占财政支出的比重反映政府对社保就业等公共服务的投入力度。社会保障就业支出主要指社会保险基金补助支出、行政事业单位离退休人员支出、就业补助支出、职业技能鉴定培训、居民最低生活保障支出、退役安置、残疾人事业、抚恤、自然灾害救济、其他城镇社会救济等方面的支出。具体统计口径依据市财政局标准执行。一般公共预算支出指国家财政将筹集起来的资金进行分配使用,以满足经济建设和各项事业的需要,主要包括一般公共服务、教育支出、文化体育与传媒支出、医疗卫生支出、城乡社区事务支出、社会保障和就业支出等。

$$\frac{\text{社会保障和就业支出}}{\text{占一般公共预算支出比重}} = \frac{\text{社会保障和就业支出}}{\text{地方一般公共预算支出}} \times 100\%$$

注:数据来源于各省、市统计年鉴。

3. 城镇基本养老医疗保险覆盖率(%)

城镇基本养老医疗保险参保人数占应保人数比重反映社会保险覆盖面。城镇基本养老医疗参保人数由城镇职工基本养老保险参保人数、城镇基本医疗保险参保人数构成。

$$\frac{\text{城镇基本养老医疗}}{\text{保险覆盖率}} = \frac{\text{城镇基本养老医疗保险参保人数}}{\text{地区常住人口数}} \times 100\%$$

$$\frac{\text{城镇基本养老}}{\text{医疗保险}}_{\text{参保人数}} = \frac{\text{城镇职工基本}}{\text{养老保险参保人数}} \times 50\% + \frac{\text{城镇基本医疗}}{\text{保险参保人数}} \times 50\%$$

注:数据来源于各省、市统计年鉴,统计公报。

4. 建成区排水管道密度(千米/平方千米)

城市建成区排水管道总长度与建成区总面积的比值反映城区排水管网的普及率。建成区指城市行政范围内实际建成或即将建成的相对集中分布的地区,包括市区集中连片的部分以及分散到近郊区内、与城市联系密切的其他城市建设用地(市区内面积较大的农田和不适宜建设的地段除外)。排水管道指汇集和排放污水、废水和雨水的管渠,以及附属设施所组成的系统,包括干管、支管以及通往处理厂的管道。排水管道长度指所有排水总管、干管、支管、检查井以及连接井进出口等长度之和。

注:数据来源于行业部门统计年鉴(中国城市建设统计年鉴)。

5. 人均道路面积（平方米）

人均道路面积是指市区内拥有的道路面积（道路指有铺装的宽达 3.5 米以上的路,不包括人行道）与市区人口（包括农业人口）的比值,是反映城市道路拥堵状况的指标。最优标准按公安部交通管理局、建设部城市建设司联合发文的《城市道路交通管理评价指标体系》即畅通工程评价标准的 A 类城市一级标准范围 11—16 的均值 13.5 计算统计。

注:数据来源于行业部门统计年鉴（中国城市建设统计年鉴）。

6. 建成区绿化覆盖率（%）

城市建成区绿化覆盖面积占建成区的百分比反映城市的绿化环保状况。建成区指城市行政范围内实际建成或即将建成的相对集中分布的地区,包括市区集中连片的部分以及分散到近郊区内、与城市联系密切的其他城市建设用地（市区内面积较大的农田和不适宜建设的地段除外）。建成区绿化覆盖面积指市建成区内各单位管理的一切用于绿化的乔灌木和多年生草本植物的覆盖面积,包括园林绿地以外的道路绿化覆盖面积（即道路的隔车带、中心绿岛和林荫道及行道树的覆盖面积）和单株树木的覆盖面积。依据建设部《城市绿地分类标准》（CJJ/T 85－2002）来执行。

注:数据来源于行业部门统计年鉴（中国城市建设统计年鉴）。

六、城市管理质量指标解释

城市管理质量包含围绕城市城乡建设和可持续发展进行的决策引导、规范协调、服务和经营行为等各种功能。

城市管理质量由城乡建设、持续发展两个维度构成。城乡建设在多规合一思想的指导下,从城镇化率、建设维护资金、建设用地比重三个维度展开。可持续发展分别从信息化、国际化、效益化三个维度展开。

1. 常住人口城镇化率（%）

常住人口城镇化率,又称城市化率、城市化度、城市化水平、城市化指标,是一个国家或地区经济发展的重要标志,也是衡量一个国家或地区社会组织程度和管理水平的重要标志。从人口学角度看,城镇化是农业人口转化为城市人口的过程,即以农村人口不断地向城市迁移和聚集为特征的一种历史过程。外地人口只要在本地区居住半年以上,就统计为常住人口;反之,本地人口外出半年以上,就不把其统计为本地的常住人口。

$$常住人口城镇化率 = \frac{城镇常住人口}{总人口} \times 100\%$$

注:数据来源于各省、市统计年鉴。

2. 人均城市市政公用设施建设维护管理财政性资金支出(元)

城市市政公用设施建设维护管理财政性资金支出指当年各级财政性资金中用于城市市政公用设施建设维护与管理的资金支出,包括城乡社区规划与管理支出、市政公用行业市场监管支出、市政公用设施建设维护与管理支出、风景名胜区规划与保护支出及其他等。

$$\frac{\text{人均城市市政公用设施建设}}{\text{维护管理财政性资金支出}} = \frac{\text{城市市政公用设施建设维护管理财政性资金支出}}{\text{城市常住人口数}}$$

注:数据来源于行业部门统计年鉴(中国城市建设统计年鉴)。

3. 城市建设用地占市区面积比重(%)

城市建设用地面积是指城市规划行政主管部门确定的建设用地界线所围合用地的水平投影面积,不包括代征地的面积。具体是指城市用地面积中各项建设用地面积之和,包括居住用地、公共管理与公共服务用地、商业服务业设施用地、道路交通设施用地、工业用地、公用设施用地、物流仓储用地、绿地与广场用地。

$$\text{城市建设用地占市区面积比重} = \frac{\text{城市建设用地面积}}{\text{市区面积}} \times 100\%$$

注:数据来源于行业部门统计年鉴(中国城市建设统计年鉴)。

4. IT 与电信基础设施指数(万户)

IT 与电信基础设施指数从信息化基础设施建设、信息化应用水平和制约环境,以及居民信息消费等方面综合性地测量和反映本地区信息化发展总体水平。

$$\frac{\text{IT 与电信}}{\text{基础设施指数}} = \frac{\text{国际互联网}}{\text{用户数}} + \frac{\text{移动电话}}{\text{用户数}} + \frac{\text{固定电话}}{\text{用户数}}$$

注:数据来源于各省、市统计年鉴。

5. 国际通航城市数(个)

国际航线是指我国境内一点或多点与国外一点或多点之间的航空运输线,一般多指民航客运航线。国际通航城市数是指城市所有机场开通的国际客运航线的城市数量的总和,是反映一个城市国际化程度及与世界各地连通性的一项指标。

注:数据来源于第三方数据(各市机场航班信息)。

6. 城市经营率(%)

城市经营是指以城市政府为主导的多元经营主体根据城市功能对城市环境的要求,运用市场经济手段,对以公共资源为主体的各种可经营资源进行资本化的市场运作,以实现这些资源资本在容量、结构、秩序和功能上的最大化与最优化,从而实现城市建设投入和产出的良性循环、城市功能的提升及促进城市社会、经济、环境的和谐可持续发展。城市经营既是筹集城市建设资金的方式,又是城市政府职能转换的体现;既是城市建设的一种创新理念和发展模式,又体现了管理制度改革和机制创新。

城市经营率是指税收收入占 GDP 的比重。税收是各级政府收入的主要来源,是衡量城市财政管理有效性的一项指标,并在一定程度上反映公民纳税的意愿。税收收入由增值税、营业税、企业所得税、个人所得税、城市维护建设税、契税及耕地占用税、其他地方各税构成。

$$城市经营率 = \frac{税收收入}{GDP} \times 100\%$$

注:数据来源于各省、市统计年鉴。

附录 2 全国副省级城市发展质量评价问卷调查表

尊敬的受访人：

本问卷为副省级城市发展质量关键要素选择调查表。本研究目的为研究哪些因素是影响副省级城市发展质量提升的，为新时代下我国副省级城市发展质量评价提供决策参考。本调查仅用于学术研究，烦请您在百忙之中抽出宝贵时间协助我们完成这份调查问卷。

问卷说明：经过前期的文献调查研究和专家访谈，确定"经济、社会、生态、文化、公共服务、城市管理"六个发展质量维度。为确定在城市发展过程中影响各个质量维度的具体要素指标，综合了现有文献和政府相关政策中与这六大发展维度相关的指标，并在每个维度下设了若干个相关指标要素，请从这些指标要素中选择您认为较为重要的前 5 个指标。

表 1 经济发展维度

核心维度要素	相关指标要素	相对重要请在栏内打"√"
经济发展质量	城镇居民人均可支配收入	
	人均地区生产总值	
	全员劳动生产率	
	地区生产总值增长率	
	人均固定资产投资额	
	第一产业占 GDP 比重	
	第二产业占 GDP 比重	
	第三产业占 GDP 比重	
	人均地方公共财政预算收入	
	发明专利授权数	
	研发经费投入数	
	进出口总额	
	技术市场交易总额	
	规模以上工业经济增加值	
	城镇居民平均工资	

表 2　社会发展维度

核心维度要素	相关指标要素	相对重要请在栏内打"√"
社会发展质量	城乡经济发展协调性	
	人口自然增长率	
	人口平均寿命	
	高等教育专任教师数	
	在校大学生数	
	专业技术人员数	
	第一产业人员比重	
	第二产业人员比重	
	第三产业人员比重	
	公共图书馆藏书数	
	社会犯罪率	
	交通事故死亡率	
	两项产品抽检合格率	
	法制教育宣传频率	
	法治政府建设满意度	

表 3　生态发展维度

核心维度要素	相关指标要素	相对重要请在栏内打"√"
生态发展质量	万元 GDP 能耗	
	万元 GDP 水耗	
	人均资源消费量	
	能源加工转换效率	
	工业废气净化处理率	
	工业废水排放达标率	
	工业固体废物综合利用率	
	环保投入占 GDP 的百分比	
	绿化覆盖率	
	地面水功能达标率	
	大气质量达标率	

续表

核心维度要素	相关指标要素	相对重要请在栏内打"√"
生态发展质量	国家自然保护区个数及面积	
	生活垃圾无害化处理率	
	受国家保护动物种类	
	排污费征收支出额	

表 4　文化发展维度

核心维度要素	相关指标要素	相对重要请在栏内打"√"
文化发展质量	每万人每天报纸份数	
	计算机普及率	
	每万人拥有书店数	
	每万人拥有电影院数	
	每万人拥有体育馆数	
	公共文化设施面积	
	文化体育娱乐固定资产投资额	
	文化事业财政补助	
	文化事业从业人员	
	城镇居民文化消费比重率	
	入境游客人次	
	文化事业总收入	
	文化产业从业人数	
	图书馆书刊外借人次	
	博物馆参观人次	

表 5　公共服务维度

核心维度要素	相关指标要素	相对重要请在栏内打"√"
公共服务质量	每万人拥有公共交通车辆	
	城镇基本养老保险参保人数	
	失业保险年末参保人数	
	工伤保险参保人数	
	每万人轨道交通里程	

续表

核心维度要素	相关指标要素	相对重要请在栏内打"√"
公共服务质量	人均城市道路面积	
	每万人拥有医疗床位	
	每万人拥有医生数	
	公共服务支出额	
	公共服务质量综合满意度	
	建成区排水管密度	
	城市燃气普及率	
	高速铁路通勤	
	机场旅客吞吐量	
	市辖区城市建设用地面积	

表 6　城市管理维度

核心维度要素	相关指标要素	相对重要请在栏内打"√"
城市管理质量	常住人口城镇化率	
	城市市政公用设施建设维护管理财政性资金支出	
	城市建设用地占市区面积比重	
	棚户区改造资金支出	
	城市管理人员薪资支出	
	城市管理相关法规数	
	信息与互联网基础设施指数	
	城市监控摄像头数	
	城市信用指数	
	城市经营率	

附表 1 TOPSIS 法下不同年份各城市三级指标规范化处理结果

附表 1-1(1) 2013 年 TOPSIS 法下三级指标规范化处理结果

城市	城镇居民人均可支配收入/元	全员劳动生产率/万元/人	人均固定资产投资额/元	全社会 R&D 经费支出占 GDP 比重/%	每万人发明专利拥有量/项	技术市场交易额占 GDP 比重/%	服务业增加值占 GDP 比重/%	规模以上工业增加值/亿元	进出口总额占 GDP 比重/%
宁波	0.3051	0.2284	0.1829	0.2650	0.0614	0.0270	0.2164	0.1614	0.2631
杭州	0.2874	0.1678	0.1889	0.3441	0.1101	0.1068	0.2591	0.1927	0.1440
南京	0.2817	0.2962	0.2411	0.3637	0.1168	0.2711	0.2770	0.2650	0.1336
成都	0.2191	0.2324	0.3606	0.0653	0.0427	0.0981	0.2573	0.1889	0.1073
深圳	0.3264	0.2804	0.2586	0.4911	0.9297	0.2981	0.2898	0.5078	0.7162
广州	0.3074	0.2513	0.0630	0.2914	0.0773	0.2807	0.3366	0.1554	0.1514
青岛	0.2575	0.3432	0.1106	0.1663	0.0395	0.0565	0.2516	0.2471	0.1842
厦门	0.3024	0.1446	0.2495	0.3941	0.0717	0.3044	0.2531	0.3421	0.5152
西安	0.2420	0.1599	0.3052	0.1031	0.0730	0.6636	0.2673	0.0762	0.0711
哈尔滨	0.1842	0.1995	0.2610	0.0170	0.0293	0.1130	0.2691	0.0627	0.0248
长春	0.1903	0.2702	0.2460	0.0728	0.0874	0.0416	0.2067	0.0498	0.0790
沈阳	0.2125	0.3281	0.2690	0.2947	0.0344	0.2042	0.2159	0.2840	0.0375
大连	0.2211	0.3808	0.3041	0.0439	0.1328	0.1442	0.2196	0.3745	0.1696
济南	0.2606	0.2058	0.3473	0.1547	0.0565	0.0211	0.2757	0.2512	0.0344
武汉	0.2180	0.2529	0.3001	0.1920	0.2362	0.3512	0.2471	0.2733	0.0469

附表 1-1(2)　2013 年 TOPSIS 法下三级指标规范化处理结果

城市	二元对比系数	人口自然增长率/‰	第三产业从业人员比重/%	平均预期寿命/岁	每万人在校大学生数/人	每万人拥有专业技术人员数/人	两项产品抽检合格率/%	法治政府建设水平指数/分	每万人交通事故死亡人数/人
宁波	0.6433	0.0801	0.1719	0.2633	0.0826	0.2180	0.2456	0.0212	0.3412
杭州	0.3067	0.1488	0.2342	0.2636	0.2152	0.2665	0.2709	0.0125	0.3275
南京	0.0459	0.1297	0.2682	0.2660	0.3352	0.2214	0.2690	0.4582	0.3134
成都	0.5072	0.0038	0.2391	0.2544	0.1918	0.2480	0.2619	0.3482	0.2843
深圳	0.0114	0.7554	0.2499	0.2559	0.0863	0.5295	0.2643	0.1607	0.1151
广州	0.1457	0.2365	0.2859	0.2572	0.3750	0.3386	0.2552	0.2380	0.3082
青岛	0.1755	0.0610	0.2085	0.2629	0.3556	0.1936	0.2586	0.1652	0.2318
厦门	0.0291	0.4197	0.1574	0.2594	0.2476	0.2670	0.2464	0.3536	0.1424
西安	0.1933	0.2861	0.2921	0.2457	0.2986	0.2179	0.2656	0.5982	0.3338
哈尔滨	0.0104	(0.019)	0.3081	0.2546	0.1593	0.1554	0.2607	0.2326	0.1170
长春	0.0315	(0.084)	0.3088	0.2568	0.1681	0.1411	0.2560	0.0621	0.1323
沈阳	0.0419	0.0046	0.3226	0.2559	0.1673	0.2011	0.2690	0.0853	0.1205
大连	0.0546	0.0458	0.2487	0.2623	0.1467	0.1843	0.2619	0.1014	0.2255
济南	0.3561	0.1373	0.2665	0.2546	0.3556	0.2338	0.2388	0.0033	0.3244
武汉	0.0983	0.1946	0.2478	0.2595	0.3784	0.2156	0.2463	0.0057	0.3192

附表 1-1(3)　2013 年 TOPSIS 法下三级指标规范化处理结果

城市	万元 GDP 能耗／吨标准煤	万元 GDP 水耗／立方米	一般工业固体废物综合利用率／%	污水处理厂集中处理率／%	生活垃圾无害化处理率／%	空气质量优良天数比率／%	每万人公共文化设施拥有量／个	文化体育娱乐固定资产投资额／万元	人均公共图书馆藏书量／册	文化及相关特色产业增加值占 GDP 比重／%	居民文化教育娱乐消费总支出占消费总支出比重／%	入境旅游人次／次
宁波	0.2517	0.0845	0.2483	0.2543	0.2700	0.3009	0.0484	0.1776	0.1026	0.2075	0.3415	0.0093
杭州	0.2337	0.5362	0.2591	0.2701	0.2700	0.2375	0.0532	0.1961	0.2267	0.2890	0.2042	0.0231
南京	0.3277	0.4074	0.2514	0.1769	0.2451	0.2210	0.0532	0.5702	0.2087	0.2517	0.3291	0.0038
成都	0.2575	0.4593	0.2729	0.2524	0.2700	0.1445	0.0194	0.3063	0.0143	0.2308	0.2164	0.0013
深圳	0.1924	0.0850	0.2169	0.2767	0.2655	0.3556	0.9870	0.1163	0.8208	0.2704	0.2358	0.0888
广州	0.2157	0.3439	0.2624	0.2628	0.2463	0.2845	0.0387	0.1674	0.1987	0.2289	0.3703	0.0561
青岛	0.3079	0.1025	0.2615	0.2741	0.2700	0.2913	0.0339	0.2222	0.0628	0.3217	0.2078	0.0094
厦门	0.2175	0.1572	0.2596	0.2635	0.2678	0.3732	0.0387	0.1204	0.2062	0.3590	0.2448	0.0176
西安	0.2319	0.0768	0.2631	0.2632	0.2696	0.1510	0.0387	0.1364	0.0734	0.4168	0.2468	0.9938
哈尔滨	0.1174	0.0998	0.2587	0.2602	0.2356	0.2616	0.0484	0.3045	0.0690	0.2671	0.2328	0.0015
长春	0.2045	0.0549	0.2751	0.2265	0.2176	0.2529	0.0290	0.0588	0.0965	0.2424	0.2930	0.0028
沈阳	0.2876	0.0594	0.2555	0.2732	0.2700	0.2353	0.0435	0.3729	0.1560	0.1399	0.1213	0.0059
大连	0.2921	0.1636	0.2490	0.2760	0.2373	0.3177	0.0145	0.3897	0.2189	0.1772	0.2256	0.0087
济南	0.3856	0.0497	0.2722	0.2595	0.2606	0.0985	0.0242	0.0000	0.1590	0.1608	0.2439	0.0022
武汉	0.2377	0.3408	0.2619	0.2660	0.2700	0.1750	0.0774	0.0000	0.1327	0.1352	0.2543	0.0118

附表 1-1（4）　2013 年 TOPSIS 法下三级指标规范化处理结果

城市	教育支出占 GDP 比重 /%	社会保障和就业支出占一般公共预算支出比重 /%	城镇基本养老医疗保险覆盖率 /%	建成区排水管道密度 /千米/平方千米	人均道路面积 /平方米	建成区绿化覆盖率 /%	常住人口城镇化率 /%	人均城市市政公用设施建设维护管理财政性资金支出 /元	城市建设用地占市区面积比重 /%	IT 与电信基础设施指数 /万户	国际通航城市数量 /个	城市经营率 /%
宁波	0.2752	0.2514	0.3285	0.3561	0.1125	0.2436	0.2648	0.1223	0.1998	0.1999	0.0096	0.2758
杭州	0.2573	0.2678	0.3258	0.2252	0.0306	0.2560	0.2841	0.1936	0.1847	0.2499	0.0096	0.2925
南京	0.2077	0.2558	0.2278	0.2425	0.3907	0.2803	0.2979	0.3909	0.1481	0.2046	0.1779	0.2289
成都	0.2597	0.1537	0.1917	0.2787	0.1180	0.2556	0.3152	0.1141	0.3478	0.3314	0.1963	0.1958
深圳	0.2622	0.1124	0.5021	0.3180	0.1346	0.2868	0.1108	0.0207	0.5982	0.3913	0.3708	0.2770
广州	0.2176	0.2539	0.2598	0.2182	0.1939	0.2620	0.3235	0.2651	0.2406	0.5058	0.7645	0.4487
青岛	0.2845	0.1719	0.2231	0.3255	0.5600	0.2845	0.2569	0.0923	0.1953	0.1943	0.1720	0.0786
厦门	0.3479	0.1627	0.3295	0.2168	0.0442	0.2662	0.3078	0.4375	0.2541	0.1057	0.2340	0.3744
西安	0.3072	0.2588	0.1726	0.2313	0.2235	0.2685	0.2733	0.4881	0.1629	0.3075	0.3086	0.2063
哈尔滨	0.2759	0.3574	0.1011	0.1646	0.0251	0.2294	0.1833	0.1869	0.0724	0.1732	0.0614	0.2098
长春	0.2542	0.2757	0.1341	0.2558	0.2627	0.1729	0.1833	0.0906	0.1191	0.1237	0.0406	0.1656
沈阳	0.2430	0.3790	0.1671	0.2046	0.0025	0.2686	0.2737	0.2694	0.1762	0.1616	0.0491	0.2436
大连	0.2111	0.2987	0.2465	0.1569	0.0000	0.2847	0.1932	0.1778	0.2036	0.1454	0.0594	0.2374
济南	0.2248	0.1891	0.1716	0.1464	0.5735	0.2481	0.2519	0.2521	0.1535	0.1801	0.0537	0.1957
武汉	0.2005	0.3219	0.2080	0.3877	0.0080	0.2431	0.2564	0.2491	0.3501	0.2617	0.1179	0.2349

附表 1-2(1)　2014 年 TOPSIS 法下三级指标规范化处理结果

城市	城镇居民人均可支配收入/元	全员劳动生产率/万元/人	人均固定资产投资额/元	全社会R&D经费支出占GDP比重/%	每万人发明专利拥有量/项	技术市场交易额占GDP比重/%	服务业增加值占GDP比重/%	规模以上工业增加值/亿元	进出口总额占GDP比重/%
宁波	0.3051	0.2284	0.1829	0.2650	0.0614	0.0270	0.2164	0.1614	0.2631
杭州	0.2874	0.1678	0.1889	0.3441	0.1101	0.1068	0.2591	0.1927	0.1440
南京	0.2817	0.2962	0.2411	0.3637	0.1168	0.2711	0.2770	0.2650	0.1336
成都	0.2191	0.2324	0.3606	0.0653	0.0427	0.0981	0.2573	0.1889	0.1073
深圳	0.3264	0.2804	0.2586	0.4911	0.9297	0.2981	0.2898	0.5078	0.7162
广州	0.3074	0.2513	0.0630	0.2914	0.0773	0.2807	0.3366	0.1554	0.1514
青岛	0.2575	0.3432	0.1106	0.1663	0.0395	0.0565	0.2516	0.2471	0.1842
厦门	0.3024	0.1446	0.2495	0.3941	0.0717	0.3044	0.2531	0.3421	0.5152
西安	0.2420	0.1599	0.3052	0.1031	0.0730	0.6636	0.2673	0.0762	0.0711
哈尔滨	0.1842	0.1995	0.2610	0.0170	0.0293	0.1130	0.2691	0.0627	0.0248
长春	0.1903	0.2702	0.2460	0.0728	0.0874	0.0416	0.2067	0.0498	0.0790
沈阳	0.2125	0.3281	0.2690	0.2947	0.0344	0.2042	0.2159	0.2840	0.0375
大连	0.2211	0.3808	0.3041	0.0439	0.1328	0.1442	0.2196	0.3745	0.1696
济南	0.2606	0.2058	0.3473	0.1547	0.0565	0.0211	0.2757	0.2512	0.0344
武汉	0.2180	0.2529	0.3001	0.1920	0.2362	0.3512	0.2471	0.2733	0.0469

附表 1-2(2)　2014 年 TOPSIS 法下三级指标规范化处理结果

城市	二元对比系数	人口自然增长率 /‰	第三产业从业人员比重 /%	平均预期寿命 /岁	每万人在校大学生数 /人	每万人拥有专业技术人员数 /人	两项产品抽检合格率 /%	法治政府建设水平指数 /分	每万人交通事故死亡人数 /人
宁波	3.6433	0.0801	0.1719	0.2633	0.0826	0.2180	0.2456	0.0212	0.3412
杭州	0.3067	0.1488	0.2342	0.2636	0.2152	0.2665	0.2709	0.0125	0.3275
南京	0.0459	0.1297	0.2682	0.2660	0.3352	0.2214	0.2690	0.4582	0.3134
成都	0.5072	0.0038	0.2391	0.2544	0.1918	0.2480	0.2619	0.3482	0.2843
深圳	0.0114	0.7554	0.2499	0.2559	0.0863	0.5295	0.2643	0.1607	0.1151
广州	0.1457	0.2365	0.2859	0.2572	0.3750	0.3386	0.2552	0.2380	0.3082
青岛	0.1755	0.0610	0.2085	0.2629	0.3556	0.1936	0.2586	0.1652	0.2318
厦门	0.0291	0.4197	0.1574	0.2594	0.2476	0.2670	0.2464	0.3536	0.1424
西安	0.1933	0.2861	0.2921	0.2457	0.2986	0.2179	0.2656	0.5982	0.3338
哈尔滨	0.0104	(0.0191)	0.3081	0.2546	0.1593	0.1554	0.2607	0.2326	0.1170
长春	0.0315	(0.0839)	0.3088	0.2568	0.1681	0.1411	0.2560	0.0621	0.1323
沈阳	0.0419	0.0046	0.3226	0.2559	0.1673	0.2011	0.2690	0.0853	0.1205
大连	0.0546	0.0458	0.2487	0.2623	0.1467	0.1843	0.2619	0.1014	0.2255
济南	0.3561	0.1373	0.2665	0.2546	0.3556	0.2338	0.2388	0.0033	0.3244
武汉	0.0983	0.1946	0.2478	0.2595	0.3784	0.2156	0.2463	0.0057	0.3192

附表 1-2(3)　2014 年 TOPSIS 法下三级指标规范化处理结果

城市	万元GDP能耗/吨标准煤	万元GDP水耗/立方米	一般工业固体废物综合利用率/%	污水处理厂集中处理率/%	生活垃圾无害化处理率/%	空气质量优良天数比率/%	每万人公共文化设施拥有量/个	文化体育娱乐固定资产投资额/万元	人均公共图书馆藏书量/册	文化及相关特色产业增加值占GDP比重/%	居民文化教育娱乐消费总支出占比重/%	入境旅游人次/次
宁波	0.2517	0.0845	0.2483	0.2543	0.2700	0.3009	0.0484	0.1776	0.1026	0.2075	0.3415	0.0093
杭州	0.2337	0.5362	0.2591	0.2701	0.2700	0.2375	0.0532	0.1961	0.2267	0.2890	0.2042	0.0231
南京	0.3277	0.4074	0.2514	0.1769	0.2451	0.2210	0.0532	0.5702	0.2087	0.2517	0.3291	0.0038
成都	0.2575	0.4593	0.2729	0.2524	0.2700	0.1445	0.0194	0.3063	0.0143	0.2308	0.2164	0.0013
深圳	0.1924	0.0850	0.2169	0.2767	0.2655	0.3556	0.9870	0.1163	0.8208	0.2704	0.2358	0.0888
广州	0.2157	0.3439	0.2624	0.2628	0.2463	0.2845	0.0387	0.1674	0.1987	0.2289	0.3703	0.0561
青岛	0.3079	0.1025	0.2615	0.2741	0.2700	0.2913	0.0339	0.2222	0.0628	0.3217	0.2078	0.0094
厦门	0.2175	0.1572	0.2596	0.2635	0.2678	0.3732	0.0387	0.1204	0.2062	0.3590	0.2448	0.0176
西安	0.2319	0.0768	0.2631	0.2632	0.2696	0.1510	0.0387	0.1364	0.0734	0.4168	0.2468	0.9938
哈尔滨	0.1174	0.0998	0.2587	0.2602	0.2356	0.2616	0.0484	0.3045	0.0690	0.2671	0.2328	0.0015
长春	0.2045	0.0549	0.2751	0.2265	0.2176	0.2529	0.0290	0.0588	0.0965	0.2424	0.2930	0.0028
沈阳	0.2876	0.0594	0.2555	0.2732	0.2700	0.2353	0.0435	0.3729	0.1560	0.1399	0.1213	0.0059
大连	0.2921	0.1636	0.2490	0.2760	0.2373	0.3177	0.0145	0.3897	0.2189	0.1772	0.2256	0.0087
济南	0.3856	0.0497	0.2722	0.2595	0.2606	0.0985	0.0242	0.0000	0.1590	0.1608	0.2439	0.0022
武汉	0.2377	0.3408	0.2619	0.2660	0.2700	0.1750	0.0774	0.0000	0.1327	0.1352	0.2543	0.0118

附表 1-2（4） 2014 年 TOPSIS 法下三级指标规范化处理结果

城市	教育支出占 GDP 比重/%	社会保障和就业支出占一般公共预算支出比重/%	城镇基本养老医疗保险覆盖率/%	建成区排水管道密度/千米/平方千米	人均道路面积/平方米	建成区绿化覆盖率/%	常住人口城镇化率/%	人均城市市政公用设施建设维护管理财政性资金支出/元	城市建设用地占市区面积比重/%	IT 与电信基础设施指数/万户	国际通航城市数量/个	城市经营率/%
宁波	0.2752	0.2514	0.3285	0.3561	0.1125	0.2436	0.2648	0.1223	0.1998	0.1999	0.0096	0.2758
杭州	0.2573	0.2678	0.3258	0.2252	0.0306	0.2560	0.2841	0.1936	0.1847	0.2499	0.0096	0.2925
南京	0.2077	0.2558	0.2278	0.2425	0.3907	0.2803	0.2979	0.3909	0.1481	0.2046	0.1779	0.2289
成都	0.2597	0.1537	0.1917	0.2787	0.1180	0.2556	0.3152	0.1141	0.3478	0.3314	0.1963	0.1958
深圳	0.2622	0.1124	0.5021	0.3180	0.1346	0.2868	0.1108	0.0207	0.5982	0.3913	0.3708	0.2770
广州	0.2176	0.2539	0.2598	0.2182	0.1939	0.2620	0.3235	0.2651	0.2406	0.5058	0.7645	0.4487
青岛	0.2845	0.1719	0.2231	0.3255	0.5600	0.2845	0.2569	0.0923	0.1953	0.1943	0.1720	0.0786
厦门	0.3479	0.1627	0.3295	0.2168	0.0442	0.2662	0.3078	0.4375	0.2541	0.1057	0.2340	0.3744
西安	0.3072	0.2588	0.1726	0.2313	0.2235	0.2685	0.2733	0.4881	0.1629	0.3075	0.3086	0.2063
哈尔滨	0.2759	0.3574	0.1011	0.1646	0.0251	0.2294	0.1833	0.1869	0.0724	0.1732	0.0614	0.2098
长春	0.2542	0.2757	0.1341	0.2558	0.2627	0.1729	0.1833	0.0906	0.1191	0.1237	0.0406	0.1656
沈阳	0.2430	0.3790	0.1671	0.2046	0.0025	0.2686	0.2737	0.2694	0.1762	0.1616	0.0491	0.2436
大连	0.2111	0.2987	0.2465	0.1569	0.0000	0.2847	0.1932	0.1778	0.2036	0.1454	0.0594	0.2374
济南	0.2248	0.1891	0.1716	0.1464	0.5735	0.2481	0.2519	0.2521	0.1535	0.1801	0.0537	0.1957
武汉	0.2035	0.3219	0.2080	0.3877	0.0080	0.2431	0.2564	0.2491	0.3501	0.2617	0.1179	0.2349

附表 1-3(1)　2015 年 TOPSIS 法下三级指标规范化处理结果

城市	城镇居民人均可支配收入/元	全员劳动生产率/万元/人	人均固定资产投资额/元	全社会 R&D 经费支出占 GDP 比重/%	每万人发明专利拥有量/项	技术市场交易额占 GDP 比重/%	服务业增加值占 GDP 比重/%	规模以上工业增加值/亿元	进出口总额占 GDP 比重/%
宁波	0.3091	0.2644	0.5550	0.2566	0.2537	0.0213	0.2028	0.2295	0.2339
杭州	0.3121	0.1872	0.2872	0.3335	0.3152	0.0764	0.2852	0.2590	0.1281
南京	0.2978	0.2288	0.2449	0.3349	0.3469	0.1958	0.2832	0.2810	0.1070
成都	0.2163	0.2200	0.2207	0.0835	0.1435	0.0744	0.2543	0.1588	0.0696
深圳	0.2883	0.2082	0.2328	0.3905	0.2006	0.3662	0.2884	0.5334	0.4355
广州	0.3019	0.3054	0.2177	0.2165	0.2130	0.3834	0.3244	0.1675	0.1273
青岛	0.2608	0.3455	0.2267	0.1855	0.1572	0.0884	0.2533	0.2543	0.1392
厦门	0.2753	0.1459	0.2418	0.3509	0.2207	0.0333	0.2648	0.3666	0.4355
西安	0.2144	0.1738	0.1995	0.0948	0.3216	0.6490	0.2643	0.1861	0.0841
哈尔滨	0.2001	0.2338	0.0877	0.0857	0.0731	0.0813	0.2700	0.0732	0.4355
长春	0.1892	0.2601	0.2116	0.0811	0.0566	0.0241	0.1959	0.0589	0.3034
沈阳	0.2367	0.2756	0.1844	0.2444	0.1008	0.1504	0.2173	0.2059	0.4355
大连	0.2319	0.3766	0.1360	0.3612	0.3353	0.1248	0.2166	0.1588	0.1260
济南	0.2577	0.2420	0.3053	0.0950	0.1730	0.1819	0.2710	0.2627	0.0280
武汉	0.2354	0.2969	0.2267	0.3532	0.5214	0.4001	0.2478	0.2905	0.0494

附表 1-3(2) 2015 年 TOPSIS 法下三级指标规范化处理结果

城市	二元对比系数	人口自然增长率/‰	第三产业从业人员比重/%	平均预期寿命/岁	每万人在校大学生数/人	每万人拥有专业技术人员数/人	两项产品抽检合格率/%	法治政府建设水平指数/分	每万人交通事故死亡人数/人
宁波	0.6275	0.1179	0.1838	0.2615	0.0848	0.1652	0.2579	0.1498	0.2966
杭州	0.3848	0.2259	0.2352	0.2635	0.2174	0.2953	0.2579	0.0166	0.2480
南京	0.1782	0.1703	0.2586	0.2646	0.4070	0.2275	0.2547	0.3403	0.3228
成都	0.3073	0.1539	0.2871	0.2588	0.1975	0.2510	0.2566	0.2857	0.2659
深圳	0.0150	0.5730	0.1884	0.2550	0.0866	0.4816	0.2605	0.0873	0.1853
广州	0.0831	0.2620	0.3249	0.2618	0.3967	0.3386	0.2531	0.1245	0.3338
青岛	0.2331	0.1637	0.2280	0.2607	0.1317	0.1698	0.2579	0.0975	0.1650
厦门	0.0279	0.3700	0.1759	0.2581	0.2552	0.2714	0.2579	0.2272	0.1426
西安	0.2038	0.3045	0.3143	0.2455	0.3082	0.2281	0.2635	0.4495	0.3596
哈尔滨	0.0175	0.0164	0.3154	0.2548	0.1682	0.1593	0.2579	0.1736	0.1772
长春	0.0350	0.1572	0.2562	0.2548	0.1802	0.1895	0.2630	0.0446	0.1389
沈阳	0.1264	0.0622	0.2756	0.2576	0.1793	0.2005	0.2657	0.0507	0.1614
大连	0.0711	0.1113	0.2459	0.2621	0.1579	0.1862	0.2553	0.0565	0.2286
济南	0.4423	0.3635	0.2730	0.2542	0.3678	0.2633	0.2573	0.0648	0.3507
武汉	0.1002	0.2358	0.2504	0.2593	0.3813	0.2533	0.2531	0.6719	0.3177

附表 1-3(3)　2015 年 TOPSIS 法下三级指标规范化处理结果

城市	万元 GDP 能耗 / 吨标准煤	万元 GDP 水耗 / 立方米	一般工业固体废物综合利用率 / %	污水处理厂集中处理率 / %	生活垃圾无害化处理率 / %	空气质量优良天数比率 / %	每万人公共文化设施拥有量 / 个	文化体育娱乐固定资产投资额 / 万元	人均公共图书馆藏书量 / 册	文化及相关特色产业增加值占 GDP 比重 / %	居民文化教育娱乐消费支出占消费总支出比重 / %	入境旅游人次 / 次
宁波	0.2568	0.1134	0.2553	0.2530	0.2617	0.2972	0.0948	0.1719	0.1158	0.1821	0.2622	0.0115
杭州	0.2209	0.3875	0.2386	0.2645	0.2617	0.2382	0.0892	0.2260	0.2175	0.3775	0.1967	0.0249
南京	0.3030	0.4634	0.2478	0.1926	0.2424	0.2314	0.0669	0.4624	0.0700	0.2709	0.3799	0.0043
成都	0.2465	0.5371	0.2624	0.2539	0.2617	0.2106	0.0167	0.1808	0.1402	0.2665	0.2768	0.0168
深圳	0.2034	0.1273	0.2691	0.2679	0.2617	0.3460	0.9755	0.0586	0.8156	0.2576	0.1864	0.0890
广州	0.1705	0.1371	0.2691	0.2733	0.2492	0.3072	0.0502	0.2276	0.2222	0.2287	0.2341	0.0587
青岛	0.3020	0.1054	0.2525	0.2732	0.2617	0.2886	0.0446	0.5457	0.0682	0.2660	0.1931	0.0098
厦门	0.2245	0.2037	0.2508	0.2586	0.2617	0.3564	0.0390	0.1121	0.2272	0.3775	0.2145	0.0232
西安	0.2414	0.1081	0.2446	0.2644	0.2617	0.2471	0.0502	0.1578	0.0935	0.2887	0.2991	0.9933
哈尔滨	0.0986	0.1336	0.2669	0.2472	0.2397	0.2235	0.0557	0.3035	0.0726	0.2856	0.2469	0.0015
长春	0.2198	0.0727	0.2599	0.2491	0.2617	0.2333	0.0334	0.1839	0.1066	0.2265	0.2971	0.0029
沈阳	0.3030	0.0907	0.2569	0.2630	0.2617	0.2038	0.0557	0.1601	0.1642	0.2132	0.2705	0.0047
大连	0.3143	0.2343	0.2645	0.2630	0.2617	0.2658	0.0167	0.3615	0.2079	0.1554	0.2183	0.0072
济南	0.3904	0.0589	0.2682	0.2755	0.2617	0.1387	0.0390	0.0000	0.1686	0.1750	0.2435	0.0024
武汉	0.2476	0.3805	0.2638	0.2630	0.2617	0.1890	0.0948	0.0000	0.1412	0.1776	0.2827	0.0148

附录、附表 | 241

附表 1-3(4)　2015 年 TOPSIS 法下三级指标规范化处理结果

城市	教育支出占GDP比重/%	社会保障和就业支出占一般公共预算支出比重/%	城镇基本养老医疗保险覆盖率/%	建成区排水管道密度/千米/平方千米	人均道路面积/平方米	建成区绿化覆盖率/%	常住人口城镇化率/%	人均城市市政公用设施建设维护管理财政性资金支出/元	城市建设用地占市区面积比重/%	IT与电信基础设施指数/万户	国际通航城市数量/个	城市经营率/%
宁波	0.3147	0.1983	0.2688	0.3680	0.2483	0.2409	0.2705	0.0535	0.1556	0.1852	0.0077	0.2797
杭州	0.2937	0.2212	0.2962	0.2329	0.1894	0.2510	0.2865	0.0630	0.0962	0.2346	0.0079	0.2957
南京	0.2421	0.2253	0.3176	0.3919	0.5375	0.2761	0.3097	0.2810	0.1164	0.1612	0.1963	0.2277
成都	0.2792	0.1459	0.1007	0.2499	0.0345	0.2474	0.2717	0.1266	0.2623	0.5004	0.2176	0.1955
深圳	0.2178	0.0489	0.4257	0.2751	0.1395	0.2800	0.1187	0.0104	0.4703	0.4101	0.4027	0.3426
广州	0.2095	0.2415	0.3626	0.2138	0.1254	0.2577	0.3254	0.1393	0.1891	0.4187	0.7218	0.4264
青岛	0.3325	0.1753	0.1630	0.2990	0.3995	0.2776	0.2663	0.0563	0.1476	0.2401	0.1865	0.1526
厦门	0.3882	0.1464	0.3110	0.1967	0.1103	0.2602	0.3031	0.8644	0.1990	0.1316	0.2235	0.3772
西安	0.2696	0.2109	0.1908	0.2103	0.2544	0.2658	0.2778	0.2614	0.1280	0.2380	0.3381	0.1859
哈尔滨	0.2862	0.3792	0.1075	0.1576	0.1192	0.2171	0.1837	0.1210	0.0599	0.1654	0.0727	0.1871
长春	0.1820	0.2173	0.1793	0.2303	0.1990	0.2545	0.1852	0.0581	0.1007	0.1328	0.0433	0.1856
沈阳	0.1836	0.4505	0.2314	0.1998	0.1528	0.2568	0.2760	0.0542	0.1446	0.1781	0.0491	0.1785
大连	0.1541	0.3374	0.2642	0.1511	0.0046	0.2790	0.1938	0.0855	0.1513	0.1099	0.0709	0.2164
济南	0.2109	0.2828	0.2140	0.1508	0.5126	0.2514	0.2586	0.1319	0.1245	0.1501	0.0546	0.1909
武汉	0.1836	0.3075	0.2093	0.3704	0.0265	0.2498	0.2576	0.1197	0.6903	0.2189	0.1192	0.2458

附表 1-4(1) 2016 年 TOPSIS 法下三级指标规范化处理结果

城市	城镇居民人均可支配收入/元	全员劳动生产率/万元/人	人均固定资产投资额/元	全社会 R&D 经费支出占 GDP 比重/%	每万人发明专利拥有量/项	技术市场交易额占 GDP 比重/%	服务业增加值占 GDP 比重/%	规模以上工业增加值/亿元	进出口总额占 GDP 比重/%
宁波	0.3141	0.2670	0.2274	0.2376	0.3743	0.0121	0.2134	0.2306	0.2741
杭州	0.3179	0.2961	0.1744	0.3006	0.3229	0.0749	0.2793	0.2374	0.1748
南京	0.3046	0.2909	0.0311	0.2938	0.2515	0.3420	0.2663	0.2551	0.1382
成都	0.2187	0.1882	0.2305	0.2303	0.1875	0.1801	0.2422	0.3001	0.0974
深圳	0.2967	0.4218	0.2180	0.4193	0.4554	0.1136	0.2757	0.5727	0.5909
广州	0.3103	0.3576	0.2024	0.2262	0.2486	0.1345	0.3126	0.3880	0.1913
青岛	0.2174	0.2855	0.2211	0.2773	0.0515	0.0491	0.2496	0.2867	0.1903
厦门	0.2818	0.2413	0.1682	0.3239	0.2232	0.0563	0.2654	0.1006	0.5891
西安	0.1830	0.1744	0.3083	0.1982	0.4265	0.7334	0.2795	0.0937	0.1275
哈尔滨	0.2022	0.1561	0.1557	0.1047	0.0920	0.1858	0.2626	0.0797	0.0188
长春	0.1893	0.1937	0.2679	0.2036	0.0677	0.1425	0.2061	0.1277	0.0690
沈阳	0.2384	0.1621	(0.614)	0.2463	0.0830	0.2077	0.2554	0.0961	0.0600
大连	0.2328	0.2088	0.2367	0.1910	0.1483	0.0673	0.2353	0.1583	0.2209
济南	0.2623	0.2279	0.2242	0.2327	0.1496	0.0788	0.2686	0.2307	0.0429
武汉	0.2421	0.2478	0.1557	0.2492	0.2987	0.4021	0.2410	0.2131	0.1453

附表 1-4（2） 2016 年 TOPSIS 法下三级指标规范化处理结果

城市	二元对比系数	人口自然增长率/%	第三产业从业人员比重/%	平均预期寿命/岁	每万人在校大学生数/人	每万人拥有专业技术人员数/人	两项产品抽检合格率/%	法治政府建设水平指数/分	每万人交通事故死亡人数/人
宁波	0.0949	0.1705	0.2524	0.2626	0.1695	0.2876	0.2593	0.0623	0.2736
杭州	0.0582	0.1949	0.2611	0.2649	0.1951	0.3371	0.2604	0.0284	0.2108
南京	0.0355	0.1455	0.2322	0.2658	0.3727	0.1880	0.2553	0.3337	0.3201
成都	0.2743	0.1741	0.2667	0.2561	0.1853	0.1724	0.2543	0.3203	0.2511
深圳	0.0051	0.6219	0.2825	0.2534	0.0287	0.2729	0.2600	0.0989	0.2302
广州	0.0132	0.3378	0.3002	0.2638	0.3020	0.1578	0.2527	0.1071	0.3390
青岛	0.1083	0.1917	0.2286	0.2577	0.1513	0.1837	0.2597	0.1122	0.1376
厦门	0.0051	0.3866	0.1799	0.2597	0.1509	0.4918	0.2554	0.1907	0.1396
西安	0.0935	0.1995	0.2902	0.2545	0.4771	0.2488	0.2607	0.5213	0.3646
哈尔滨	0.8871	0.0192	0.2182	0.2525	0.2093	0.2022	0.2575	0.1597	0.2132
长春	0.1783	0.1416	0.2679	0.2476	0.2397	0.1998	0.2625	0.0420	0.1465
沈阳	0.0813	0.0728	0.2594	0.2591	0.2030	0.2548	0.2652	0.0581	0.1880
大连	0.2032	0.1305	0.2731	0.2607	0.1545	0.2696	0.2601	0.0526	0.2247
济南	0.1436	0.2709	0.2782	0.2534	0.3049	0.1509	0.2568	0.0738	0.3567
武汉	0.0564	0.1959	0.2561	0.2607	0.3680	0.2459	0.2527	0.6329	0.3098

附表 1-4(3) 2016 年 TOPSIS 法下三级指标规范化处理结果

城市	万元 GDP 能耗/吨标准煤	万元 GDP 水耗/立方米	一般工业固体废物综合利用率/%	污水处理厂集中处理率/%	生活垃圾无害化处理率/%	空气质量优良天数比率/%	每万人公共文化设施拥有量/个	文化体育娱乐固定资产投资额/万元	人均公共图书馆藏书量/册	文化及相关特色产业增加值占 GDP 比重/%	居民文化教育娱乐消费总支出占比重/%	入境旅游人次/次
宁波	0.2603	0.3231	0.2603	0.2346	0.2594	0.2855	0.2410	0.3143	0.1697	0.2015	0.2543	0.1008
杭州	0.2571	0.3034	0.2713	0.2647	0.2594	0.2393	0.2631	0.3551	0.2591	0.3858	0.2325	0.2111
南京	0.1966	0.2876	0.2343	0.2633	0.2594	0.2228	0.1766	0.1709	0.3198	0.2755	0.3805	0.0371
成都	0.2532	0.2784	0.2715	0.2661	0.2594	0.1971	0.0178	0.3324	0.2414	0.2724	0.2679	0.1582
深圳	0.2059	0.2292	0.2725	0.2801	0.2594	0.3259	0.7430	0.1157	0.3694	0.2620	0.1804	0.7670
广州	0.1193	0.2265	0.2714	0.2723	0.2545	0.2855	0.1525	0.3859	0.3116	0.2338	0.2856	0.5008
青岛	0.1101	0.0971	0.2603	0.2762	0.2594	0.2754	0.1919	0.1025	0.1123	0.2720	0.1963	0.0820
厦门	0.2362	0.2606	0.2709	0.2801	0.2542	0.3333	0.0441	0.2102	0.2396	0.3929	0.2052	0.2079
西安	0.1909	0.2473	0.2545	0.2575	0.2509	0.2105	0.2757	0.2422	0.1260	0.2951	0.2660	0.0780
哈尔滨	0.3308	0.3032	0.2179	0.2269	0.2594	0.2597	0.0949	0.2534	0.0828	0.1559	0.2664	0.0127
长春	0.2740	0.2971	0.2566	0.2255	0.2594	0.2680	0.2695	0.3498	0.1039	0.2315	0.2893	0.0263
沈阳	0.3087	0.1916	0.2523	0.2325	0.2594	0.2293	0.0843	0.0820	0.2161	0.2270	0.2618	0.0396
大连	0.3221	0.2734	0.2319	0.2397	0.2594	0.2761	0.0300	0.2325	0.3698	0.1589	0.2131	0.0620
济南	0.3959	0.2177	0.2727	0.2745	0.2594	0.1492	0.1619	0.1589	0.2239	0.1847	0.2360	0.0205
武汉	0.2494	0.2488	0.2666	0.2678	0.2594	0.2520	0.1876	0.2953	0.4157	0.1816	0.2736	0.1307

附表 1-4（4） 2016 年 TOPSIS 法下三级指标规范化处理结果

城市	教育支出占GDP比重 /%	社会保障和就业支出占一般公共预算支出比重 /%	城镇基本养老医疗保险覆盖率 /%	建成区排水管道密度 /千米/平方千米	人均道路面积 /平方米	建成区绿化覆盖率 /%	常住人口城镇化率 /%	人均城市市政公用设施建设维护管理财政性资金支出 /元	城市建设用地占市区面积比重 /%	IT与电信基础设施指数 /万户	国际通航城市数量 /个	城市经营率 /%
宁波	0.2719	0.1939	0.2604	0.3685	0.3219	0.2578	0.2593	0.1251	0.1981	0.1946	0.1674	0.2982
杭州	0.2681	0.3078	0.3583	0.3059	0.0362	0.2627	0.2603	0.1154	0.1660	0.2665	0.2679	0.3216
南京	0.2259	0.2115	0.3660	0.2586	0.5330	0.2668	0.2801	0.3363	0.1669	0.1850	0.2143	0.2510
成都	0.1618	0.1851	0.3128	0.2569	0.0785	0.2575	0.2412	0.2743	0.1033	0.3872	0.5224	0.1907
深圳	0.2341	0.0894	0.3735	0.3411	0.1488	0.2910	0.3416	0.0502	0.6912	0.4124	0.2344	0.3519
广州	0.2859	0.2259	0.3322	0.2265	0.2552	0.2698	0.2940	0.1949	0.2603	0.4227	0.5023	0.2052
青岛	0.2959	0.2026	0.1857	0.2621	0.0394	0.2685	0.2444	0.0670	0.2173	0.2091	0.1139	0.3029
厦门	0.3374	0.1051	0.2845	0.2109	0.1554	0.2770	0.3041	0.8028	0.3091	0.1472	0.2009	0.3845
西安	0.3409	0.1549	0.2509	0.2445	0.2442	0.2255	0.2509	0.1060	0.2140	0.2770	0.1607	0.1632
哈尔滨	0.2345	0.2719	0.1657	0.1636	0.3864	0.2168	0.1660	0.0443	0.0632	0.1775	0.1942	0.1547
长春	0.2741	0.0455	0.1222	0.2487	0.3308	0.2678	0.1985	0.0770	0.0861	0.2513	0.1406	0.1441
沈阳	0.2895	0.4593	0.1620	0.1977	0.2395	0.2775	0.2752	0.1245	0.2003	0.1770	0.1741	0.2583
大连	0.2188	0.4425	0.1601	0.2352	0.0707	0.2898	0.1917	0.1191	0.2230	0.1302	0.1942	0.1717
济南	0.1558	0.2658	0.1702	0.1575	0.0413	0.2073	0.2373	0.1220	0.2300	0.1472	0.1205	0.2672
武汉	0.1935	0.3166	0.1434	0.2990	0.3308	0.2172	0.2725	0.1720	0.0808	0.2268	0.2344	0.2526

附表 2　TOPSIS 法下不同年份各城市三级指标加权规范矩阵处理结果

附表 2-1(1)　2013 年 TOPSIS 法下三级指标加权规范矩阵处理结果

城市	城镇居民人均可支配收入/元	全员劳动生产率/万元/人	人均固定资产投资额/元	全社会 R&D 经费支出占 GDP 比重/%	每万人发明专利拥有量/项	技术市场交易额占 GDP 比重/%	服务业增加值占 GDP 比重/%	规模以上工业增加值/亿元	进出口总额占 GDP 比重/%
宁波	0.1501	0.0725	0.0349	0.1440	0.0152	0.0057	0.0923	0.0613	0.0510
杭州	0.1414	0.0532	0.0360	0.1870	0.0272	0.0224	0.1105	0.0732	0.0279
南京	0.1386	0.0940	0.0460	0.1976	0.0288	0.0568	0.1181	0.1006	0.0259
成都	0.1078	0.0737	0.0688	0.0355	0.0105	0.0206	0.1098	0.0717	0.0208
深圳	0.1606	0.0889	0.0493	0.2669	0.2296	0.0625	0.1236	0.1928	0.1387
广州	0.1512	0.0797	0.0120	0.1583	0.0191	0.0588	0.1436	0.0590	0.0293
青岛	0.1267	0.1089	0.0211	0.0904	0.0098	0.0118	0.1073	0.0938	0.0357
厦门	0.1488	0.0459	0.0476	0.2142	0.0177	0.0638	0.1080	0.1299	0.0998
西安	0.1191	0.0507	0.0582	0.0560	0.0180	0.1391	0.1140	0.0289	0.0138
哈尔滨	0.0906	0.0633	0.0498	0.0092	0.0072	0.0237	0.1148	0.0238	0.0048
长春	0.0936	0.0857	0.0469	0.0395	0.0216	0.0087	0.0882	0.0189	0.0153
沈阳	0.1046	0.1041	0.0513	0.1601	0.0085	0.0428	0.0921	0.1078	0.0073
大连	0.1088	0.1208	0.0580	0.0238	0.0328	0.0302	0.0937	0.1422	0.0329
济南	0.1282	0.0653	0.0663	0.0840	0.0139	0.0044	0.1176	0.0954	0.0067
武汉	0.1073	0.0802	0.0573	0.1043	0.0583	0.0736	0.1054	0.1038	0.0091

附表 2-1(2)　2013 年 TOPSIS 法下三级指标加权规范矩阵处理结果

城市	二元对比系数	人口自然增长率 /‰	第三产业从业人员比重 / %	平均预期寿命 / 岁	每万人在校大学生数 / 人	每万人拥有专业技术人员数 / 人	两项产品抽检合格率 / %	法治政府建设水平指数 / 分	每万人交通事故死亡人数 / 人
宁波	0.2104	0.0361	0.0383	0.1218	0.0230	0.0565	0.0748	0.0103	0.0718
杭州	0.1003	0.0670	0.0522	0.1220	0.0599	0.0690	0.0825	0.0060	0.0689
南京	0.0150	0.0584	0.0598	0.1231	0.0933	0.0574	0.0819	0.2222	0.0660
成都	0.1659	0.0017	0.0533	0.1177	0.0534	0.0642	0.0798	0.1689	0.0598
深圳	0.0037	0.3399	0.0557	0.1184	0.0240	0.1371	0.0805	0.0779	0.0242
广州	0.0476	0.1064	0.0637	0.1190	0.1044	0.0877	0.0777	0.1154	0.0649
青岛	0.0574	0.0275	0.0465	0.1217	0.0990	0.0501	0.0788	0.0801	0.0488
厦门	0.0095	0.1889	0.0351	0.1200	0.0689	0.0692	0.0750	0.1714	0.0300
西安	0.0632	0.1288	0.0651	0.1137	0.0831	0.0564	0.0809	0.2901	0.0703
哈尔滨	0.0034	(0.009)	0.0687	0.1178	0.0443	0.0403	0.0794	0.1128	0.0246
长春	0.0103	(0.038)	0.0688	0.1188	0.0468	0.0365	0.0780	0.0301	0.0278
沈阳	0.0137	0.0021	0.0719	0.1184	0.0466	0.0521	0.0819	0.0413	0.0254
大连	0.0179	0.0206	0.0554	0.1214	0.0408	0.0477	0.0798	0.0492	0.0475
济南	0.1165	0.0618	0.0594	0.1178	0.0990	0.0605	0.0727	0.0016	0.0683
武汉	0.0322	0.0876	0.0552	0.1201	0.1053	0.0558	0.0750	0.0028	0.0672

附表 2-1（3）　2013 年 TOPSIS 法下三级指标加权规范矩阵处理结果

城市	万元 GDP 能耗 / 吨标准煤	万元 GDP 水耗 / 立方米	一般工业固体废物综合利用率 / %	污水处理厂集中处理率 / %	生活垃圾无害化处理率 / %	空气质量优良天数比率 / %	每万人公共文化设施拥有量 / 个	文化体育娱乐固定资产投资额 / 万元	人均公共图书馆藏书量 / 册	文化及相关特色产业增加值占 GDP 比重 / %	居民文化教育娱乐消费支出占消费总支出比重 / %	入境旅游人次 / 次
宁波	0.1293	0.0224	0.0548	0.0778	0.0777	0.1222	0.0129	0.0858	0.0258	0.0453	0.1610	0.0029
杭州	0.1201	0.1424	0.0572	0.0826	0.0777	0.0965	0.0142	0.0947	0.0569	0.0632	0.0963	0.0072
南京	0.1684	0.1082	0.0555	0.0541	0.0705	0.0898	0.0142	0.2755	0.0524	0.0550	0.1551	0.0012
成都	0.1323	0.1220	0.0602	0.0772	0.0777	0.0587	0.0051	0.1480	0.0036	0.0504	0.1020	0.0004
深圳	0.0988	0.0226	0.0479	0.0847	0.0764	0.1445	0.2624	0.0562	0.2059	0.0591	0.1111	0.0275
广州	0.1108	0.0913	0.0579	0.0804	0.0709	0.1156	0.0103	0.0809	0.0498	0.0500	0.1746	0.0174
青岛	0.1581	0.0272	0.0577	0.0838	0.0777	0.1183	0.0090	0.1074	0.0158	0.0703	0.0980	0.0029
厦门	0.1117	0.0418	0.0573	0.0806	0.0771	0.1516	0.0103	0.0582	0.0517	0.0784	0.1154	0.0055
西安	0.1191	0.0204	0.0581	0.0805	0.0776	0.0614	0.0103	0.0659	0.0184	0.0911	0.1163	0.3082
哈尔滨	0.0603	0.0265	0.0571	0.0796	0.0678	0.1063	0.0129	0.1471	0.0173	0.0584	0.1098	0.0005
长春	0.1050	0.0146	0.0607	0.0693	0.0626	0.1027	0.0077	0.0284	0.0242	0.0530	0.1381	0.0009
沈阳	0.1478	0.0158	0.0564	0.0836	0.0777	0.0956	0.0116	0.1802	0.0391	0.0306	0.0572	0.0018
大连	0.1501	0.0434	0.0550	0.0844	0.0683	0.1291	0.0039	0.1883	0.0549	0.0387	0.1064	0.0027
济南	0.1981	0.0132	0.0601	0.0794	0.0750	0.0400	0.0064	0.0000	0.0399	0.0351	0.1150	0.0007
武汉	0.1221	0.0905	0.0578	0.0814	0.0777	0.0711	0.0206	0.0000	0.0333	0.0295	0.1199	0.0037

附表 2-1（4） 2013 年 TOPSIS 法下三级指标加权规范矩阵处理结果

城市	教育支出占GDP比重/%	社会保障和就业支出占一般公共预算支出比重/%	城镇基本养老医疗保险覆盖率/%	建成区排水管道密度/千米/平方千米	人均道路面积/平方米	建成区绿化覆盖率/%	常住人口城镇化率/%	人均城市市政公用设施建设维护管理财政性资金支出/元	城市建设用地占市区面积比重/%	IT与电信基础设施指数/万户	国际通航城市数量/个	城市经营率/%
宁波	0.0672	0.1394	0.0662	0.1782	0.0308	0.0549	0.1254	0.0342	0.0494	0.0510	0.0023	0.1389
杭州	0.0628	0.1484	0.0657	0.1127	0.0084	0.0577	0.1346	0.0541	0.0456	0.0638	0.0023	0.1473
南京	0.0507	0.1418	0.0459	0.1213	0.1071	0.0632	0.1411	0.1092	0.0366	0.0522	0.0433	0.1153
成都	0.0634	0.0852	0.0386	0.1395	0.0324	0.0576	0.1493	0.0319	0.0859	0.0845	0.0478	0.0986
深圳	0.0640	0.0623	0.1012	0.1591	0.0369	0.0646	0.0525	0.0058	0.1478	0.0998	0.0902	0.1395
广州	0.0531	0.1408	0.0524	0.1092	0.0532	0.0590	0.1532	0.0740	0.0594	0.1290	0.1861	0.2259
青岛	0.0694	0.0953	0.0450	0.1629	0.1535	0.0641	0.1217	0.0258	0.0483	0.0496	0.0419	0.0396
厦门	0.0849	0.0902	0.0664	0.1085	0.0121	0.0600	0.1458	0.1222	0.0628	0.0270	0.0570	0.1885
西安	0.0750	0.1435	0.0348	0.1157	0.0613	0.0605	0.1294	0.1363	0.0403	0.0785	0.0751	0.1039
哈尔滨	0.0673	0.1981	0.0204	0.0824	0.0069	0.0517	0.0868	0.0522	0.0179	0.0442	0.0149	0.1056
长春	0.0620	0.1528	0.0270	0.1280	0.0720	0.0390	0.0868	0.0253	0.0294	0.0316	0.0099	0.0834
沈阳	0.0593	0.2101	0.0337	0.1024	0.0007	0.0606	0.1296	0.0752	0.0435	0.0412	0.0119	0.1227
大连	0.0515	0.1656	0.0497	0.0785	0.0000	0.0642	0.0915	0.0497	0.0503	0.0371	0.0144	0.1195
济南	0.0549	0.1048	0.0346	0.0733	0.1573	0.0559	0.1193	0.0704	0.0379	0.0459	0.0131	0.0985
武汉	0.0439	0.1785	0.0419	0.1940	0.0022	0.0548	0.1214	0.0696	0.0865	0.0668	0.0287	0.1183

附表 2-2（1） 2014 年 TOPSIS 法下三级指标加权规范矩阵处理结果

城市	城镇居民人均可支配收入 / 元	全员劳动生产率 / 万元/人	人均固定资产投资额 / 元	全社会 R&D 经费支出占 GDP 比重 / %	每万人发明专利拥有量 / 项	技术市场交易额占 GDP 比重 / %	服务业增加值占 GDP 比重 / %	规模以上工业增加值 / 亿元	进出口总额占 GDP 比重 / %
杭州	0.1531	0.0607	0.0516	0.1550	0.0270	0.0204	0.1180	0.0970	0.0310
南京	0.1279	0.0762	0.0545	0.1681	0.0282	0.0487	0.1194	0.0551	0.0272
成都	0.1120	0.0354	0.0279	0.0299	0.0115	0.0190	0.1093	0.0786	0.0233
深圳	0.1404	0.0651	0.0643	0.3078	0.2285	0.0692	0.1229	0.1985	0.1279
广州	0.1473	0.0976	0.0192	0.1129	0.0273	0.0725	0.1369	0.0623	0.0322
青岛	0.1313	0.1118	0.0177	0.0909	0.0114	0.0164	0.1079	0.1010	0.0379
厦门	0.1359	0.0476	0.0240	0.1821	0.0153	0.0064	0.1127	0.1456	0.1053
西安	0.1238	0.0567	0.0607	0.0461	0.0166	0.1433	0.1084	0.0347	0.0174
哈尔滨	0.0988	0.0750	0.0531	0.0582	0.0073	0.0211	0.1245	0.0307	0.0174
长春	0.0936	0.0870	0.0598	0.0471	0.0052	0.0058	0.0799	0.0210	0.0174
沈阳	0.1088	0.0963	0.0601	0.1275	0.0079	0.0376	0.0877	0.1178	0.0085
大连	0.1152	0.1196	0.0598	0.1980	0.0330	0.0300	0.0893	0.0616	0.0327
济南	0.1329	0.0726	0.0194	0.0632	0.0148	0.0101	0.1209	0.1032	0.0076
武汉	0.1141	0.0937	0.0705	0.1074	0.0634	0.0835	0.1059	0.1121	0.0111

附表 2-2(2) 2014 年 TOPSIS 法下三级指标加权规范矩阵处理结果

城市	二元对比系数	人口自然增长率 /‰	第三产业从业人员比重 /%	平均预期寿命 /岁	每万人在校大学生数 /人	每万人拥有专业技术人员数 /人	两项产品抽检合格率 /%	法治政府建设水平指数 /分	每万人交通事故死亡人数 /人
杭州	0.1062	0.0740	0.0537	0.1222	0.0716	0.0752	0.0775	0.0024	0.0554
南京	0.0634	0.0661	0.0576	0.1231	0.0704	0.0601	0.0808	0.1585	0.0702
成都	0.0147	0.0425	0.0721	0.1187	0.0823	0.0665	0.0813	0.1154	0.0597
深圳	0.0029	0.2896	0.0411	0.1182	0.0802	0.1324	0.0794	0.0348	0.0330
广州	0.0416	0.1338	0.0708	0.1201	0.0466	0.0903	0.0783	0.0661	0.0690
青岛	0.0901	0.0441	0.0482	0.1213	0.0736	0.0455	0.0790	0.0387	0.0344
厦门	0.0099	0.1763	0.0362	0.1199	0.0942	0.0714	0.0783	0.1237	0.0272
西安	0.0646	0.1779	0.0680	0.1134	0.1045	0.0586	0.0762	0.1771	0.0677
哈尔滨	0.0068	0.0456	0.0699	0.1179	0.0452	0.0397	0.0807	0.0862	0.0317
长春	0.0149	0.0787	0.0577	0.1185	0.0588	0.0378	0.0805	0.0215	0.0202
沈阳	0.0414	0.0016	0.0628	0.1186	0.0568	0.0527	0.0805	0.0202	0.0372
大连	0.0299	0.0031	0.0514	0.1214	0.0622	0.0490	0.0778	0.0277	0.0452
济南	0.1860	0.0693	0.0607	0.1175	0.0746	0.0595	0.0783	0.0260	0.0754
武汉	0.0393	0.1007	0.0568	0.1195	0.0651	0.0600	0.0779	0.3259	0.0615

附表 2-2（3）　2014 年 TOPSIS 法下三级指标加权规范矩阵处理结果

城市	万元 GDP 能耗/吨标准煤	万元 GDP 水耗/立方米	一般工业固体废物综合利用率/%	污水处理厂集中处理率/%	生活垃圾无害化处理率/%	空气质量优良天数比率/%	每万人公共文化设施拥有量/个	文化体育娱乐固定资产投资额/万元	人均公共图书馆藏书量/册	文化及相关特色产业增加值占 GDP 比重/%	居民文化教育娱乐消费支出占消费总支出比重/%	入境旅游人次/次
杭州	0.1119	0.0997	0.0546	0.0808	0.0773	0.0955	0.0181	0.0769	0.0580	0.0725	0.0957	0.0084
南京	0.1559	0.1184	0.0551	0.0563	0.0713	0.0797	0.0167	0.2914	0.0178	0.0572	0.1679	0.0015
成都	0.1467	0.1328	0.0584	0.0792	0.0773	0.0934	0.0042	0.0652	0.0359	0.0539	0.1187	0.0051
深圳	0.1017	0.0299	0.0598	0.0831	0.0773	0.1462	0.2606	0.0211	0.2048	0.0568	0.0949	0.0303
广州	0.0870	0.0991	0.0566	0.0850	0.0671	0.1185	0.0111	0.0695	0.0528	0.0498	0.1311	0.0201
青岛	0.1584	0.0304	0.0573	0.0849	0.0773	0.1098	0.0098	0.3025	0.0166	0.0725	0.1022	0.0033
厦门	0.1186	0.0477	0.0587	0.0806	0.0773	0.1458	0.0098	0.0402	0.0551	0.0784	0.0885	0.0068
西安	0.1208	0.0228	0.0554	0.0798	0.0723	0.0884	0.0125	0.0539	0.0207	0.0734	0.1322	0.3076
哈尔滨	0.0493	0.0325	0.0588	0.0769	0.0665	0.1014	0.0139	0.0995	0.0176	0.0591	0.1147	0.0005
长春	0.1079	0.0161	0.0599	0.0775	0.0761	0.1001	0.0084	0.0359	0.0255	0.0490	0.1412	0.0010
沈阳	0.1517	0.0199	0.0541	0.0818	0.0773	0.0804	0.0139	0.0844	0.0401	0.0431	0.1403	0.0015
大连	0.1567	0.0517	0.0518	0.0752	0.0631	0.1182	0.0042	0.1297	0.0578	0.0392	0.1038	0.0025
济南	0.2002	0.0147	0.0597	0.0821	0.0773	0.0402	0.0098	0.0000	0.0408	0.0358	0.1157	0.0008
武汉	0.1268	0.0964	0.0592	0.0801	0.0773	0.0763	0.0237	0.0000	0.0343	0.0368	0.1344	0.0044

附表 2-2(4) 2014 年 TOPSIS 法下三级指标加权规范矩阵处理结果

城市	教育支出占GDP比重/%	社会保障和就业支出占一般公共预算支出比重/%	城镇基本养老医疗保险覆盖率/%	建成区排水管道密度/千米/平方千米	人均道路面积/平方米	建成区绿化覆盖率/%	常住人口城镇化率/%	人均城市市政公用设施建设维护管理财政性资金支出/元	城市建设用地占市区面积比重/%	IT与电信基础设施指数/万户	国际通航城市数量/个	城市经营率/%
杭州	0.0665	0.1424	0.0720	0.1154	0.0164	0.0581	0.1341	0.0193	0.0254	0.0595	0.0021	0.1445
南京	0.0520	0.1304	0.0460	0.1266	0.1112	0.0632	0.1410	0.0653	0.0305	0.0465	0.0428	0.1147
成都	0.0610	0.0792	0.0360	0.1365	0.0164	0.0514	0.1498	0.0279	0.0702	0.0810	0.0494	0.1030
深圳	0.0690	0.0431	0.0860	0.1536	0.0348	0.0646	0.0550	0.0028	0.1233	0.1202	0.0931	0.1466
广州	0.0460	0.1317	0.0692	0.1145	0.0522	0.0595	0.1525	0.0406	0.0496	0.1209	0.1837	0.2272
青岛	0.0722	0.1012	0.0327	0.1638	0.1386	0.0641	0.1221	0.0172	0.0394	0.0610	0.0432	0.0476
厦门	0.0970	0.0747	0.0649	0.1021	0.0155	0.0600	0.1453	0.2471	0.0523	0.0234	0.0549	0.2002
西安	0.0681	0.1358	0.0387	0.1168	0.0586	0.0609	0.1296	0.0709	0.0336	0.0721	0.0770	0.1030
哈尔滨	0.0738	0.2009	0.0229	0.0830	0.0092	0.0509	0.0870	0.0297	0.0153	0.0453	0.0163	0.0866
长春	0.0537	0.1436	0.0360	0.1241	0.0730	0.0556	0.0866	0.0162	0.0255	0.0331	0.0099	0.0801
沈阳	0.0555	0.2173	0.0468	0.1039	0.0358	0.0599	0.1291	0.0191	0.0371	0.0402	0.0119	0.1149
大连	0.0459	0.1815	0.0478	0.0796	0.0004	0.0642	0.0909	0.0241	0.0408	0.0338	0.0153	0.1074
济南	0.0542	0.1510	0.0361	0.0792	0.1668	0.0569	0.1213	0.0316	0.0321	0.0431	0.0128	0.1005
武汉	0.0480	0.1792	0.0432	0.1936	0.0063	0.0562	0.1207	0.0347	0.1576	0.0633	0.0289	0.1204

附表 2-3(1)　2015 年 TOPSIS 法下三级指标加权规范矩阵处理结果

城市	城镇居民人均可支配收入/元	全员劳动生产率/万元/人	人均固定资产投资额/元	全社会R&D经费支出占GDP比重/%	每万人发明专利拥有量/项	技术市场交易额占GDP比重/%	服务业增加值占GDP比重/%	规模以上工业增加值/亿元	进出口总额占GDP比重/%
宁波	0.1521	0.0839	0.1059	0.1394	0.0627	0.0045	0.0865	0.0871	0.0453
杭州	0.1536	0.0594	0.0548	0.1812	0.0779	0.0160	0.1217	0.0984	0.0248
南京	0.1465	0.0726	0.0467	0.1820	0.0857	0.0410	0.1208	0.1067	0.0207
成都	0.1064	0.0698	0.0421	0.0454	0.0354	0.0156	0.1085	0.0603	0.0135
深圳	0.1419	0.0661	0.0444	0.2122	0.0496	0.0768	0.1230	0.2025	0.0844
广州	0.1485	0.0969	0.0415	0.1177	0.0526	0.0804	0.1384	0.0636	0.0247
青岛	0.1283	0.1096	0.0433	0.1008	0.0388	0.0185	0.1080	0.0966	0.0270
厦门	0.1354	0.0463	0.0461	0.1907	0.0545	0.0070	0.1129	0.1392	0.0844
西安	0.1055	0.0551	0.0381	0.0515	0.0794	0.1360	0.1127	0.0707	0.0163
哈尔滨	0.0985	0.0741	0.0167	0.0466	0.0181	0.0170	0.1152	0.0278	0.0844
长春	0.0931	0.0825	0.0404	0.0441	0.0140	0.0051	0.0836	0.0224	0.0588
沈阳	0.1165	0.0874	0.0352	0.1328	0.0249	0.0315	0.0927	0.0782	0.0844
大连	0.1141	0.1195	0.0260	0.1963	0.0828	0.0262	0.0924	0.0603	0.0244
济南	0.1268	0.0768	0.0583	0.0516	0.0427	0.0381	0.1156	0.0998	0.0054
武汉	0.1158	0.0942	0.0433	0.1919	0.1288	0.0839	0.1057	0.1103	0.0096

附表 2-3(2) 2015 年 TOPSIS 法下三级指标加权规范矩阵处理结果

城市	二元对比系数	人口自然增长率 /‰	第三产业从业人员比重 / %	平均预期寿命 / 岁	每万人在校大学生数 / 人	每万人拥有专业技术人员数 / 人	两项产品抽检合格率 / %	法治政府建设水平指数 / 分	每万人交通事故死亡人数 / 人
宁波	0.2052	0.0530	0.0410	0.1210	0.0236	0.0428	0.0786	0.0726	0.0624
杭州	0.1259	0.1017	0.0524	0.1219	0.0605	0.0765	0.0786	0.0080	0.0522
南京	0.0583	0.0766	0.0576	0.1224	0.1133	0.0589	0.0776	0.1650	0.0679
成都	0.1005	0.0693	0.0640	0.1198	0.0550	0.0650	0.0782	0.1386	0.0560
深圳	0.0049	0.2579	0.0420	0.1180	0.0241	0.1247	0.0793	0.0423	0.0390
广州	0.0272	0.1179	0.0724	0.1212	0.1104	0.0877	0.0771	0.0604	0.0703
青岛	0.0762	0.0737	0.0508	0.1206	0.0366	0.0440	0.0786	0.0473	0.0347
厦门	0.0091	0.1665	0.0392	0.1194	0.0710	0.0703	0.0786	0.1102	0.0300
西安	0.0667	0.1370	0.0701	0.1136	0.0858	0.0591	0.0803	0.2180	0.0757
哈尔滨	0.0057	0.0074	0.0703	0.1179	0.0468	0.0413	0.0786	0.0842	0.0373
长春	0.0114	0.0707	0.0571	0.1179	0.0501	0.0491	0.0801	0.0216	0.0292
沈阳	0.0413	0.0280	0.0614	0.1192	0.0499	0.0519	0.0809	0.0246	0.0340
大连	0.0233	0.0501	0.0548	0.1213	0.0439	0.0482	0.0778	0.0274	0.0481
济南	0.1447	0.1636	0.0608	0.1176	0.1024	0.0682	0.0784	0.0314	0.0738
武汉	0.0328	0.1061	0.0558	0.1200	0.1061	0.0656	0.0771	0.3258	0.0669

附表 2-3(3)　2015 年 TOPSIS 法下三级指标加权规范矩阵处理结果

城市	万元 GDP 能耗 / 吨标准煤	万元 GDP 水耗 / 立方米	一般工业固体废物综合利用率 / %	污水处理厂集中处理率 / %	生活垃圾无害化处理率 / %	空气质量优良天数比率 / %	每万人公共文化设施拥有量 / 个	文化体育娱乐固定资产投资额 / 万元	人均公共图书馆藏书量 / 册	文化及相关特色产业增加值占 GDP 比重 / %	居民文化教育娱乐消费支出占消费总支出比重 / %	入境旅游人次 / 次
宁波	0.1319	0.0301	0.0564	0.0774	0.0753	0.1207	0.0252	0.0831	0.0291	0.0398	0.1236	0.0036
杭州	0.1135	0.1029	0.0527	0.0809	0.0753	0.0968	0.0237	0.1092	0.0546	0.0825	0.0927	0.0077
南京	0.1557	0.1231	0.0547	0.0589	0.0698	0.0940	0.0178	0.2234	0.0176	0.0592	0.1791	0.0013
成都	0.1266	0.1427	0.0579	0.0777	0.0753	0.0856	0.0044	0.0874	0.0352	0.0582	0.1305	0.0052
深圳	0.1045	0.0338	0.0594	0.0820	0.0753	0.1406	0.2594	0.0283	0.2046	0.0563	0.0878	0.0276
广州	0.0876	0.0364	0.0594	0.0836	0.0717	0.1248	0.0133	0.1100	0.0557	0.0500	0.1103	0.0182
青岛	0.1551	0.0280	0.0557	0.0836	0.0753	0.1172	0.0119	0.2637	0.0171	0.0581	0.0910	0.0030
厦门	0.1153	0.0541	0.0553	0.0791	0.0753	0.1448	0.0104	0.0542	0.0570	0.0825	0.1011	0.0072
西安	0.1240	0.0287	0.0540	0.0809	0.0753	0.1004	0.0133	0.0763	0.0234	0.0631	0.1410	0.3080
哈尔滨	0.0507	0.0355	0.0589	0.0756	0.0690	0.0908	0.0148	0.1467	0.0182	0.0624	0.1164	0.0005
长春	0.1129	0.0193	0.0574	0.0762	0.0753	0.0948	0.0089	0.0889	0.0267	0.0495	0.1400	0.0009
沈阳	0.1557	0.0241	0.0567	0.0804	0.0753	0.0828	0.0148	0.0774	0.0412	0.0466	0.1275	0.0015
大连	0.1615	0.0622	0.0584	0.0804	0.0753	0.1080	0.0044	0.1747	0.0522	0.0340	0.1029	0.0022
济南	0.2005	0.0156	0.0592	0.0843	0.0753	0.0564	0.0104	0.0000	0.0423	0.0382	0.1148	0.0008
武汉	0.1272	0.1011	0.0582	0.0804	0.0753	0.0768	0.0252	0.0000	0.0354	0.0388	0.1333	0.0046

附表 2-3(4)　2015 年 TOPSIS 法下三级指标加权规范矩阵处理结果

城市	教育支出占 GDP 比重 /%	社会保障和就业支出占一般公共预算支出比重 /%	城镇基本养老医疗保险覆盖率 /%	建成区排水管道密度 /千米/平方千米	人均道路面积 /平方米	建成区绿化覆盖率 /%	常住人口城镇化率 /%	人均城市市政公用设施建设维护管理财政性资金支出 /元	城市建设用地占市区面积比重 /%	IT 与电信基础设施指数 /万户	国际通航城市数量 /个	城市经营率 /%
宁波	0.0768	0.1099	0.0542	0.1841	0.0681	0.0543	0.1281	0.0149	0.0384	0.0473	0.0019	0.1408
杭州	0.0717	0.1227	0.0597	0.1166	0.0519	0.0566	0.1357	0.0176	0.0238	0.0598	0.0019	0.1489
南京	0.0591	0.1249	0.0640	0.1961	0.1474	0.0622	0.1467	0.0785	0.0288	0.0411	0.0478	0.1146
成都	0.0682	0.0809	0.0203	0.1250	0.0095	0.0558	0.1287	0.0354	0.0648	0.1276	0.0530	0.0984
深圳	0.0532	0.0271	0.0858	0.1377	0.0383	0.0631	0.0562	0.0029	0.1162	0.1046	0.0980	0.1725
广州	0.0511	0.1339	0.0731	0.1070	0.0344	0.0581	0.1541	0.0389	0.0467	0.1068	0.1757	0.2147
青岛	0.0812	0.0972	0.0328	0.1496	0.1096	0.0626	0.1261	0.0157	0.0365	0.0613	0.0454	0.0768
厦门	0.0948	0.0812	0.0627	0.0984	0.0302	0.0586	0.1435	0.2414	0.0492	0.0336	0.0544	0.1899
西安	0.0658	0.1169	0.0385	0.1052	0.0698	0.0599	0.1316	0.0730	0.0316	0.0607	0.0823	0.0936
哈尔滨	0.0699	0.2102	0.0217	0.0789	0.0327	0.0489	0.0870	0.0338	0.0148	0.0422	0.0177	0.0942
长春	0.0444	0.1205	0.0361	0.1152	0.0546	0.0574	0.0877	0.0162	0.0249	0.0339	0.0105	0.0935
沈阳	0.0463	0.2498	0.0466	0.1000	0.0419	0.0579	0.1307	0.0152	0.0357	0.0454	0.0119	0.0899
大连	0.0376	0.1871	0.0532	0.0756	0.0013	0.0629	0.0918	0.0239	0.0374	0.0280	0.0173	0.1090
济南	0.0515	0.1568	0.0431	0.0755	0.1405	0.0567	0.1225	0.0368	0.0308	0.0383	0.0133	0.0961
武汉	0.0448	0.1705	0.0422	0.1853	0.0073	0.0563	0.1220	0.0334	0.1706	0.0558	0.0290	0.1238

附表 2-4(1) 2016 年 TOPSIS 法下三级指标加权规范矩阵处理结果

城市	城镇居民人均可支配收入/元	全员劳动生产率/万元/人	人均固定资产投资额/元	全社会 R&D 经费支出占 GDP 比重/%	每万人发明专利拥有量/项	技术市场交易额占 GDP 比重/%	服务业增加值占 GDP 比重/%	规模以上工业增加值/亿元	进出口总额占 GDP 比重/%
宁波	0.0215	0.0118	0.0060	0.0133	0.0096	0.0003	0.0057	0.0055	0.0033
杭州	0.0217	0.0131	0.0046	0.0169	0.0082	0.0016	0.0074	0.0056	0.0021
南京	0.0208	0.0128	0.0008	0.0165	0.0064	0.0074	0.0071	0.0060	0.0017
成都	0.0150	0.0083	0.0061	0.0129	0.0048	0.0039	0.0064	0.0071	0.0012
深圳	0.0203	0.0186	0.0058	0.0235	0.0116	0.0025	0.0073	0.0136	0.0071
广州	0.0212	0.0158	0.0054	0.0127	0.0063	0.0029	0.0083	0.0092	0.0023
青岛	0.0149	0.0126	0.0059	0.0156	0.0013	0.0011	0.0066	0.0068	0.0023
厦门	0.0193	0.0106	0.0045	0.0182	0.0057	0.0012	0.0071	0.0024	0.0071
西安	0.0125	0.0077	0.0082	0.0111	0.0109	0.0159	0.0074	0.0022	0.0015
哈尔滨	0.0138	0.0069	0.0041	0.0059	0.0023	0.0040	0.0070	0.0019	0.0002
长春	0.0129	0.0085	0.0071	0.0114	0.0017	0.0031	0.0055	0.0030	0.0008
沈阳	0.0163	0.0071	−0.016	0.0138	0.0021	0.0045	0.0068	0.0023	0.0007
大连	0.0159	0.0092	0.0063	0.0107	0.0038	0.0015	0.0063	0.0037	0.0027
济南	0.0179	0.0100	0.0059	0.0131	0.0038	0.0017	0.0071	0.0055	0.0005
武汉	0.0166	0.0109	0.0041	0.0140	0.0076	0.0087	0.0064	0.0050	0.0018

附表 2-4(2)　2016 年 TOPSIS 法下三级指标加权规范矩阵处理结果

城市	二元对比系数	人口自然增长率 /‰	第三产业从业人员比重 /%	平均预期寿命 /岁	每万人在校大学生数 /人	每万人拥有专业技术人员数 /人	两项产品抽检合格率 /%	法治政府建设水平指数 /分	每万人交通事故死亡人数 /人
宁波	0.0034	0.0084	0.0062	0.0084	0.0033	0.0052	0.0032	0.0012	0.0023
杭州	0.0021	0.0096	0.0064	0.0085	0.0038	0.0061	0.0032	0.0006	0.0018
南京	0.0013	0.0072	0.0057	0.0085	0.0072	0.0034	0.0031	0.0065	0.0027
成都	0.0098	0.0086	0.0065	0.0082	0.0036	0.0031	0.0031	0.0063	0.0021
深圳	0.0002	0.0306	0.0069	0.0081	0.0006	0.0049	0.0032	0.0019	0.0020
广州	0.0005	0.0166	0.0073	0.0085	0.0058	0.0028	0.0031	0.0021	0.0029
青岛	0.0039	0.0094	0.0056	0.0083	0.0029	0.0033	0.0032	0.0022	0.0012
厦门	0.0002	0.0190	0.0044	0.0083	0.0029	0.0088	0.0031	0.0037	0.0012
西安	0.0033	0.0098	0.0071	0.0082	0.0092	0.0045	0.0032	0.0102	0.0031
哈尔滨	0.0318	0.0009	0.0053	0.0081	0.0040	0.0036	0.0032	0.0031	0.0018
长春	0.0064	0.0070	0.0065	0.0080	0.0046	0.0036	0.0032	0.0008	0.0012
沈阳	0.0029	0.0036	0.0063	0.0083	0.0039	0.0046	0.0033	0.0011	0.0016
大连	0.0073	0.0064	0.0067	0.0084	0.0030	0.0048	0.0032	0.0010	0.0019
济南	0.0051	0.0133	0.0068	0.0081	0.0059	0.0027	0.0032	0.0014	0.0030
武汉	0.0020	0.0097	0.0063	0.0084	0.0071	0.0044	0.0031	0.0124	0.0026

附表 2-4(3)　2016 年 TOPSIS 法下三级指标加权规范矩阵处理结果

城市	万元 GDP 能耗 / 吨标准煤	万元 GDP 水耗 / 立方米	一般工业固体废物综合利用率 / %	污水处理厂集中处理率 / %	生活垃圾无害化处理率 / %	空气质量优良天数比率 / %	每万人公共文化设施拥有量 / 个	文化体育娱乐固定资产投资额 / 万元	人均公共图书馆藏书量 / 册	文化及相关特色产业增加值占 GDP 比重 / %	居民文化教育娱乐消费支出占消费总支出比重 / %	入境旅游人次 / 人次
宁波	0.0086	0.0055	0.0037	0.0083	0.0086	0.0134	0.0032	0.0076	0.0021	0.0023	0.0063	0.0017
杭州	0.0085	0.0052	0.0038	0.0094	0.0086	0.0113	0.0035	0.0086	0.0032	0.0045	0.0058	0.0035
南京	0.0065	0.0049	0.0033	0.0093	0.0086	0.0105	0.0023	0.0041	0.0040	0.0032	0.0095	0.0006
成都	0.0084	0.0048	0.0039	0.0094	0.0086	0.0093	0.0002	0.0080	0.0030	0.0031	0.0067	0.0026
深圳	0.0068	0.0039	0.0039	0.0099	0.0086	0.0153	0.0098	0.0028	0.0046	0.0030	0.0045	0.0126
广州	0.0039	0.0039	0.0039	0.0096	0.0085	0.0134	0.0020	0.0093	0.0039	0.0027	0.0071	0.0082
青岛	0.0036	0.0017	0.0037	0.0098	0.0086	0.0129	0.0025	0.0025	0.0014	0.0031	0.0049	0.0013
厦门	0.0078	0.0044	0.0038	0.0099	0.0085	0.0157	0.0006	0.0051	0.0030	0.0045	0.0051	0.0034
西安	0.0063	0.0042	0.0036	0.0091	0.0084	0.0099	0.0037	0.0058	0.0016	0.0034	0.0066	0.0013
哈尔滨	0.0109	0.0052	0.0031	0.0080	0.0086	0.0122	0.0013	0.0061	0.0010	0.0018	0.0066	0.0002
长春	0.0090	0.0051	0.0036	0.0080	0.0086	0.0126	0.0036	0.0084	0.0013	0.0027	0.0072	0.0004
沈阳	0.0102	0.0033	0.0036	0.0082	0.0086	0.0108	0.0011	0.0020	0.0027	0.0026	0.0065	0.0006
大连	0.0106	0.0047	0.0033	0.0085	0.0086	0.0130	0.0004	0.0056	0.0046	0.0018	0.0053	0.0010
济南	0.0131	0.0037	0.0039	0.0097	0.0086	0.0070	0.0021	0.0038	0.0028	0.0021	0.0059	0.0003
武汉	0.0082	0.0042	0.0038	0.0095	0.0086	0.0118	0.0025	0.0071	0.0052	0.0021	0.0068	0.0021

附表 2-4（4） 2016 年 TOPSIS 法下三级指标加权规范矩阵处理结果

城市	教育支出占 GDP 比重 / %	社会保障和就业支出占一般公共预算支出比重 / %	城镇基本养老医疗保险覆盖率 / %	建成区排水管道密度 / 千米 / 平方千米	人均道路面积 / 平方米	建成区绿化覆盖率 / %	常住人口城镇化率 / %	人均城市市政公用设施建设维护管理财政性资金支出 / 元	城市建设用地占市区面积比重 / %	IT 与电信基础设施指数 / 万户	国际通航城市数量 / 个	城市经营率 / %
宁波	0.0043	0.0069	0.0034	0.0068	0.0032	0.0021	0.0063	0.0018	0.0025	0.0020	0.0017	0.0062
杭州	0.0042	0.0110	0.0046	0.0056	0.0004	0.0022	0.0063	0.0017	0.0021	0.0028	0.0027	0.0066
南京	0.0035	0.0075	0.0047	0.0048	0.0054	0.0022	0.0068	0.0048	0.0021	0.0019	0.0021	0.0052
成都	0.0025	0.0066	0.0041	0.0047	0.0008	0.0021	0.0059	0.0039	0.0013	0.0041	0.0052	0.0039
深圳	0.0037	0.0032	0.0048	0.0063	0.0015	0.0024	0.0083	0.0007	0.0088	0.0043	0.0023	0.0073
广州	0.0045	0.0081	0.0043	0.0042	0.0026	0.0022	0.0071	0.0028	0.0033	0.0044	0.0050	0.0042
青岛	0.0046	0.0072	0.0024	0.0048	0.0004	0.0022	0.0059	0.0010	0.0028	0.0022	0.0011	0.0063
厦门	0.0053	0.0037	0.0037	0.0039	0.0016	0.0023	0.0074	0.0115	0.0039	0.0015	0.0020	0.0079
西安	0.0054	0.0055	0.0033	0.0045	0.0025	0.0019	0.0061	0.0015	0.0027	0.0029	0.0016	0.0034
哈尔滨	0.0037	0.0097	0.0021	0.0030	0.0039	0.0018	0.0040	0.0006	0.0008	0.0019	0.0019	0.0032
长春	0.0043	0.0016	0.0016	0.0046	0.0033	0.0022	0.0048	0.0011	0.0011	0.0026	0.0014	0.0030
沈阳	0.0045	0.0164	0.0021	0.0036	0.0024	0.0023	0.0067	0.0018	0.0025	0.0019	0.0017	0.0053
大连	0.0034	0.0158	0.0021	0.0043	0.0007	0.0024	0.0047	0.0017	0.0028	0.0014	0.0019	0.0035
济南	0.0024	0.0095	0.0022	0.0029	0.0004	0.0017	0.0058	0.0017	0.0029	0.0015	0.0012	0.0055
武汉	0.0030	0.0113	0.0019	0.0055	0.0033	0.0018	0.0066	0.0025	0.0010	0.0024	0.0023	0.0052

附表 3 TOPSIS 法下不同年份各城市三级指标理想解和负理想解计算结果

附表 3(1)

年份	解	城镇居民人均可支配收入／元	全员劳动生产率／万元/人	人均固定资产投资额／元	全社会 R&D 经费支出占GDP比重／%	每万人年专利授权数／项	技术市场交易额占GDP比重／%	服务业增加值占GDP比重／%	规模以上工业增加值／亿元	进出口总额占GDP比重／%
2013	理想解	0.1606	0.1208	0.0688	0.2669	0.2296	0.1391	0.1436	0.1928	0.1387
	负理想解	0.0906	0.0459	0.0120	0.0092	0.0072	0.0044	0.0882	0.0189	0.0048
2014	理想解	0.1531	0.1196	0.0705	0.3078	0.2285	0.1433	0.1369	0.1985	0.1279
	负理想解	0.0936	0.0354	0.0177	0.0299	0.0052	0.0047	0.0799	0.0210	0.0076
2015	理想解	0.1536	0.1195	0.1059	0.2122	0.1288	0.1360	0.1384	0.2025	0.0844
	负理想解	0.0931	0.0463	0.0167	0.0441	0.0140	0.0045	0.0836	0.0224	0.0054
2016	理想解	0.0217	0.0186	0.0082	0.0235	0.0116	0.0159	0.0083	0.0136	0.0071
	负理想解	0.0125	0.0069	(0.0163)	0.0059	0.0013	0.0003	0.0055	0.0019	0.0002

附表 3 (2)

年份	解	二元对比系数	人口自然增长率 / ‰	第三产业就业人员比重 / %	平均预期寿命 / 岁	每万人在校大学生数 / 人	每万人拥有专业技术人员数 / 人	两项产品抽检合格率 / %	法治政府水平建设指数 / 分	每万人交通事故死亡人数 / 人
2013	理想解	0.2104	0.3399	0.0719	0.1231	0.1053	0.1371	0.0825	0.0016	0.0242
	负理想解	0.0034	0.0378	0.0351	0.1137	0.0230	0.0365	0.0727	0.2901	0.0718
2014	理想解	0.1958	0.2896	0.0721	0.1231	0.1045	0.1324	0.0813	0.0024	0.0202
	负理想解	0.0029	0.0016	0.0362	0.1134	0.0452	0.0378	0.0729	0.3259	0.0780
2015	理想解	0.2052	0.2579	0.0724	0.1224	0.1133	0.1247	0.0809	0.0080	0.0292
	负理想解	0.0049	0.0074	0.0392	0.1136	0.0236	0.0413	0.0771	0.3258	0.0757
2016	理想解	0.2038	0.2958	0.0721	0.1229	0.1077	0.1314	0.0816	0.0040	0.0245
	负理想解	0.0037	0.0156	0.0368	0.1136	0.0306	0.0385	0.0742	0.3139	0.0752

附表 3(3)

年份	解	万元 GDP 能耗 / 吨标准煤	万元 GDP 水耗 / 立方米	一般工业固体废物综合利用率 / %	污水处理厂集中处理率 / %	生活垃圾无害化处理率 / %	空气质量优良天数比率 / %	每万人公共文化设施拥有量 / 个	文化体育娱乐业固定资产投资额 / 万元	人均公共图书馆藏书量 / 册
2013	理想解	0.0603	0.0132	0.0607	0.0847	0.0777	0.1516	0.2624	0.2755	0.2059
	负理想解	0.1981	0.1424	0.0479	0.0541	0.0626	0.0400	0.0039	0.0000	0.0036
2014	理想解	0.0493	0.0147	0.0599	0.0850	0.0773	0.1462	0.2606	0.3025	0.2048
	负理想解	0.2002	0.1328	0.0518	0.0563	0.0631	0.0402	0.0042	0.0000	0.0166
2015	理想解	0.0507	0.0156	0.0594	0.0843	0.0753	0.1448	0.2594	0.2637	0.2046
	负理想解	0.2005	0.1427	0.0527	0.0589	0.0690	0.0564	0.0044	0.0000	0.0171
2016	理想解	0.0036	0.0017	0.0039	0.0099	0.0086	0.0157	0.0098	0.0093	0.0052
	负理想解	0.0131	0.0055	0.0031	0.0080	0.0084	0.0070	0.0002	0.0020	0.0010

附表 3(4)

年份	解	文化及相关特色产业增加值占GDP比重/%	居民文化教育娱乐消费支出占消费总支出比重/%	入境旅游人次/次	教育支出占GDP比重/%	社会保障和就业支出占一般公共预算支出比重/%	城镇基本养老医疗保险覆盖率/%	建成区排水管道密度/千米/平方千米	人均道路面积/平方米	建成区绿化覆盖率/%
2013	理想解	0.0911	0.1746	0.3082	0.0849	0.2101	0.1012	0.1940	0.0000	0.0646
	负理想解	0.0295	0.0572	0.0004	0.0489	0.0623	0.0204	0.0733	0.1573	0.0390
2014	理想解	0.0784	0.1679	0.3076	0.0910	0.2173	0.0860	0.1936	0.0004	0.0646
	负理想解	0.0358	0.0885	0.0005	0.0459	0.0431	0.0229	0.0792	0.1668	0.0434
2015	理想解	0.0825	0.1791	0.3080	0.0948	0.2498	0.0858	0.1961	0.0013	0.0631
	负理想解	0.0340	0.0878	0.0005	0.0376	0.0271	0.0203	0.0755	0.1474	0.0489
2016	理想解	0.0045	0.0095	0.0126	0.0054	0.0164	0.0048	0.0068	0.0004	0.0024
	负理想解	0.0018	0.0045	0.0002	0.0024	0.0016	0.0016	0.0029	0.0054	0.0017

附表 3(5)

年份	解	常住人口城镇化率 / %	人均城市市政公用设施建设维护管理财政性资金支出 / 元	城市建设用地占市区面积比重 / %	IT 与电信基础设施指数 / 万户	国际通航城市数量 / 个	城市经营率 / %
2013	理想解	0.1532	0.1363	0.1478	0.1290	0.1861	0.2259
	负理想解	0.0525	0.0058	0.0179	0.0270	0.0023	0.0396
2014	理想解	0.1525	0.2471	0.1576	0.1209	0.1837	0.2272
	负理想解	0.0550	0.0028	0.0153	0.0234	0.0020	0.0476
2015	理想解	0.1541	0.2414	0.1706	0.1276	0.1757	0.2147
	负理想解	0.0562	0.0029	0.0148	0.0280	0.0019	0.0768
2016	理想解	0.0083	0.0115	0.0088	0.0044	0.0052	0.0079
	负理想解	0.0040	0.0006	0.0008	0.0014	0.0011	0.0030

附表 4　TOPSIS 法下不同年份各城市排队指标情况

城市	2013 年				2014 年				2015 年				2016 年			
	d_0	d^*	c^*	排名	d_0	d^*	c^*	排名	d_0	d^*	c^*	排名	d_0	d^*	c^*	排名
宁波	0.5029	0.7263	0.4091	4	0.4078	0.7805	0.3432	10	0.4532	0.6850	0.3982	8	0.0337	0.0484	0.4109	7
杭州	0.4743	0.7084	0.4010	6	0.4788	0.7276	0.3969	5	0.4762	0.6531	0.4217	5	0.0357	0.0463	0.4358	5
南京	0.4531	0.7309	0.3827	9	0.4408	0.7310	0.3762	8	0.4340	0.6715	0.3926	9	0.0302	0.0488	0.3826	13
成都	0.3591	0.7945	0.3113	14	0.3412	0.8233	0.2930	15	0.3449	0.7237	0.3228	15	0.0315	0.0462	0.4058	8
深圳	0.7735	0.5161	0.5998	1	0.7529	0.5765	0.5663	1	0.6450	0.5893	0.5226	1	0.0532	0.0408	0.5654	1
广州	0.5040	0.6690	0.4297	3	0.5058	0.6934	0.4218	3	0.5076	0.6182	0.4509	2	0.0392	0.0436	0.4729	2
青岛	0.3649	0.7888	0.3163	13	0.4963	0.7635	0.3939	6	0.4669	0.6923	0.4028	7	0.0330	0.0489	0.4028	10
厦门	0.5113	0.6769	0.4303	2	0.5326	0.6950	0.4338	2	0.5076	0.6388	0.4428	3	0.0387	0.0461	0.4561	3
西安	0.4942	0.7187	0.4075	5	0.5024	0.6987	0.4183	4	0.4727	0.6283	0.4293	4	0.0359	0.0493	0.4212	6
哈尔滨	0.3897	0.8310	0.3192	12	0.4143	0.8160	0.3368	12	0.4227	0.7538	0.3593	12	0.0407	0.0506	0.4460	4
长春	0.3680	0.8579	0.3002	15	0.4027	0.8364	0.3250	13	0.4015	0.7572	0.3465	14	0.0308	0.0523	0.3706	14
沈阳	0.4730	0.7517	0.3887	8	0.4602	0.7799	0.3711	9	0.4592	0.7144	0.3913	10	0.0234	0.0583	0.2861	15
大连	0.4455	0.7614	0.3691	10	0.4697	0.7616	0.3815	7	0.4730	0.6985	0.4037	6	0.0331	0.0495	0.4006	11
济南	0.4094	0.8077	0.3364	11	0.4239	0.8298	0.3381	11	0.4395	0.7275	0.3766	11	0.0326	0.0481	0.4040	9
武汉	0.4739	0.7284	0.3942	7	0.3831	0.8050	0.3224	14	0.4104	0.7351	0.3583	13	0.0316	0.0479	0.3974	12

注：d_0 表示备选方案到理想解的距离；d^* 表示备选方案到负理想解的距离；c^* 表示综合得分。

附表 5 加权和法下不同年份各城市二级指标向量规范化处理结果

附表 5-1(1)　2013 年加权和法下二级指标向量标规范化处理结果

城市	发展效益			科技创新			结构优化			社会结构		
宁波	0.4490	0.5209	0.0258	0.0013	0.0730	0.5221	0.0101	0.0001	0.0149	0.6614	0.4266	0.2977
杭州	0.4240	0.5262	0.0347	0.0014	0.1468	0.5261	0.0092	0.0001	0.0128	0.5827	0.4799	0.3547
南京	0.4449	0.6665	0.2343	0.0015	0.1906	0.5354	0.0104	0.0001	0.0150	0.2051	0.5252	0.3892
成都	0.4531	0.6794	0.0502	0.0003	0.1003	0.5123	0.0106	0.0001	0.0171	0.8752	0.4249	0.0131
深圳	0.4982	0.6778	0.0380	0.0014	0.5399	0.3827	0.0105	0.0001	0.0188	0.5977	0.5399	0.5285
广州	0.4590	0.5025	0.0100	0.0016	0.1336	0.3490	0.0107	0.0001	0.0123	0.7639	0.4635	0.3686
青岛	0.4703	0.5761	0.0161	0.0007	0.2483	0.3113	0.0100	0.0001	0.0150	0.5073	0.4711	0.1910
厦门	0.4862	0.5624	0.0475	0.0015	0.1389	0.9774	0.0095	0.0004	0.0136	0.6470	0.4632	0.4844
西安	0.4989	0.5432	0.0317	0.0006	0.0760	0.4415	0.0095	0.0001	0.0086	0.6297	0.4844	0.4273
哈尔滨	0.4243	0.5208	0.0537	0.0002	0.1390	0.5289	0.0102	0.0001	0.0192	0.4176	0.5275	(0.164)
长春	0.4569	0.5882	0.0295	0.0004	0.4933	0.6245	0.0100	0.0001	0.0177	0.5568	0.5623	(0.259)
沈阳	0.4229	0.6334	0.0141	0.0014	0.1742	0.5266	0.0084	0.0004	0.0096	0.2691	0.5631	0.0408
大连	0.4368	0.5885	0.0412	0.0003	0.3097	0.4730	0.0093	0.0003	0.0119	0.4981	0.4951	0.2222
济南	0.4521	0.5282	0.0496	0.0008	0.1593	0.0700	0.0102	0.0001	0.0124	0.5160	0.4872	0.2400
武汉	0.4259	0.5215	0.0616	0.0009	0.2907	0.3962	0.0102	0.0002	0.0050	0.6059	0.4894	0.4094

附表 5-1(2) 2013 年加权和法下二级指标向量标规范化处理结果

城市	人口素质				社会秩序			资源节约		环境治理		
宁波	0.4986	0.3843	0.0693	0.0092	0.0362	0.5302	0.5454	0.5028	0.4854	0.5000	0.5000	0.4619
杭州	0.4961	0.5861	0.0719	0.0101	0.2527	0.6183	0.5535	0.7863	0.5035	0.4970	0.5000	0.4577
南京	0.4976	0.5316	0.1061	0.0103	0.4699	0.4880	0.6153	0.6335	0.5051	0.4171	0.4831	0.4626
成都	0.4928	0.5589	0.1285	0.0100	0.4334	0.5255	0.5402	0.6315	0.5034	0.4787	0.5000	0.3316
深圳	0.4988	0.4978	0.1705	0.0099	0.5874	0.3276	0.5303	0.5050	0.4142	0.4940	0.4938	0.4711
广州	0.4903	0.6130	0.1858	0.0098	0.5956	0.4729	0.6711	0.7199	0.4892	0.4732	0.4908	0.4453
青岛	0.5007	0.8530	0.0956	0.0097	0.5534	0.6537	0.6098	0.6390	0.4998	0.4871	0.5000	0.4746
厦门	0.4975	0.6110	0.0497	0.0094	0.5146	0.5166	0.5273	0.5826	0.4898	0.4836	0.4996	0.4828
西安	0.4927	0.4807	0.0796	0.0099	0.4623	0.4860	0.5606	0.5188	0.5131	0.4923	0.5119	0.3265
哈尔滨	0.4877	0.5243	0.0700	0.0099	0.4657	0.3497	0.3636	0.5198	0.5044	0.5164	0.4776	0.4816
长春	0.5227	0.4997	0.0643	0.0095	0.4815	0.5125	0.4983	0.4375	0.5113	0.4634	0.4237	0.4612
沈阳	0.4943	0.5303	0.0719	0.0099	0.5512	0.3699	0.5308	0.4926	0.5000	0.5155	0.5000	0.4964
大连	0.4977	0.5400	0.0624	0.0098	0.5768	0.5071	0.5226	0.5584	0.5013	0.5268	0.4741	0.5081
济南	0.4979	0.6038	0.1376	0.0091	0.0199	0.4687	0.5432	0.4880	0.4964	0.4707	0.4868	0.3578
武汉	0.4969	0.5955	0.0796	0.0095	0.0033	0.5175	0.5334	0.6416	0.4880	0.4918	0.5000	0.3877

附表 5-1(3) 2013 年加权和法下二级指标向量标规范化处理结果

城市	文化资源				文化产业			社会事业	
宁波	0.2942	0.5003	0.4820	0.6072	0.4230	0.5095	0.4680	0.6074	0.4430
杭州	0.3296	0.4315	0.5426	0.4823	0.4686	0.4019	0.4600	0.5769	0.3662
南京	0.4266	0.4880	0.7140	0.4504	0.4476	0.4606	0.4544	0.5726	0.2831
成都	0.6611	0.6557	0.0589	0.4216	0.0432	0.4395	0.5338	0.5547	0.3235
深圳	0.6103	0.7032	0.5707	0.5798	0.4919	0.5004	0.5142	0.7438	0.4547
广州	0.4001	0.3775	0.4893	0.6206	0.4771	0.4837	0.4555	0.5534	0.2965
青岛	0.3249	0.1995	0.4812	0.5066	0.4826	0.5227	0.4590	0.5170	0.4693
厦门	0.5996	0.4803	0.5126	0.5675	0.4024	0.4680	0.4709	0.5852	0.4081
西安	0.2744	0.4322	0.4543	0.4474	0.5999	0.6018	0.4937	0.5823	0.3093
哈尔滨	0.5171	0.5387	0.5253	0.4657	0.4987	0.5180	0.4933	0.5163	0.2915
长春	0.2261	0.1796	0.5180	0.4933	0.4658	0.5095	0.5206	0.5898	0.3306
沈阳	0.4885	0.7654	0.5139	0.2429	0.5891	0.3430	0.4863	0.4876	0.3177
大连	0.5115	0.5607	0.5046	0.5105	0.5636	0.5125	0.5243	0.4903	0.4226
济南	0.2718	0.5101	0.5115	0.4996	0.4692	0.4555	0.5439	0.3921	0.3540
武汉	0.4775	0.5101	0.3991	0.4601	0.4214	0.3925	0.5052	0.5402	0.4181

附表 5-1(4)　2013 年加权和法下二级指标向量标规范化处理结果

城市	市政设施			城乡建设			持续发展		
宁波	0.4762	0.2107	0.5169	0.4864	0.4811	0.5153	0.4929	0.5887	0.4881
杭州	0.4327	0.0961	0.4969	0.4968	0.6275	0.6277	0.4858	0.5658	0.4893
南京	0.3975	0.3338	0.5062	0.4894	0.4123	0.4984	0.5349	0.5126	0.4899
成都	0.5116	0.7201	0.5152	0.5360	0.2331	0.5822	0.3997	0.5045	0.4978
深圳	0.4955	0.4083	0.4998	0.2584	0.2877	0.4951	0.4426	0.5092	0.4374
广州	0.4768	0.4560	0.4961	0.4982	0.4825	0.5034	0.5318	0.5452	0.5627
青岛	0.5203	0.5507	0.5086	0.4877	0.4338	0.5074	0.4171	0.5097	0.2213
厦门	0.5075	0.1803	0.4965	0.4896	0.1574	0.4889	0.4155	0.5476	0.4884
西安	0.4872	0.3895	0.5179	0.4950	0.5374	0.4770	0.5333	0.5084	0.5399
哈尔滨	0.4901	0.0598	0.5145	0.4982	0.4835	0.5147	0.4779	0.4814	0.5755
长春	0.5051	0.4402	0.3616	0.4732	0.4224	0.5231	0.3534	0.5185	0.5030
沈阳	0.4904	0.0069	0.5015	0.4844	0.7506	0.4892	0.4562	0.5323	0.5338
大连	0.4222	0.0000	0.4988	0.4872	0.5210	0.5125	0.5382	0.4845	0.5613
济南	0.4626	0.4753	0.5133	0.4886	0.5424	0.4512	0.5332	0.5310	0.4562
武汉	0.5202	0.0251	0.5040	0.4769	0.5143	0.2874	0.5247	0.5280	0.4835

附表 5-2(1)　2014年加权和法下二级指标向量规范化处理结果

城市	发展效益			科技创新			结构优化			社会结构		
宁波	0.4751	0.5750	0.0267	0.0015	0.0915	0.5332	0.0102	0.0001	0.0144	0.4707	0.4470	0.3118
杭州	0.4814	0.5613	0.0403	0.0015	0.1643	0.5935	0.0099	0.0001	0.0125	0.4717	0.4873	0.4274
南京	0.4305	0.5060	0.2251	0.0017	0.2103	0.5679	0.0105	0.0001	0.0139	0.6624	0.4997	0.4808
成都	0.4939	0.3050	0.0165	0.0004	0.1238	0.5857	0.0106	0.0001	0.0169	0.0593	0.5674	0.3542
深圳	0.4568	0.4646	0.0401	0.0021	0.6057	0.5247	0.0105	0.0001	0.0153	0.3585	0.3929	0.4912
广州	0.4689	0.5758	0.0129	0.0014	0.2156	0.5329	0.0103	0.0001	0.0119	0.5105	0.5081	0.5054
青岛	0.5113	0.5540	0.0109	0.0009	0.3280	0.5322	0.0101	0.0001	0.0141	0.6089	0.4820	0.3342
厦门	0.4658	0.5461	0.0194	0.0016	0.1349	0.1210	0.0100	0.0005	0.0126	0.5145	0.4721	0.4932
西安	0.5441	0.5685	0.0268	0.0007	0.0788	0.5635	0.0091	0.0001	0.0096	0.4923	0.4996	0.6437
哈尔滨	0.4852	0.5780	0.0464	0.0016	0.1575	0.5842	0.0111	0.0001	0.0612	0.6459	0.5299	0.9531
长春	0.4791	0.5587	0.0304	0.0007	0.1352	0.5154	0.0091	0.0001	0.0177	0.6140	0.4650	0.5897
沈阳	0.4614	0.5483	0.0134	0.0015	0.1827	0.5735	0.0081	0.0004	0.0099	0.6219	0.4853	0.0340
大连	0.4853	0.5456	0.0344	0.0030	0.3516	0.5814	0.0089	0.0001	0.0105	0.6381	0.4531	0.0370
济南	0.4916	0.5495	0.0118	0.0008	0.1905	0.1978	0.0106	0.0001	0.0126	0.6302	0.4915	0.2933
武汉	0.4751	0.5701	0.0615	0.0012	0.3563	0.5569	0.0103	0.0002	0.0054	0.5660	0.4969	0.5138

附表 5-2(2) 2014年加权和法下二级指标向量标规范化处理结果

城市	人口素质				社会秩序			资源节约		环境治理		
宁波	0.4993	0.4614	0.0524	0.0091	0.9151	0.5796	0.4967	0.4558	0.4891	0.5086	0.5000	0.5092
杭州	0.4996	0.2922	0.0792	0.0097	0.1597	0.5004	0.4790	0.4581	0.4879	0.4969	0.5000	0.4809
南京	0.5004	0.1673	0.1125	0.0103	0.5315	0.5227	0.5291	0.5769	0.5090	0.4436	0.4906	0.4358
成都	0.4998	0.3595	0.1345	0.0104	0.4696	0.5280	0.5563	0.5721	0.4955	0.5019	0.5000	0.5603
深圳	0.5005	0.6933	0.1664	0.0099	0.4159	0.4486	0.5067	0.5565	0.5253	0.4954	0.5020	0.5061
广州	0.4976	0.1143	0.1933	0.0101	0.5412	0.5065	0.4894	0.6502	0.4856	0.5112	0.4670	0.4848
青岛	0.5021	0.2646	0.0876	0.0099	0.4242	0.4644	0.5670	0.5940	0.5039	0.5041	0.5000	0.4675
厦门	0.4996	0.3483	0.0519	0.0100	0.5884	0.4718	0.5197	0.5539	0.5094	0.4942	0.5031	0.4928
西安	0.4944	0.2521	0.0836	0.0095	0.4475	0.4710	0.5280	0.4827	0.4970	0.4989	0.4792	0.4993
哈尔滨	0.5009	0.2227	0.0699	0.0102	0.5644	0.4539	0.2759	0.5303	0.5271	0.5097	0.4705	0.4876
长春	0.5040	0.2620	0.0672	0.0100	0.5461	0.3742	0.4753	0.4011	0.5120	0.5296	0.5173	0.4772
沈阳	0.4978	0.2698	0.0736	0.0099	0.4265	0.5459	0.5059	0.5170	0.4865	0.5155	0.5000	0.4433
大连	0.5007	0.3432	0.0648	0.0097	0.5160	0.4862	0.5066	0.5534	0.4791	0.4794	0.4399	0.4941
济南	0.4995	0.1899	0.1366	0.0099	0.5154	0.5206	0.5097	0.4530	0.5006	0.4974	0.5043	0.3816
武汉	0.4975	0.1535	0.0865	0.0100	0.6248	0.4771	0.5142	0.5687	0.5070	0.4945	0.5000	0.4417

附表 5-2(3) 2014年加权和法下二级指标向量规范化处理结果

城市	文化资源			文化产业			社会事业		
宁波	0.5002	0.3728	0.5176	0.4400	0.4639	0.5106	0.4713	0.5534	0.5189
杭州	0.3895	0.5113	0.5558	0.4765	0.4836	0.4797	0.4689	0.5878	0.5207
南京	0.4653	0.7531	0.2439	0.4843	0.4887	0.4981	0.4487	0.5588	0.3683
成都	0.4958	0.4214	0.5915	0.4875	0.4847	0.4883	0.4944	0.5477	0.3911
深圳	0.5594	0.3859	0.5702	0.4917	0.4786	0.5004	0.5334	0.5465	0.5015
广州	0.4001	0.4731	0.5209	0.4631	0.4865	0.5004	0.3792	0.5495	0.5084
青岛	0.3249	0.8199	0.5097	0.5247	0.4818	0.5605	0.4591	0.5827	0.4434
厦门	0.5247	0.4836	0.5486	0.4322	0.4460	0.4862	0.4857	0.5148	0.5176
西安	0.3087	0.5161	0.5130	0.5050	0.5293	0.5042	0.4312	0.5851	0.4467
哈尔滨	0.5171	0.5316	0.5368	0.4833	0.4869	0.5451	0.5203	0.5558	0.4252
长春	0.2261	0.3314	0.5480	0.5009	0.4862	0.4899	0.4338	0.5884	0.5711
沈阳	0.5428	0.5234	0.5285	0.5924	0.4291	0.5031	0.4376	0.5354	0.5724
大连	0.5115	0.5635	0.5336	0.4947	0.4575	0.5394	0.4498	0.5705	0.5278
济南	0.3806	0.6167	0.5257	0.4996	0.4814	0.4819	0.5166	0.5996	0.4799
武汉	0.5073	0.6167	0.4131	0.5123	0.4454	0.5088	0.4771	0.5757	0.5585

附表 5-2(4) 2014 年加权和法下二级指标向量标规范化处理结果

城市	市政设施			城乡建设			持续发展		
宁波	0.4731	0.2201	0.4089	0.4880	0.4551	0.5129	0.5046	0.5677	0.4959
杭州	0.4413	0.2016	0.5011	0.4982	0.4611	0.4189	0.4707	0.5544	0.4845
南京	0.4129	0.3720	0.5071	0.4920	0.5079	0.4984	0.4954	0.5559	0.4923
成都	0.4983	0.3922	0.4599	0.5413	0.4209	0.5700	0.3977	0.5715	0.5249
深圳	0.4762	0.4129	0.4999	0.2727	0.2906	0.4952	0.5538	0.5758	0.4639
广州	0.4978	0.4808	0.5001	0.4992	0.5447	0.5034	0.5174	0.5902	0.5711
青岛	0.5211	0.5339	0.5086	0.4927	0.5976	0.4972	0.5327	0.5761	0.2690
厦门	0.4757	0.2479	0.4968	0.4911	0.6554	0.4881	0.3744	0.5783	0.5235
西安	0.4897	0.4000	0.5215	0.4988	0.5760	0.4770	0.5095	0.5713	0.5405
哈尔滨	0.4915	0.0861	0.5065	0.5027	0.5672	0.5281	0.5091	0.5762	0.4764
长春	0.4875	0.4789	0.5167	0.4748	0.5551	0.5425	0.3852	0.5669	0.4880
沈阳	0.4955	0.3825	0.4963	0.4854	0.3924	0.5000	0.4627	0.5799	0.5047
大连	0.4260	0.0221	0.4998	0.4872	0.5210	0.4982	0.5088	0.5628	0.5092
济南	0.4981	0.5415	0.5231	0.5000	0.5019	0.4583	0.5193	0.5720	0.4700
武汉	0.5168	0.0768	0.5172	0.4770	0.5277	0.6277	0.5166	0.5827	0.4967

附表 5-3(1) 2015 年加权和法下二级指标向量标规范化处理结果

城市	发展效益			科技创新		结构优化			社会结构		
宁波	0.5148	0.0251	0.0016	0.1742	0.6657	0.0097	0.0001	0.0135	0.5840	0.4600	0.5103
杭州	0.5212	0.0169	0.0016	0.2425	0.6091	0.0104	0.0001	0.0116	0.6618	0.4858	0.6275
南京	0.5324	0.0764	0.0017	0.3269	0.6252	0.0108	0.0001	0.0122	0.7206	0.5103	0.5953
成都	0.5061	0.0099	0.0005	0.1947	0.6281	0.0107	0.0001	0.0113	0.4802	0.5144	0.6165
深圳	0.4980	0.0110	0.0014	0.0673	0.7604	0.0106	0.0001	0.0116	0.7171	0.4103	0.4671
广州	0.5101	0.0111	0.0014	0.2126	0.7709	0.0106	0.0001	0.0105	0.3947	0.5308	0.4757
青岛	0.5390	0.0106	0.0010	0.5703	0.7873	0.0103	0.0001	0.0115	0.6099	0.5192	0.5967
厦门	0.5009	0.0148	0.0016	0.2468	0.1732	0.0101	0.0005	0.0117	0.5627	0.5218	0.4976
西安	0.5002	0.0067	0.0007	0.1933	0.6983	0.0096	0.0003	0.0104	0.6010	0.5253	0.5298
哈尔滨	0.5217	0.0058	0.0012	0.2000	0.6156	0.0105	0.0001	0.3427	0.6386	0.5443	0.1643
长春	0.5141	0.0081	0.0006	0.1844	0.5868	0.0097	0.0001	0.0692	0.5594	0.4703	0.5661
沈阳	0.5330	0.0031	0.0015	0.2942	0.6275	0.0087	0.0003	0.1139	0.7354	0.4848	0.6459
大连	0.5185	0.0059	0.0028	0.4515	0.6620	0.0094	0.0001	0.0090	0.5872	0.4933	0.6295
济南	0.5059	0.0140	0.0006	0.2818	0.9777	0.0103	0.0001	0.0103	0.5802	0.5031	0.7399
武汉	0.5204	0.0149	0.0021	0.3704	0.7300	0.0105	0.0002	0.0054	0.5591	0.4985	0.5780

附表 5-3（2） 2015 年加权和法下二级指标向量标规范化处理结果

城市	人口素质			社会秩序		资源节约		环境治理	
宁波	0.5008	0.3948	0.0564	0.0099	0.3720	0.4517	0.4870	0.4669	0.5109	0.5167	0.5000	0.5073
杭州	0.5014	0.5930	0.0857	0.0099	0.4894	0.4588	0.4577	0.3932	0.4745	0.5058	0.5000	0.5104
南京	0.5005	0.6464	0.1172	0.0100	0.5090	0.4926	0.4979	0.4986	0.5096	0.4720	0.4928	0.5387
成都	0.5070	0.5761	0.1398	0.0101	0.5188	0.4817	0.4526	0.5111	0.4955	0.5003	0.5000	0.5373
深圳	0.5027	0.5001	0.1667	0.0100	0.4655	0.5168	0.4906	0.5234	0.5258	0.4969	0.5020	0.5098
广州	0.5043	0.6494	0.1998	0.0100	0.4545	0.5020	0.4642	0.1986	0.5135	0.5112	0.5124	0.5348
青岛	0.5022	0.3163	0.0902	0.0099	0.4766	0.4561	0.5234	0.4550	0.4939	0.5045	0.5000	0.5228
厦门	0.5006	0.6305	0.0543	0.0101	0.4823	0.5068	0.4761	0.5223	0.4842	0.4931	0.5036	0.5126
西安	0.4979	0.4968	0.0896	0.0101	0.5067	0.5130	0.5106	0.5052	0.4883	0.5139	0.5126	0.5941
哈尔滨	0.5036	0.5540	0.0772	0.0100	0.5071	0.5193	0.2671	0.4815	0.5326	0.5097	0.5012	0.4574
长春	0.5044	0.5360	0.0928	0.0100	0.5049	0.5277	0.4687	0.4011	0.4944	0.5296	0.5258	0.4732
沈阳	0.5031	0.5693	0.0771	0.0100	0.4776	0.4855	0.4893	0.5202	0.5145	0.5155	0.5000	0.4779
大连	0.5028	0.5822	0.0678	0.0098	0.4687	0.5038	0.4921	0.5534	0.5449	0.5215	0.5393	0.4728
济南	0.5028	0.6253	0.1667	0.0100	0.5730	0.4966	0.4812	0.3998	0.5006	0.5193	0.5043	0.5601
武汉	0.5022	0.6009	0.1005	0.0100	0.5747	0.5048	0.4860	0.4958	0.5032	0.5051	0.5000	0.4656

附表 5-3(3)　2015 年加权和法下二级指标向量标准化处理结果

城市	文化资源			文化产业			社会事业		
宁波	0.5002	0.5273	0.5498	0.4669	0.5232	0.4694	0.5353	0.5699	0.4775
杭州	0.4793	0.5416	0.5264	0.4653	0.5065	0.5510	0.5253	0.5671	0.4383
南京	0.4653	0.4309	0.2422	0.5207	0.5076	0.5203	0.5300	0.5999	0.5198
成都	0.4958	0.4214	0.5831	0.5402	0.5639	0.5327	0.5742	0.6264	0.2238
深圳	0.5235	0.3859	0.5733	0.4590	0.4934	0.5004	0.4272	0.3848	0.5076
广州	0.4501	0.5589	0.5533	0.3928	0.4991	0.5073	0.4387	0.6260	0.5448
青岛	0.3713	0.5333	0.5281	0.4714	0.5033	0.4537	0.5368	0.6270	0.4516
厦门	0.5247	0.4870	0.5710	0.4980	0.5304	0.5166	0.5258	0.6265	0.5072
西安	0.3087	0.5447	0.5846	0.5430	0.5999	0.4376	0.4334	0.5644	0.4504
哈尔滨	0.5171	0.5848	0.5589	0.4945	0.4987	0.5812	0.5119	0.6515	0.4083
长春	0.2261	0.6114	0.5784	0.5009	0.4862	0.4997	0.3729	0.5531	0.5822
沈阳	0.5428	0.3579	0.5469	0.5427	0.4727	0.5488	0.3798	0.6896	0.5795
大连	0.5115	0.5663	0.4845	0.4947	0.4665	0.4720	0.3830	0.6589	0.5964
济南	0.3806	0.5440	0.5485	0.4996	0.5087	0.5202	0.5107	0.6977	0.5815
武汉	0.5073	0.5440	0.4292	0.5123	0.5281	0.5413	0.4630	0.6137	0.5540

附表 5-3(4)　2015 年加权和法下二级指标向量标规范化处理结果

城市	市政设施				城乡建设			持续发展	
宁波	0.5241	0.7581	0.5240	0.4955	0.4380	0.5104	0.5073	0.5458	0.5026
杭州	0.1768	0.9687	0.4993	0.4995	0.4248	0.4162	0.5065	0.5422	0.5022
南京	0.6843	0.7487	0.5109	0.5072	0.6166	0.4984	0.4682	0.6543	0.4948
成都	0.4884	0.3432	0.5110	0.4606	0.5380	0.5586	0.6706	0.6467	0.5046
深圳	0.4565	0.6902	0.5001	0.2760	0.3007	0.4953	0.5153	0.6396	0.5492
广州	0.4978	0.4808	0.5001	0.4997	0.5277	0.5034	0.4890	0.5953	0.5429
青岛	0.5091	0.6406	0.5086	0.5040	0.5509	0.4878	0.5725	0.6389	0.4366
厦门	0.4905	0.7336	0.4972	0.4805	0.6469	0.4871	0.5746	0.6047	0.4996
西安	0.4719	0.7230	0.5252	0.5017	0.5989	0.4770	0.4585	0.6443	0.4940
哈尔滨	0.4999	0.4628	0.4989	0.4980	0.6515	0.5414	0.5069	0.6599	0.5212
长春	0.4843	0.5437	0.5453	0.4765	0.5630	0.5626	0.4215	0.6394	0.5726
沈阳	0.5100	0.6801	0.4913	0.4871	0.3145	0.5108	0.5585	0.6159	0.3971
大连	0.4329	0.1107	0.5008	0.4872	0.5210	0.4844	0.4519	0.6692	0.5195
济南	0.5077	0.6926	0.5329	0.5000	0.5906	0.4659	0.4936	0.6249	0.4519
武汉	0.5293	0.1348	0.5306	0.4778	0.5143	0.7210	0.4875	0.6175	0.5138

附表 5-4(1) 2016年加权和法下二级指标向量规范化处理结果

城市	发展效益		科技创新			结构优化			社会结构		
宁波	0.5547	0.9990	1.0000	0.9777	0.0000	0.9999	1.0000	0.9997	0.0001	0.6377	0.7442
杭州	0.5629	0.9984	1.0000	0.9448	0.0000	0.9999	1.0000	0.9998	0.0001	0.5443	0.5457
南京	0.5773	0.9427	1.0000	0.9014	0.0000	0.9998	1.0000	0.9997	0.0001	0.4626	0.5128
成都	0.5428	0.9986	1.0000	0.9678	0.0000	0.9998	1.0000	0.9996	0.0003	0.4825	0.7031
深圳	0.5433	0.9984	1.0000	0.5805	0.0000	0.9998	1.0000	0.9996	0.0002	0.6211	0.5111
广州	0.5561	0.9998	1.0000	0.9437	0.0000	0.9998	1.0000	0.9998	0.0000	0.4952	0.6184
青岛	0.4764	0.9998	1.0000	0.7110	0.0000	0.9998	1.0000	0.9997	0.0002	0.5255	0.7041
厦门	0.5438	0.9986	1.0000	0.9495	0.0000	0.9999	1.0000	0.9998	0.0001	0.5388	0.5240
西安	0.4526	0.9991	1.0000	0.9750	0.0000	0.9999	1.0000	0.9999	0.0002	0.4897	0.3498
哈尔滨	0.5589	0.9975	1.0000	0.9570	0.0000	0.9998	1.0000	0.9373	0.0247	0.3802	0.1939
长春	0.5453	0.9991	1.0000	0.8392	0.0000	0.9999	1.0000	0.9973	0.0022	0.4964	0.5142
沈阳	0.5693	(1.000)	1.0000	0.9218	0.0000	0.9999	1.0000	0.9934	0.0004	0.4607	0.7615
大连	0.5521	0.9985	1.0000	0.7594	0.0000	0.9999	1.0000	0.9998	0.0013	0.5533	0.7436
济南	0.5460	0.9986	1.0000	0.9268	0.0000	0.9998	1.0000	0.9998	0.0001	0.5176	0.5559
武汉	0.5675	0.9961	1.0000	0.8070	0.0000	0.9998	1.0000	1.0000	0.0002	0.5149	0.4841

附表 5-4(2) 2016 年加权和法下二级指标向量标规范化处理结果

城市	人口素质			社会秩序			资源节约			环境治理		
宁波	0.5014	0.6953	0.9946	0.9999	0.1512	0.4230	0.4675	0.5669	0.5140	0.4736	0.5000	0.5196
杭州	0.5028	0.4685	0.9906	0.9999	0.8192	0.3960	0.5047	0.1312	0.5322	0.5002	0.5000	0.5466
南京	0.5015	0.5212	0.9810	0.9998	0.4874	0.4959	0.3059	0.1319	0.4754	0.6376	0.5321	0.5530
成都	0.5003	0.4759	0.9726	0.9998	0.5679	0.4617	0.4403	0.1129	0.5056	0.5183	0.5000	0.5361
深圳	0.4981	0.1462	0.9568	0.9999	0.5150	0.6515	0.4705	0.4017	0.5253	0.5134	0.5020	0.5119
广州	0.5072	0.4353	0.9424	0.9999	0.3818	0.5176	0.3077	0.1398	0.5110	0.5034	0.5278	0.5298
青岛	0.4950	0.3200	0.9874	0.9999	0.5354	0.3860	0.1807	0.1785	0.5024	0.5040	0.5000	0.5319
厦门	0.5023	0.3284	0.9959	0.9999	0.3954	0.5037	0.4746	0.2847	0.5160	0.5280	0.4936	0.5112
西安	0.5147	0.6772	0.9893	0.9999	0.5738	0.5280	0.3825	0.4925	0.5012	0.4947	0.4957	0.5396
哈尔滨	0.4977	0.6071	0.9921	0.9998	0.4556	0.6340	0.8487	0.4655	0.4290	0.4623	0.5471	0.5667
长春	0.4888	0.6280	0.9913	0.9999	0.4637	0.5647	0.5534	0.6978	0.4816	0.4737	0.5258	0.5794
沈阳	0.5047	0.5674	0.9917	0.9999	0.5349	0.5741	0.4722	0.4685	0.4986	0.4504	0.5000	0.5733
大连	0.4988	0.5017	0.9936	0.9999	0.4258	0.5026	0.4776	0.2752	0.4715	0.4698	0.5393	0.5236
济南	0.4998	0.4564	0.9668	0.9999	0.6369	0.5126	0.4622	0.6299	0.5023	0.5113	0.5043	0.6423
武汉	0.5034	0.5106	0.9880	0.9999	0.5286	0.4998	0.4637	0.1381	0.5016	0.5083	0.5000	0.6617

附表 5-4(3)　2016 年加权和法下二级指标向量标准化处理结果

城市	文化资源		文化产业					社会事业	
宁波	0.6427	0.5768	0.4444	0.4687	0.5763	0.5092	0.5219	0.0055	0.5536
杭州	0.7141	0.5091	0.3458	0.5691	0.5386	0.5520	0.5410	0.0078	0.6346
南京	0.6205	0.0953	0.6100	0.5398	0.5505	0.5186	0.5580	0.0056	0.7170
成都	0.2669	0.4636	0.5538	0.5411	0.6673	0.5336	0.3754	0.0079	0.8321
深圳	0.2014	0.4559	0.1432	0.4598	0.5344	0.4988	0.5182	0.0070	0.5330
广州	0.6909	0.5669	0.4279	0.4962	0.5353	0.5082	0.6754	0.0058	0.5974
青岛	0.8069	0.0599	0.4793	0.4959	0.5307	0.4547	0.5389	0.0072	0.6158
厦门	0.2998	0.5461	0.3321	0.4931	0.5982	0.5270	0.5156	0.0045	0.5553
西安	0.8568	0.5001	0.4344	0.4999	0.0059	0.4383	0.6184	0.0041	0.7085
哈尔滨	0.4447	0.2921	0.3515	0.5523	0.5153	0.3110	0.4732	0.0046	0.7533
长春	0.9202	0.6958	0.3111	0.5048	0.5570	0.5006	0.6338	0.0012	0.4750
沈阳	0.4148	0.1096	0.3969	0.5436	0.4953	0.5727	0.6540	0.0070	0.4854
大连	0.4637	0.2179	0.4752	0.4999	0.5053	0.4728	0.6133	0.0086	0.4326
济南	0.7978	0.2521	0.4015	0.5012	0.5379	0.5381	0.4201	0.0065	0.5535
武汉	0.5073	0.2521	0.6971	0.5132	0.5875	0.5422	0.5503	0.0063	0.4542

附表 5-4（4） 2016 年加权和法下二级指标向量标准化处理结果

城市	市政设施			城乡建设			持续发展		
宁波	0.5241	0.5766	0.5395	0.5289	0.6079	0.4592	0.4951	0.1822	0.5132
杭州	0.6251	0.1086	0.5027	0.5055	0.4618	0.5072	0.5346	0.2804	0.5230
南京	0.4508	0.4355	0.4750	0.5110	0.4381	0.5047	0.4992	0.0109	0.5223
成都	0.5014	0.4581	0.5118	0.4555	0.6921	0.1554	0.4820	0.0237	0.4713
深圳	0.5651	0.4317	0.5002	0.8847	0.8616	0.5142	0.4815	0.0057	0.5402
广州	0.5264	0.5742	0.5037	0.5028	0.4381	0.4896	0.4586	0.0063	0.2501
青岛	0.4456	0.0370	0.4732	0.5151	0.3889	0.5074	0.4632	0.0060	0.8295
厦门	0.5250	0.6065	0.5094	0.5369	0.3566	0.5344	0.5974	0.0083	0.4877
西安	0.5478	0.4070	0.4289	0.5045	0.1442	0.5633	0.4957	0.0047	0.4152
哈尔滨	0.5180	0.8802	0.4794	0.5012	0.1417	0.4039	0.5055	0.0270	0.4126
长春	0.5222	0.5303	0.5521	0.5689	0.4432	0.3399	0.7410	0.0317	0.4255
沈阳	0.5039	0.6254	0.5108	0.5408	0.4286	0.4998	0.5157	0.0334	0.5501
大连	0.6730	0.9936	0.5005	0.5366	0.4310	0.5045	0.4973	0.0280	0.3947
济南	0.5293	0.0328	0.4229	0.5111	0.3241	0.6077	0.4498	0.0211	0.6056
武汉	0.4267	0.9876	0.4438	0.5628	0.4387	0.0596	0.4692	0.0186	0.5055

附表6 加权和法下不同年份各城市一级指标计算结果

附表6-1 2013年加权和法下各城市一级指标计算结果

城市	经济发展质量	社会发展质量	生态发展质量	文化发展质量	公共服务质量	城市管理质量
宁波	0.2152	0.2348	0.2523	0.1645	0.2696	0.2015
杭州	0.2288	0.2180	0.2793	0.1623	0.2412	0.2250
南京	0.2732	0.2213	0.2564	0.2633	0.2578	0.2531
成都	0.1782	0.2416	0.2496	0.1486	0.2026	0.2510
深圳	0.4191	0.3215	0.2569	0.3541	0.2396	0.2609
广州	0.2384	0.2547	0.2644	0.1896	0.2372	0.3997
青岛	0.2035	0.1895	0.2667	0.1478	0.2718	0.1670
厦门	0.2799	0.2492	0.2741	0.1585	0.2194	0.3048
西安	0.2084	0.2898	0.2116	0.3085	0.2475	0.2844
哈尔滨	0.1359	0.1357	0.2145	0.1667	0.2332	0.1604
长春	0.1520	0.1097	0.2153	0.1269	0.2408	0.1341
沈阳	0.2327	0.1399	0.2437	0.1507	0.2524	0.2161
大连	0.2156	0.1458	0.2699	0.1882	0.2217	0.1824
济南	0.1982	0.2327	0.2219	0.1450	0.2278	0.1965
武汉	0.2364	0.2031	0.2446	0.1884	0.2627	0.2492

附表 6-2 2014 年加权和法下各城市一级指标计算结果

城市	经济发展质量	社会发展质量	生态发展质量	文化发展质量	公共服务质量	城市管理质量
宁波	0.2244	0.2661	0.2546	0.1296	0.2502	0.1863
杭州	0.2400	0.2268	0.2582	0.1629	0.2479	0.1909
南京	0.2423	0.2307	0.2509	0.2662	0.2548	0.2223
成都	0.1437	0.1965	0.2814	0.1406	0.1864	0.2414
深圳	0.4204	0.2984	0.2655	0.3292	0.2181	0.2606
广州	0.2400	0.2436	0.2607	0.1661	0.2393	0.3712
青岛	0.2098	0.1952	0.2628	0.2423	0.2644	0.1668
厦门	0.2381	0.2436	0.2756	0.1392	0.2114	0.3708
西安	0.2128	0.3017	0.2257	0.3048	0.2403	0.2421
哈尔滨	0.1683	0.1619	0.2076	0.1503	0.2414	0.1393
长春	0.1536	0.1661	0.2288	0.1312	0.2404	0.1259
沈阳	0.2235	0.1504	0.2346	0.1599	0.2759	0.1772
大连	0.2605	0.1436	0.2578	0.1640	0.2276	0.1561
济南	0.1799	0.2705	0.2264	0.1412	0.2637	0.1724
武汉	0.2601	0.2614	0.2511	0.1895	0.2652	0.2683

附表 6-3 2015 年加权和法下各城市一级指标计算结果

城市	经济发展质量	社会发展质量	生态发展质量	文化发展质量	公共服务质量	城市管理质量
宁波	0.2708	0.2481	0.2538	0.1493	0.2648	0.1853
杭州	0.2656	0.2473	0.2588	0.1808	0.2435	0.1920
南京	0.2768	0.2466	0.2623	0.2400	0.3054	0.2315
成都	0.1696	0.2428	0.2702	0.1580	0.1769	0.2511
深圳	0.3138	0.2662	0.2621	0.3262	0.1926	0.2641
广州	0.2623	0.2479	0.2456	0.1744	0.2368	0.3542
青岛	0.2293	0.1935	0.2628	0.2098	0.2514	0.1806
厦门	0.2583	0.2301	0.2726	0.1550	0.2200	0.3647
西安	0.2221	0.2874	0.2388	0.3154	0.2262	0.2364
哈尔滨	0.1606	0.1437	0.2031	0.1736	0.2504	0.1438
长春	0.1537	0.1624	0.2261	0.1549	0.2105	0.1328
沈阳	0.2255	0.1609	0.2378	0.1520	0.2907	0.1663
大连	0.2581	0.1598	0.2703	0.1769	0.2277	0.1536
济南	0.2096	0.3093	0.2372	0.1489	0.2592	0.1712
武汉	0.2989	0.2760	0.2518	0.2024	0.2543	0.2739

附表 6-4 2016 年加权和法下各城市一级指标计算结果

城市	经济发展质量	社会发展质量	生态发展质量	文化发展质量	公共服务质量	城市管理质量
宁波	0.2524	0.1896	0.2676	0.2260	0.2643	0.2218
杭州	0.2669	0.1913	0.2599	0.2823	0.2770	0.2403
南京	0.2613	0.2081	0.2398	0.2310	0.2787	0.2492
成都	0.2157	0.2342	0.2461	0.2305	0.2062	0.2633
深圳	0.3621	0.2664	0.2692	0.3636	0.2166	0.3434
广州	0.2761	0.2265	0.2400	0.3236	0.2555	0.2915
青岛	0.2199	0.1822	0.2242	0.1538	0.2149	0.2083
厦门	0.2495	0.2361	0.2786	0.2113	0.2026	0.3715
西安	0.2543	0.2674	0.2306	0.2179	0.2271	0.1972
哈尔滨	0.1516	0.2824	0.2671	0.1660	0.2397	0.1350
长春	0.1778	0.1887	0.2610	0.2299	0.1745	0.1520
沈阳	0.1228	0.1626	0.2483	0.1518	0.3104	0.2159
大连	0.1971	0.1948	0.2706	0.1829	0.2842	0.1737
济南	0.2155	0.2265	0.2557	0.1667	0.1893	0.2025
武汉	0.2466	0.2552	0.2568	0.2518	0.2653	0.2171

图书在版编目（CIP）数据

新时代城市发展质量评价与预测研究 / 毛才盛著.
—杭州：浙江大学出版社，2021.9
ISBN 978-7-308-21693-7

Ⅰ.①新… Ⅱ.①毛… Ⅲ.①城市－发展－质量评价
－研究－中国②城市－发展－预测－研究－中国 Ⅳ.
①F299.21

中国版本图书馆 CIP 数据核字（2021）第 169774 号

新时代城市发展质量评价与预测研究

毛才盛　著

责任编辑	张颖琪	
责任校对	祁　潇	
封面设计	周　灵	
出版发行	浙江大学出版社	
	（杭州市天目山路 148 号　邮政编码 310007）	
	（网址：http://www.zjupress.com）	
排　版	浙江时代出版服务有限公司	
印　刷	杭州高腾印务有限公司	
开　本	710mm×1000mm　1/16	
印　张	18.5	
字　数	370 千	
版 印 次	2021 年 9 月第 1 版　2021 年 9 月第 1 次印刷	
书　号	ISBN 978-7-308-21693-7	
定　价	68.00 元	